一個大寫的人

吴敏生

林贡钦　编

海峡出版发行集团
THE STRAITS PUBLISHING & DISTRIBUTING GROUP
福建人民出版社

图书在版编目（CIP）数据

一个大写的人：吴敏生 / 林贡钦编．-- 福州：福建人民出版社，2022.8
ISBN 978-7-211-08887-4

Ⅰ．①一… Ⅱ．①林… Ⅲ．①吴敏生—纪念文集 Ⅳ．①K825.46-53

中国版本图书馆 CIP 数据核字（2022）第 097929 号

一个大写的人——吴敏生
YIGE DAXIE DE REN——WU MINSHENG

作　　者：林贡钦　编
责任编辑：陈斯敏
封面题字：尹　稚
出版发行：福建人民出版社
地　　址：福州市东水路76号
电　　话：0591-87533169（发行部）
网　　址：http://www.fjpph.com
电子邮箱：fjpph7211@126.com
经　　销：福建新华发行（集团）有限责任公司
印　　刷：福州德安彩色印刷有限公司
地　　址：福州金山工业区浦上B区42幢
开　　本：787毫米×1092毫米 1/16
印　　张：26
字　　数：281千字
版　　次：2022年8月第1版
印　　次：2022年8月第1次印刷
书　　号：ISBN 978-7-211-08887-4
定　　价：98.00 元

吴敏生（1946—2019）

吴敏生的人生写照

爱人者，人恒爱之；敬人者，人恒敬之。——孟子

大人者，不失其赤子之心者也。——孟子

师者，所以传道授业解惑也。——韩愈

与人为善，助人成功。——吴敏生

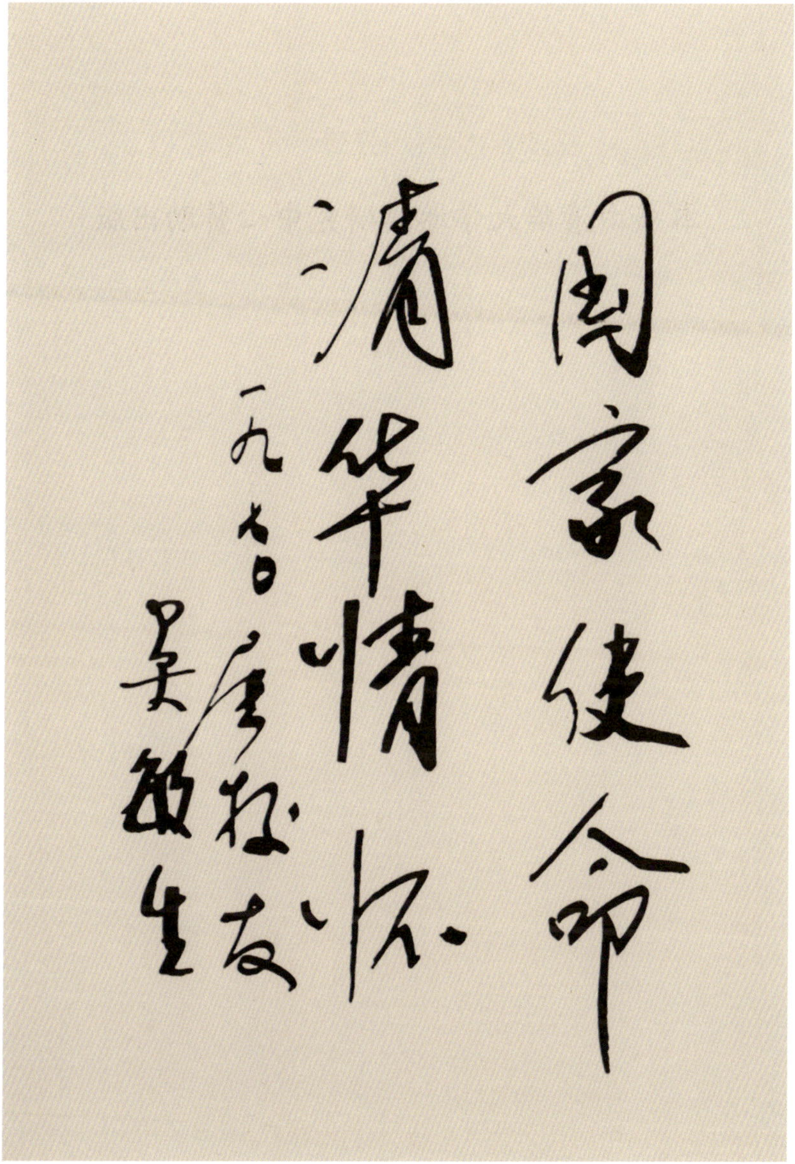

吴敏生手迹：国家使命　清华情怀

本书由清华大学港澳研究中心赞助出版

吴敏生简介

吴敏生（1946.8.11—2019.9.7），福建省平潭县（今平潭综合实验区）白青乡伯塘村人。

1965年从平潭一中考入清华大学冶金系焊接专业，1970年毕业留校在机械工程系任教。1993年获德国亚琛工业大学博士学位。1994年担任清华大学教授和博士生导师。

曾任清华大学教务长、清华大学深圳研究生院创院院长、清华大学校务委员会委员、清华大学深圳研究生院高级顾问、清华大学港澳研究中心名誉主任、清华大学互联网产业研究院产业转型顾问委员会委员等职。

曾任福州大学校长、福建省人民政府经济社会发展顾问、福建省高等教育发展咨询委员会暨福建省高等学校设置评议委员会主任等职。

曾任全国重点理工大学教学改革协作组秘书长、教育部直属理工类高校教务处长联席会议召集人、教育部“面向21世纪高等工程教育教学内容和课程体系改革计划”工作指导小组组长、国家科学技术奖评审专家、中科院深圳先进技术研究院高级顾问、东莞理工学院发展战略咨询专家等职。

曾任清华大学福建校友会会长和福州大学校友会会长等职。

吴敏生是中国焊接跟踪控制技术的开拓者之一。承担多项国家攻关任务，出版多部学术著作，在国内外知名学术期刊发表论文100多篇，荣获北京市科技进步奖等多项奖励，取得了许多创造性的成果。吴敏生从研执教40多年，师表天下，诲人不倦，躬耕教书育人一线，培育英才无数，桃李满天下。他呕心沥血，把毕生精力都奉献给他热爱的高等教育事业。在清华大学任职期间，他负责领导学校“211工程”和“985工程”建设的教学工作，致力于推动学校教育教学改革，在国内率先提出建设“精品课程”，创立了清华大学本科生、研究生英语水平考试及证书制度，在国内率先创设了工业训练中心、教学研究与培训中心、注册中心等，曾荣获国家级教学优秀成果一等奖2项，北京市教学优秀成果一等奖2项。他还负责筹建清华大学唯一异地办学机构——深圳研究生院，并担任首任院长。

2002年8月，吴敏生出任福州大学校长。任职期间，他根据福州大学的发展实际，以高屋建瓴的站位，恢宏宽广的视野和先进开放的办学治校理念，适时提出了创建“东南强校”的宏伟目标和“两个阶段四步走”的战略步骤，带领全体师生员工真抓实干、奋勇拼搏，积极推动福州大学与清华大学等国内顶尖大学全面合作，将福州大学带入了国内知名高水平大学行列，为福州大学进入国家“双一流”建设高校奠定了坚实的基础。他还推动提炼了福州大学校训和“三种精神”，成了福州大学最为宝贵的精神财富。

吴敏生是忠实的中共党员。他一生光明磊落，严于律己，宽以待人，深受同行和亲朋好友的敬佩和学生们的爱戴。他不计名利，奋斗不息，只知奉献的品格，与人为善，助人成功的精神是我国教育和科技界的光辉典范。他热爱祖国，热爱家乡，在福建需要的时候，毅然回到家乡，为福州大学的建设和福建教育的发展，无私奉献，鞠躬尽瘁。他卸下领导职务后，继续为中国高校的发展和教育事业，四处奔忙，寻求支持，作出了突出贡献。为人做事，堪称楷模。

贤德孝悌，耕读不辍，山海情缘，化育英才。

术业专精，开拓进取，桃李不言，下自成蹊。

先生之风，山高水长，师表天下，风范永垂。

目录

三 福大新猷

序言一

难忘吴敏生

郑燕康

我和吴敏生是同乡，我高中毕业于福州高级中学，他高中毕业于平潭一中。我和吴敏生又是同系同学，我1964年考入清华大学冶金系，他1965年考入清华大学冶金系。我和吴敏生还

2000年2月12日，吴敏生邀请友人回乡做客。从左到右：吴父、吴敏生、吴母、郑燕康（照片由康飞宇拍摄）

是同事，我们都在1970年毕业后留在系里任教，后在工字厅共事。他任教务长，后兼任深圳研究生院院长，我任总务长，后任副校长。我们都在工字厅办公，常常是晚上10点前各忙各的事，10点后在我办公室里抽烟喝茶聊天“脑力激荡”。我们之间有50多年的情谊，无话不谈。

吴敏生1993年底从德国取得博士学位后回来，本意在科研教学领域大显身手，当学校要他去教务处工作，他二话没说立马赴任。1994年起任清华大学教务处处长，1995年起任教务长兼教务处处长，1998年后任教务长兼研究生院副院长及深圳研究生院院长，直至2002年8月赴任福州大学校长。他在清华大学教育管理岗位上辛勤耕耘了8年。清华大学如今在全国教学管理上取得显著成绩，有口皆碑，与吴敏生当年在校党委和校长领导下，组织各院系进行一系列教学管理的大胆改革，取得显著

2008年10月3日本文作者与吴敏生（左）在福州大学新校区（照片由黄家林提供）

成效紧密相连，吴敏生功不可没。

当年清华提出建设“综合性、研究型、开放式”的世界一流大学目标，作为教务长的吴敏生展现出积极的、富有创造性的工作能力。在这期间，学校先后召开了第20次教学工作讨论会、教育思想大讨论、第21次教育工作讨论会，他与时任主管教学工作的余寿文副校长等密切配合，带领教务处、研究生院等紧密合作、持续推进、深化世纪之交的教育教学改革，采取一系列具有深刻影响的措施，并取得显著成果。

学科规划和建设是清华大学建设世界一流大学的十分重要的工作。吴敏生深知其具有的重要性，在学校教务长任上一直协助王大中校长进行前瞻性的学科规划建设和改革创新工作。积极促进专业学科结构和布局的调整，促进不同学科的交叉与融合，改善学生的知识结构和创新能力培养，对造就高素质、高层次、多样化、创造性的新型人才具有深远影响。

吴敏生以其前瞻的思想、开阔的视野，在教务长任上致力于推进学校教育教学改革。按照学校部署，他突破学制禁区，先后组织开展本科实行全面学分制和本科—研究生统筹培养等人才培养模式改革，缩短了学制，极大的提高办学效益。在学校“211工程”“绿色大学”“985工程”中负责教学项目筹划与建设，为形成研究型大学人才培养的新格局作出了重要贡献。他在国内高校首创并积极推进开展大学生研究训练计划（SRT），推动实行以主讲教授和骨干教师为主体的关键教学岗位聘任制，领导开展“精品课程”建设，参与筹办“基础科学班”“中文文化综合班”，组织创立清华大学英语水平考试及证书制度，推进学校教育资源信息网络化建设与应用，在国内高校率先创设基础工业训练中心、教学研究与培训中心、注册中心。

从2000年开始，为了落实清华大学与深圳市人民政府的合作协议，吴敏生带领一班人开始筹备清华大学深圳研究生院，并于2001年正式成立，他兼首任院长，并于当年开始招生。作为清华大学唯一的异地办学机构，深圳研究生院在培养和聚集高层次人才并服务于深圳经济特区以及粤港澳大湾区的发展方面，起到了积极的作用，在全国高精尖人才的培养与服务上起到了引领示范作用。

吴敏生在清华大学组织开展的教育教学改革，在国内高等教育领域具有重要影响。他曾先后担任全国重点理工大学教学改革协作组秘书长，教育部直属理工类高校教务处长联席会议召集人，教育部“面向21世纪高等工程教育教学内容和课程体系改革计划”工作指导小组组长。

2002年，吴敏生去福州大学任校长，是福建省为引进人才主动与清华大学商量借调的结果。在这个平台上，吴敏生进一步充分落实他先进的教育理念和施展他的聪明才智，做出优异的成绩。

中央党校出版社出版的《习近平在福州》一书，第一次以文字形式公开披露了吴敏生到福州大学任校长是习近平同志在福建工作期间从清华大学“挖”来的。曾任福州市副市长的高翔在接受中央党校采访组采访时说：“还有一件值得称道的事情。当时习书记接见清华领导时，我也在场，我听到习书记跟清华的领导‘商借’一位人才来福州大学担任校长。后来，这件事情办成了，清华大学的教务长吴敏生到福州大学担任了多年的校长。”（《习近平在福州》，中共中央党校出版社2020年7月第1版，第198—199页）

吴敏生在福州大学担任了8年校长，提出将福州大学建成

“东南强校”的发展战略目标，明确了福州大学的发展定位和办学指导思想，采取了一系列大胆的教育改革配套措施，特别是推广和吸收了清华大学的教育改革成效和经验，充分整合了国内外的教育资源，使福州大学大踏步地向前迈进，取得了令人瞩目的发展。这是吴敏生从事中国高等教育管理事业达到的高峰，更是吴敏生人生的高峰。

吴敏生到福州大学担任校长以后，进一步密切了清华和福大的战略伙伴关系，签订了两校长期合作协议，增加了多位两校双聘教授，推动了多项校际和院系之间的合作交流。

吴敏生从福州大学校长的岗位退下来以后，回到了清华，仍然承担一些与教育发展有关的工作，继续为高等教育事业发挥着光和热。特别是担任深圳研究生院高级顾问和倡导成立了清华大学港澳研究中心，并且担任过名誉主任多年。

吴敏生是一位人品高尚，勇于担当，热心助人，关爱学生和同事，极具人格魅力的好老师，在清华，在深圳，在福建，他拥有大量的“粉丝”。吴敏生还是一位勤奋刻苦、不断吸收新知识、不断进步、知识渊博的学者，他热爱读书，终身学习，善于思考，勇于探索。吴敏生又是一位在各个岗位上的优秀领导者和管理者，出色圆满地完成党和国家以及人民交给的各项工作任务。

他的突然因病离世，令我与熟悉他的同事、老师和学生痛心不已。他从福建平潭的小渔村来到清华，学习工作了一辈子，是一位优秀的清华人，为国家、为社会、为清华、为福建做了许多有益的工作，值得我们好好纪念他，学习他。

（作者系清华大学原副校长、总务长，材料学院教授，博士生导师）

序言二

师者，吴敏生教授

王振民

2019年9月7日深夜，突然传来吴敏生教授去世的消息，我十分震惊，认为不可能，根本不相信！ 我立即向清华同事和校友了解情况，得到了确定的答复！时间戛然而止，这一刻，无法接受！以今日之医疗、生活条件和吴老师的身体状况，无论如何，他不应该这么早离开他如此挚爱的时代、学生、校友、一切的一切！特别是香港当时正处于“修例风波”黑暴肆虐当中，国内外都在关注那里每天发生的暴力恐怖事件。由他担任名誉主任的清华大学港澳研究中心正在密切跟踪、观察形势的发展，研究解决香港问题的治本之策。在此关头，一直关心港澳问题、最早提议并推动清华成立港澳研究机构的吴老师离开了我们，让人如何接受这残酷的现实?

吴老师离开我们已经两年多时间了。林贡钦先生牵头为吴老师出版纪念文集，我自然要写文章。但他希望我为本书写个序，我第一反应，实不敢当！觉得自己辈分不够。贡钦先生说我是清华大学港澳研究中心主任，而且是吴老师十分器重的学者，完全合格。我于是答应下来。这给我一个机会可以事先拜读各位写的纪念吴老师（清华的惯例或者叫作传统，对所有校领导也都以“老师”相称）的文字，也让我可以全面回忆与吴老师交往共事、向他请教的点点滴滴，愈发觉得吴老师不仅是一位同事、长者，更是师者、智者、领导者、教育家，是典型的“清华人”。

我与吴老师的缘分可以追溯到1995年。那时我刚到清华工作，参与法学院的筹备复建工作。因工作关系，我和时任教务长兼教务处长及后来任深圳研究生院首任院长的吴敏生老师有许多联系。主要是两个方面：一是法学院方面，二是港澳台研究方面。1995年法律学系（法学院）复建，万事开头难。除了筹款建设大楼、引进大师之外，就是开办课程特别是学位课程。我们的办学理念是培养复合型法律人才，1996年从校内17个院系三年级学生中择优招收了36名本科生（他们1993年入学，因此被称为法3班），原本计划他们再读两年法学，即3年工科加上2年法科，五年毕业时（当时清华本科还是五年制）拿一个法学本科学位。法律学系班子在书记李树勤老师带领下，对这个安排进行了再讨论。按照培养复合型法律人才的理念，能否使学生做到在毕业时同时取得法学学士和工学学士两个学士学位？讨论的结论是：只要将学习年限再增加一年，即3+3，经过精心组织教学，就可以使学生通过共6年的学习，达到工科和法学两个学士学位的要求。这样培养出来的学生，无论从事工科专业还是法学专业的工作，都具有明显优势。但这项改革措施必须得到教务处和学校领导的批准后才能实施，特别是还要得到学生原来所在的17个院系的支持和配合。作为学校直接主管本科教学的吴敏生老师，对此项改革给予了满腔热情的支持，很快批准，并协调相关院系做出精心安排。作为培养不同法系不同专业的复合型法律人才的延续，1998年我们开始从大学毕业生中招收法学第二学士学位学生，并与香港大学专业进修学院合作在香港地区招收在职法学第二学位学生，这些都得到了吴老师极大的支持和帮助。没有他的支持和协调，这些学位项目是不可能开办起来的。现在，当年法3班36名同学已毕业23年，都成为各自所在领域的佼佼者。法学二学位在香港连续开办10多年，为香港培养了700多位认识了解内地法律的人才，为两地法律交流合作作出了很大贡献。李树勤老师曾自豪地说，香港每一万个人（香港人口700多万人）中，就有一个是清华法学二学位毕业的（本书编者林贡钦先生就是这个项目的毕业生）。1999年在法学院软硬件都还较薄弱的情况下，吴老师全力支持配合校领导，使清华顺利通过了法学本科学位项目的申请。每到清华法学院发展的关键时刻，都能得到来自吴敏生老师不遗余力的支持。法学院师生永志不忘。

2001年，清华大学深圳研究生院成立，这是清华大学首次也是唯一的异地办学。吴敏生老师担任首任院长。法学院是最早来深举办研究生课程的学院之一，而且多年是深圳研究生院最大的“股东”，在校全日制研究生数量最多。我们与吴老师的联系自然很多，有很多机会向他学习和请教，在合作中学习领会他的办学理念和宝贵经验。2002年至2010年吴老师应邀回到家乡福建担任福州大学校长，全面实践他的办学理念。我们见面的机会少了。他邀请我担任福州大学法学院的兼职教授，我去福大做讲座，他热情接待。每次见面他纵论天下大事，给我很多启迪，都是愉快的相聚。

2012年5月12日，清华大学港澳研究中心揭牌仪式在清华大学深圳研究生院举行。上图第二排右三为中心名誉主任吴敏生，第一排左六为本文作者（照片由清华深研院提供）

2010年他从福州大学退休后在深圳的时间又多了。他一直认为清华大学在港澳台问题研究上可以为国家作出很大的贡献，就与我们商议建立专门研究机构。在他的提议和努力下，2011年我们开始着手筹备创立校级科研机构——清华大学港澳研究中心。本来请他担任主任，我给他当副手。但是学校规定，退休教师不能担任校级科研机构正职。他就提议由我担任中心主任，他担任中心名誉主任。2012年1月12日清华大学正式批准依托深圳研究生院和法学院，成立校级跨学科研究机构——港澳研究中心。5月12日，清华大学港澳研究中心在深圳揭牌成立。全国政协副主席何厚铧先生向中心成立发来了贺词。全国人大常委会副秘书长、香港基本法委员会主任、澳门基本法委员会主任乔晓阳先生发来贺信。澳门特别行政区行政长官崔世安和香港特别行政区候任行政长官梁振英发来贺词。国务院港澳事务办公室发来贺信，对中心的成立表示祝贺，并就中心未来发展提出希望和要求。清华大学在港澳问题和“一国两制”研究方面进入新境界，达到新高度。十年来，中心依托深圳国际研究生院和法学院，发挥清华大学相关学科专业的综合优势，咨政育人，对“一国两制”理论和实践开展了许多富有成效的研究，产生了一批优秀成果，为香港、澳门以及粤港澳大湾区的发展建言献策，为国家和区域发展作出了一些贡献。这些成绩的取得离不开吴老师长期给予我们无私、坚定、真诚的支持。吴老师总是尽可能参加我们的会议和活动。他还邀请我们到他的老家福建平潭开会。他很为自己的家乡而骄傲和自豪，极尽地主之谊。中心副主任、法学院同事林来梵教授也是平潭人，而且与吴老师来自同一所中学，我们常常谈起吴老师。有福建的朋友拜访，或者我们去福建公干，大家总会提起吴老师，总是心存敬意和感激之情。

吴老师生前心系祖国统一大业，多次告诉我们要加强对台湾问题的研究。

在清华工作近30年，我发现清华师生、校友有一个鲜明的特征，这是百多年来历代清华师生、校友积累下来的宝贵精神财富，那就是家国情怀，专业报国！他们总是选择国家最需要、最能够报效国家的专业、事业，从来没有把个人名利放在第一位。而且他们永远乐观，似乎没有什么事情能够难倒他们，确实是一批民族精英、智者，不管多难的事情只要交到他们手里，祖国大可放心，他们一定能够解决！在清华，有很多这样的故事。我在想，归根结底，一个国家真正的竞争力是大学，只要大学屹立不倒，国家就屹立不倒。在抗日战争中华民族处于生死存亡的关键时期，西南联合大学的存在就是民族希望之所系。吴老师是典型的“清华人”。他终身以教育为志业，全身心投入国家教育事业，奉献两所著名大学，为国家作育英才，发展科学，呕心沥血，鞠躬尽瘁，终生践行、诠释“自强不息，厚德载物”校训的真谛。与他相处，听他讲话，激荡灵魂，催人奋进，给人以智慧和启迪，从来没有家长里短，儿女情长，都是天下大事、国家使命。

吴老师溘然长逝令所有人措手不及。大家都没有准备好接受如此残酷的事实，不知道他留下的各种空白如何填补。两年多来，怀念之情丝毫无减，所有亲人、友人、同事、学生、校友总想为他做点什么，就像林贡钦先生在后记中所写的那样。其中一件能做的事情就是写文章，把他一生的事迹和贡献记载下来，把自己与吴老师交往共事的点点滴滴，把他对学生后人的教诲鼓励，把他为人做事的风貌风格和精神风范记录下来。

历史若长河，人人皆过客。谁也无法把握生命的长短，但这不妨碍每个人对理想信念的无穷追寻，对事业的孜孜以求，对生命宽度厚度的把握与拓展。吴老师在自己的时代最大限度拓展了自己生命的宽度和厚度。斯人虽逝，精神长存，风范永续。谨以此文缅怀这位大写的人，激励后来者传承前人的精神，继续推进前人开启的事业，不辜负前人的努力与期望。如此，长眠于家乡平潭的吴敏生教授才得安息！

（作者系清华大学法学院教授，清华大学港澳研究中心主任，清华大学国家治理研究院院长，全国港澳研究会副会长，曾任清华大学法学院院长、香港中联办法律部部长、全国人大常委会香港基本法委员会和澳门基本法委员会委员）

序言三

一个大写的人

林贡钦

2019年9月7日，良师益友吴敏生，因病骤然离去。

我与吴敏生的私谊源自他在福州大学任校长期间，一个饭局偶遇而一见如故，我称其为吴老师。我能喝几杯，老师能喝几十杯；酒逢知己千杯少，老师酒量比我好。我能聊几句，老师能聊几百句；青梅煮酒论英雄，老师永掌话语权。我在与吴老师长达近20年的交往中，隔三岔五的聆听其教诲，常受鼓励，时被敲打，偶有挨骂，获益良多；我与他之间，超越了学生与老师的分际，亦师亦友，无话不说。心有灵犀，惺惺相惜。一日不见，如隔三秋。

在清华，老师有两种：老师和亲老师。只有任课教师、班主任、辅导员等才称之为亲老师，其他人都泛称老师，包括学校里的领导和教职员。我在读清华法学院法学二学位的时候，是学生，吴老师是教务长，我称其为老师；但他没有教过我专业课，没有当过我的班主任或辅导员，故不以亲老师与亲学生相称。

一、为师当如吴敏生

吴老师不愧为大师。自古以来，国人衡量老师大都以韩愈所言“师者，所以传道授业解惑也”为标准。老师是传授道理、教导学业、解答疑问的人。达到此标准者，我们称之为老师。老师在国人心中的地位崇高，有“天地君亲师”的排位。如果用韩愈的标准衡量吴敏生，他道高德重，达到了学为人师行为世范的境界。

人们常以“春蚕到死丝方尽，蜡炬成灰泪始干”来形容教师用一生对学生培养教育尽心尽责的凄美场景，可是在吴老师身上丝毫看不到“丝方尽”和“ 泪始干”的影子，永远是“谈笑间，樯橹灰飞烟灭”的豪情万丈，阐述着人在宇宙中不灭的定律，描述人在能量、信息和物质三种形态之间的转换。

良师益友吴敏生（右）（照片由黄家林提供）

1. 最佳的传道者

吴老师是最佳的传道者。古时指传道为传授圣贤之道，西方将传道为传教，宣扬宗教之义。如今国人对道的理解更加宽泛，百度百科的解释是：运动行事；行为规范；道路、途径、方法；言论、理论、思想；道理。对于道还可高度概括为宇宙和世界观、自然规律与社会规则。

吴老师不是普罗米修斯，没有盗取圣火，解救人类。但他是一个虔诚的传道者，比一般人更早向前一步，看见和发现前沿科技和未来知识的火光；比一般人更多往后看一眼，挖掘古人留下的智慧之光。吴老师常挂在口中的是“道生一，一生二，二生三，三生万物”“人法地，地法天，天法道，道法自然”。吴老师用对道的理解来对人、对事、对物，并贯穿在分析问题、解决困难上，传导给他的同事、好友、学生、校友、弟子、乡亲以及遇见的所有人。

吴老师的出生成长环境以及学习工作经历，有力地帮助他成为最佳的传道者。吴老师于1946年8月出生在福建省平潭县的一个小渔村，1965年考入清华大学机械系，1970年毕业留校工作，两次赴德学习进修获亚琛工业大学工学博士学位。吴老师是清华大学教授、博士生导师，20世纪90年代以来，先后担任过清华大学教务长、清华大学深圳研究生院院长，福州大学校长等职，成为中国高等教育的管理者，他对道的认识和研究进一步深化，更加视传道为义不容辞的责任。

吴老师能成为一个最佳的传道者，归功于他是一个优秀的爱读书的学生，归功于他是一个认真质疑的思考者。不论是在平潭一中的青葱岁月，还是在清华园的学生年代，或是在繁忙的高校教学、科研和行政管理期间，更是在退休后成为社会贤达的赋闲时光，吴老师都在抓紧时间看书学习，涉猎广泛，认真思考，提出问题，久而久之，他又成为一个思想者。每次相聚，他都有新观点、新见解以及新的知识点。通过不断努力学习经典，举一反三，增加新知识的储备，为吴老师成为最佳传道者提供了物质到精神的能量。

家国情怀是吴老师传道的重要内容。言传身教、润物有声是吴老师传道的主要形式。他对祖国、对清华、对家乡、对亲朋好友所表现出来的深情大爱，溢于言表；对国家强大、社会安定、官员廉能、人民安康，有一种高度的责任感和使命感。家国情怀的理念深深植入吴敏生的灵魂中，表现在言行里，不管在国内国外、顺境逆境，矢志不渝。这是吴老师与其他传道者的最大差异。

2. 认真的授业者

吴老师是认真的授业者。他自从清华留校就是“双肩挑”，一方面要完成辅导员、班主任、系领导、学校教务长、研究生院院长、福大校长等所担负的思想政治教育和教育行政管理的职务责任，另一方面同时要完成普通教师、教授、博士生导师所担当的教学、科研、实验以及指导学生论文等职称任务。吴老师曾在1990年、2002年取得国家发明专利两项。1998年以来，先后获得国家级教学优秀成果一等奖2项，北京市教学优秀成果一等奖2项，发表的学术类文章和教育类文章百余篇。

吴老师从教40多年，培养的本科、硕士和博士毕业生无数，退休后仍然没有走下讲台。变化的是，听众的年龄往上和往下延伸，听众的成分已超越出学生扩大到社会各界人士，预约开讲的机构、企业、学校络绎不绝。他认真备课，经常与周边友人讨论他开讲的内容，展现最新的研究成果或观点，希望得到批评与建议，把每次讲座都作为向社会传道授业解惑的好机会。

我曾经数次陪同吴老师开讲。有一次是给福州大学法学院的师生讲《良知和知识》，一个下午，一张PPT，他引经据典，侃侃而谈，教室里座无虚席，鸦雀无声，讲者听者，徜徉在依法治国的理想海洋之中。还有一次吴老师在深研院给恩施一所中学参加夏令营的高中生开讲《艺术与科学教育》，我有幸助讲《香港竞争力分析》。看着高中生们聚精会神如痴如醉的吸吮着知识，看着孩子们眼中闪烁着健康成长的期望，我体会到吴老师的用心良苦，尽心尽力，体会到授业者的职业责任与良知。

吴老师离世前两天即9月5日，本应到云南给一所中学的中学生开讲，因病不能成行。讲座的题目是《学问与境界》，像以往一样，他认真准备了PPT，还向友人阐述了一些观点。他的思路是从西南联大为国培养精英人才讲起，引用王国维《人间词话》的经典论述，进入学习和探索的“三境界”，深入直觉、逻辑和感悟的理性分析，克服心智的缺失和迷失，提出立志成才、重在践行的行为准则。我反复翻看了这个PPT遗作，眼前不断出现吴老师神采飞扬儒雅厚重生动真实的演讲画面。

3. 有魅力的解惑者

吴老师是具有人格魅力的解惑者。狭义的解惑，只是针对传道授业中的疑难问题，广义的解惑，除了要有比疑惑者多十倍的智慧来答疑，还要有让疑惑者信任和佩服的人格魅力。吴老师就是这样的人。

退休后，吴老师身兼清华大学福建校友会会长和福州大学校友会会长，关爱的学生和校友数量，远远超过在教授岗位上亲自辅导过的学生。清华与福大的学生和校友，时常向吴老师请教，谈思想、谈学习、谈工作、谈创业、谈深造、谈婚恋、谈困惑，有信心倍增，有茅塞顿开，有轻松减压，都获益良多。还有很多应届高中毕业生碰到填志愿、选方向、报专业、办出国等问题，找吴老师求教和参谋，大都能得到独到的专业意见，成功率很高。因此，吴老师不仅是有人格魅力的解惑者，还是最棒的人生导师，他爱生如子，视同己出；教生如子，平等如友。

在与吴老师的友情中，使我难以忘怀的是他对我俩亦师亦友关系的描述。他在为拙作《香港胜在有“权力制衡”》一书写的序《笔端点拨通灵台》中有以下文字：

> “在学术探讨方面，我俩的率直个性颇为相近。品茗话天下，煮酒论古今，有时难免几分疏狂。偶遇争执之处，究根穷理，互不相让。可能因为我‘霸道’多些，贡钦遂以‘海盗精神加清华文化’概括我的个性。……我十八岁考入清华，毕业后留校任教，一晃近五十年。血脉中的海岛养分和清华崇尚的‘自强不息，厚德载物’等文化元素早已交融，自觉贡钦的戏称倒也贴切。由此，我和贡钦之间鲜有‘师生辈分’的俗套，倒多了几分挚友情感。”

每次我重温这些文字，吴老师的音容笑貌就栩栩如生地出现在眼前。

我在与吴老师相识、相交、相知中，良师益友，无话不谈，酣畅淋漓，结下忘年之交。老师聪慧机敏，学识渊博，笑谈古今，融贯中西。老师对国事港事天下事，对科技发展的前沿和前景，对民生、教育、人才、艺术等诸多领域，都有振聋发聩的独到见解。对学生所写的文章，老师常有一针见血的批评；学生曾就一些社会焦点话题与其讨论，获益匪浅；老师不时对学生阐述其研究新问题的体会和观点，总让学生耳目一新，自愧不如。

吴老师之所以能够成为最佳的传道者、认真的授业者和有魅力的解惑者，成为高等教育领域中的一代宗师，他学习能力强，终身在学习，是重要的因素。

吴老师的学习能力强，体现在学习经典上。吴老师学习经典，是在泛读一切感兴趣的最新出版和发表的中外书籍和文章以外，有重点地反复研读一些古今中外的名著，例如《易经》《道德经》《山海经》《中国科学技术史》《人间词话》等，许多观点，信手拈来，一些佳句，朗朗上口。

吴老师的学习能力强，还体现在从实践中学习。他经常带着问题学习和认识自己不熟悉的领域。例如，为了帮助解决一些亲朋的房产纠纷，熟读《中华人民共和国民法通则》《中华人民共和国物权法》等法律条文。吴老师用法律语言写出的解决办法和建议，十分到位。

吴老师一生传道授业解惑，建树良多。一日为师，终身为父。谆谆教诲，铭记在心。言传身教，终生楷模。为师当如吴敏生。

二、为人当如吴敏生

吴老师离开我们以后，我深深感到：经年生死两茫茫，不思量，自难忘。在百家集等微信朋友圈里，吴老师仍是热议的人物和关注的焦点。吴老师曾经说过的一句话，做过的一件事，参加过的一次会议，拍过的一张照片，都是大家念想的源头和追思的话题。

我常想，自己身旁亲朋好友的生离死别时有发生，随着时间的推移，心情大都可以慢慢平息，可唯独吴老师的离去，对他的思念之情久久难以平复。扪心自问，吴老师究竟有什么样的人格魅力感动我和这么多的人对他如此念念不忘，依依不舍？吴老师生平的所作所为和言谈举止在我脑海中不断翻滚、复盘，我将这些点点滴滴散落四处的记忆碎片串联起来，一个清晰的结论逐渐呈现在眼前。吴老师为人处世的诚恳厚道、宽容待人、与人为善、助人成功、没有敌人的人格特质，是我们对他难舍难分、不弃不离的根本原因。这表明，吴老师做人做事或为人处世是成功的。

著名诗人臧克家有诗云："有的人活着，他已经死了；有的人死了，他还活着。""他活着为了多数人更好地活着的人，群众把他抬举得很高，很高。"吴老师就是这样的人，他生前帮人无数，感人无数；他走后的磁场吸引力仍然很大，经久不衰。吴老师的灵魂，感召和凝聚了一群人，志同道合、寄托哀思、知恩图报，形成了一群黏着力度很强的"生粉"。

一个人活在世上，扣除学习成长阶段和年老休养阶段，能够为社会作贡献的时间只有短短几十年。为社会作贡献，不外乎做人做事。如何做人做事，古今中外，争论很大。有人说，做人难，人难做，难做人。也有人说，成大事者不拘小节。实际上，做人与做事，孰先孰后，谁重谁轻，牵涉到人性的复杂和多样，涉及不同的世界观、价值观、人生观。在吴老师的言谈举止中，经常散发着这样的思想：先做人后做事；做好人做好事。吴老师明确反对曹操的“宁可我负天下人，不可天下人负我”的利己主义观念。

我们追思吴老师为国家为社会为清华为福建作出的贡献，追思吴老师做好人、做好事的林林总总，再一次与他亲切对话，再现他的音容笑貌，言谈举止，嬉笑怒骂，实为难得。归纳吴老师做人做事的几个特点，抛砖引玉，与大家分享。

1. 大爱是为人处世的核心

大爱是吴老师做人的核心。大爱至简，大爱无疆，大爱无言，大爱无痕。吴老师心地善良，对人友善，诚恳待人，助人无数，没有贵贱之分，没有敌人。这可以说是一种家国情怀，也可以说是一种宗教情怀。

这种大爱，最能体现在人命关天的时候。吴老师在福大任校长期间，有一年，数十名退休教职员工在江西发生了严重车祸，吴老师明快指令分管领导前往救治伤员，安抚死者家属，人性地善后处理。还有一年，在福大访问的国际友人施舟人被台风和洪水困在福州北峰山坳中，吴老师亲自带人冒着塌方的危险前往救助。

这种大爱，还体现在人生百态上。清华校友张幼亮说，“吴老师之于我，亦师亦父”。当年他应父母的要求，从北京四中考入清华大学自动化系。但不喜欢也非常不适应这个专业，因此挂科很多，面临着被退学的惨况。在吴敏生老师的鼓励和帮助下，改修外语系，方得以顺利毕业。工作后事业大起大落，身心健康遭受了重创，落下了长达8年的重度抑郁症。在这段时间里，吴老师驱散了他内心的自卑、怯懦。

周杰可能是与吴老师生前通话的最后一人。她非常感谢吴老师长期对她从事基础教育的关爱和排忧解难。她的肺腑之言是：

老师之于我，如山如梯，可以倚靠，可以登攀；如父如兄，可以信赖，可以仰仗；如师如友，可以切磋，可以琢磨。

吴老师从教近50年，桃李满天下。退休后仍然担任清华大学福建校友会和福州大学校友会的领导，对在校的莘莘学子和离校后工作在天南地北的校友，对他们在学习上、事业中、生活里的需求，不遗余力地调动资源给予帮助，甚至可以说是有求必应、关爱有加。吴老师特别认真帮助一些在创业中的校友，经常深入校友企业考察，从宏观上给予指导和建议。

2. 正义感是为人处世的动力

正义感是吴老师做人的动力。吴老师帮助过很多人，有的甚至素未谋面，但出于正义感，就出手帮忙，毫无个人利益牵扯，投入全部身心，历经数年，无怨无悔。

例如：以百多位退役军人为主体的深圳申佳原环保企业，从事工程弃土综合利用，技术先进，环保水平高，具有国际先进水平。这与吴老师的环保理念和退役军人自主创业为国分忧的理念十分契合，因此，吴老师近年经常深入该企业，帮助出谋划策，还专门邀请了许多院士、专家和学者一起来帮助解决技术和管理上的难题。吴老师专门撰写了《退役军人集体创业的一面旗帜》的文章，建议当地政府和主管部门在政策法规等方面给以支持。目前这家企业正在艰苦创业发展中。

再如：有一位中学特级教师出身的学校领导，因组织编写教学辅导材料收取稿费身陷囹圄。吴老师听取其家人申冤后，拍案而起，为其鸣冤叫屈。几年来，吴老师认真学习《中华人民共和国刑法》《中华人民共和国刑事诉讼法》《中华人民共和国知识产权法》等相关法律条文，向法律专家、法律工作者、律师、有关领导请教、探讨和陈情，并在事实认定和法律适用上提出异议，四处奔波。

又如：福州的三坊七巷，是靠林则徐、左宗棠、陈宝琛、严复、林觉民、冰心等近现代历史文化名人而起家的旅游胜地。在熙熙攘攘的商业区里，人们可以从严复翰墨馆里的文创商品或者DIY（即“Do It Yourself”的英文缩写。意思是自己动手制作，没有专业资质的限制，想做就做，做出一份私人订制表达自我的“产品”）中，感悟福州乡贤和中国西学第一人——严复博大精深的思想。这里藏有近300件严复书法真迹，一定程度上是严复精神的栖居地。然而，当从事文化创意产业的严复翰墨馆遭遇困难之时，吴老师深明大义，清楚知道“一片福州三坊七巷，半部中国近现代史”的典故，更清楚知道，如果没有了历史文化名人的踪迹，人造古迹最终将沦落为美食广场。因此，吴老师写信给省市领导，大力帮助该企业，希望将严复翰墨馆保留在三坊七巷内。在吴老师去世百日后不久，严复翰墨馆与当地政府的管理部门签订了新的合约，以文化创意产业的身份留在了三坊七巷。可以说是当地政府肯定了历史文化名人效应的作用，也可以说是吴老师在天之灵的感化。

这些都表明吴老师帮助别人有着深沉的高尚的动机。摆脱了传统意义上的助人为乐。这些帮助，与吴老师没有半毛钱的利益关系，在正义感的驱使下，吴老师觉得该帮忙时就得帮忙。

3. 敢担当体现了为人处世的风骨

做人的境界有多种，有不讲原则、对任何人都有求必应、不管是非什么事都去帮助的，有八面玲珑、四方讨好、见风使舵、左右逢源、圆滑世故的，有开空头支票、口惠而实不至的，这些都是滥好人。而吴老师有一个重要特质是：做人做事敢担当。

吴老师在福大校长任期内进行福大新校区建设，预计需要负债16亿元，每年偿还的贷款利息高达8000万元左右，可是学校当年全部收益不足以付息，更谈不上还本。这将是新校区建设以及长远发展的重大障碍，同时教职工的基本利益也将受到影响。吴校长通过充分调研，吸取外省高校的经验教训，分析利弊，提出在省市政府支持下，划出部分具有较高商业价值的校园土地进行商业置换，用级差地价收益偿还贷款。这一设想提出后在校园内引起了极大的震动甚至混乱。通过多方论证，吴校长力排众议，在政府的支持下，以82亩土地获取8亿元的级差地价，加上政府化债奖励补贴5.41亿元，总共筹得资金13.41亿元，足以偿还福大的实际贷款额13.267亿元。校园土地置换化解了预计的债务危机和放下了债务包袱，为福大的快速发展增添了动力。现在福大已发展成为有7个校区、占地面积约7000亩的现代化的东南强校。

已退休的福大原校党委副书记林翔，与吴校长在福大共事7年多，参与研究和执行了福大发展的一系列重大决策，目睹了吴校长的为人处世和行事风格，他感慨万千地说：

凭着对国家、对事业、对福大的爱，对广大教职员工的负责，吴校长义无反顾地作出了人生最重要的抉择并与领导班子一起迈出了坚实的步伐，终于成功了！这种敢于担当的精神为福大人所敬佩，所折服。

吴老师做人做事的敢于担当，敢负责任，是出于对国家和事业的热爱，对同事的信任，完全不考虑万一失败对个人名利和地位的影响，确实是我们学习的榜样和楷模。

4. 践行三不朽是为人处世的根本

吴老师为人处事后面有一个正确的良好的传统理念为基础和支撑。中国传统文化中的人生三不朽是立德、立功、立言，也就是做人、做事、做学问。这对中国知识分子的思想和人生追求有着重要的影响。吴老师用一生践行着三不朽。

做人即立德

吴老师的立德，源自他出生在福建的边陲小岛平潭县白青乡伯塘村（1951年为纪念解放平潭而牺牲的吴国彩烈士而改名国彩村）。解放前，村里涌现出许多革命先烈，有着优良的革命传统，是平潭县为数不多的革命老区基点村。没有共产党就没有新中国，共产党员为人民解放而牺牲奋斗，是吴老师从小接受的教育。这些教育影响了吴老师的一生。

国彩村在历史上是个贫困村，吴老师的夫人回忆随吴老师第一次回老家的场景：

1971年5月，我跟着吴敏生用了近一周的时间经上海、福州后搭乘小型长途汽车（那是迄今为止我见过的最破旧的公共汽车），沿着崎岖不平的沙石小公路颠簸了半天儿，直至中午开到福清县名叫小山东的海边才下车。那是我生平第一次看到大海。站在沙滩上，迎着海风，面对一望无际的汪洋，才知道什么叫“天涯海角”。还好那天没有大的风浪，等了半个多小时上了一艘客货混运的不大渔船，人们或坐或站，脚下的鞋都被海水浸湿了。过了大约一个小时，到了平潭岛西南方向一个叫娘宫的小港口，下了船拾级而上，我们来到一个坡上才搭乘了岛上的公交车（还是那样的车），开到平潭县城已是下午一两点。印象里县城街巷很简陋，也没有什么像样的房屋，所以也没有往里走，就在车站等开往伯塘村（当时叫平潭县平原公社国彩大队）的汽车，上了车，车往北开（在车上我就有点转向了），下午四五点钟才到伯塘村村头。下了车，没想到受到家人和街坊四邻乡亲们的“夹道欢迎”（严格讲应是“坡道欢迎”，因为他们的房子都建在坡上），听到孩子们在喊：“快来看北京人！”在家乡我们生活了大约十天。其间，我受到了远远超过当时当地生活水平的“款待”。但那里的“一穷二白”“艰难困苦”，我至今仍历历在目!

就是这样的穷乡僻壤养育了吴敏生！使他能够打着赤脚从距“皇城”数千里外的天涯海角，走进了全中国的最高学府！他怎能不格外珍惜?！怎能不勤奋学习?！怎能不拼命工作?！

五十年弹指一挥间，家乡平潭发生了翻天覆地的变化。

艰难困苦，玉汝于成！这是吴老师立德的深厚基础。改革开放后家乡巨变，脱贫致富，实现小康人家。对党和国家的恩情，深植吴老师心中。家国情怀，感恩情怀等理念，成为吴老师立德或做人做事的根本。虽然吴老师的一生并不是一帆风顺，他的善良、外向、坦诚等个性使他遇到挫折和坎坷；他对国事天下事时有评论，对社会上的丑陋现象深恶痛绝，甚至颇感无奈，但吴老师极少怨天尤人，他常说：人生本无常，心安即归处。他仍然以阳光的一面，常怀爱心，积德行善，宽厚诚实，仁义慈悲，积极实现做好人、做好事的理念。

吴老师道高德重，道高才能德重。道高源自他是一个爱学习、爱读书、爱质疑的思考者，他经常将读书中所得新观点、新见解以及新的知识点与大家分享。吴老师通过努力学习经典，融贯中西古今，举一反三，形成自己的哲学观念。

做事即立功

吴老师一辈子在清华大学和福州大学从事教育教学管理工作，从班主任、辅导员到院系领导到学校领导，做了无数卓有成效的事，取得无数成绩和荣誉，做事即立功。在清华大学教务长任上8年，负责领导学校“211工程”和“985工程”建设的教学工作，协助校长组织开展教育教学改革，在国内高等教育领域具有重要影响，为清华大学进入世界一流大学奠定了坚实基础。在福州大学校长任上8年，参照清华大学的办学模式和充分吸收清华教育教学改革的经验，提出在21世纪前20年把福州大学建设成为“东南强校”的发展战略，并确定“分两阶段四步走”的实现战略目标的方针，提炼了福州大学“明德至诚，博学远志”的校训和福大的“三种精神”，克服重重困难，圆满完成福大新校区的设计和建设。实现了做大事做好事即立大功。

在做人与做事的关系上，吴老师的观点是：先做人，后做事；先做好人，后做好事。吴老师了解到好人好事与坏人坏事之间的四种情况：好人做好事—建功立业，好人做坏事—无心之过，坏人做好事—将功赎罪，坏人做坏事—罪加一等。我们常常争论好人坏人的定义，好事坏事的界定。在共同经历过的年代里，好人坏人好事坏事的价值判断常常随着时间、空间的变化而产生质变。当然，吴老师谈做人做事绝不是坐而论道的空谈清谈，而是举出他在清华教务长和在福大校长任内处理犯各种错误的学生时的指导思想、价值判断和处理结果。在好人做坏事与坏人做坏事的处理上，推一推与拉一拉的结果截然不同。吴老师宽宏大量，慈悲为怀，救人一命胜造七级浮屠。吴老师鄙视那些不做事或不会做事或做事呆板教条的老好人、滥好人。实践表明，立功与立德密切相关，吴老师具有强烈的家国情怀，才能"拯厄除难，功济于时"，德重功大。

向学即立言

吴老师向学做学问即立言的本事远远超出他传道授业解惑的范围，远远超出他当班主任、辅导员、教授、博导的职务和职称的要求。

吴老师在做学问的时候，坚持从事焊接工艺与设备以及无损检测等专业的科研和研究生培养，先后主持完成国家自然科学基金以及工业界合作项目10多项，取得国家发明专利3项，获北京市科技成果二等奖，发表学术论文100多篇。

吴老师主导的"教学资源信息网络化建设与应用"研究项

目，获得2000年北京市教学优秀成果一等奖、2001年国家教学优秀成果一等奖。共荣获国家级教学优秀成果一等奖2项，北京市教学优秀成果一等奖2项。

吴老师在从事教育教学管理的时候，仍然在做学问在立言，其特点是，把做事与做学问，把立功与立言紧密相连。其表现形式是掌握话语权，以至于有些吴老师的亲朋好友颇有微词。然而，如果与吴老师相隔一两个星期后再次聚会，吴老师的讲话内容总是有新观点，新论述，新学说，新发现，“言得其要，理足可传”。大家听师一席话胜读十年书，获益匪浅，自然又把话语权交给他。

现实社会中，吴老师做人做事的风格也不是人人都理解的；做人再好也有不领情的。对这些误解，吴老师常常一笑置之，把它作为对人性的修炼。吴敏生老师用一生践行着三不朽，成为我们学习的榜样。

我们思念吴老师，对吴老师做好人，做好事，异口同声，有口皆碑，使我们对吴老师的认识有了升华，形成共识：为人当如吴敏生。

我们纪念吴敏生老师，因为他是一个大写的人。我们学习他的优良品质，从可望不可及，到可望也可及。在吴老师英灵的陪伴下，在各自的人生旅途中，做好人、做好事，为新时代作出自己应有的贡献，无愧于是吴老师的亲朋好友、学生弟子。

（作者系资深媒体人，清华大学港澳研究中心兼职研究员）

一

青葱岁月

1946年农历八月十一，吴敏生出生在福建省平潭县白青乡伯塘村的一户普通人家。吴敏生的父母老实本分、慈祥善良。吴父在村里开了间小理发店，为乡亲邻里理发，靠手艺抚养大了六个儿子和一个女儿。吴敏生是长子。民间有句老话：三岁看大，七岁看老。吴敏生的许多优良品质，例如善良朴实、助人为乐、聪敏好学等，在小时候已露端倪。

半农半渔的伯塘村地处平潭岛北端的突出部，三面环山，一面临海。要了解吴敏生，必须了解孕育他的家乡。这群祖祖辈辈靠脚下这块贫瘠的土地和村前那片神秘的大海讨生活繁衍后代的人们，造就了彪悍倔强仁义好客的海岛村民的个性，吴敏生的内心深处也有着同样强烈的个性。经过一辈子的读书教书、办学治校的磨砺，吴敏生多了几分知书达理书卷儒雅的文化气息，当然这与他离开家乡在清华园里浸淫了大半辈子息息相关。

乡贤吴敏生一生在清华大学、福州大学等高等院校学习和任职。读书探索思考，传道授业解惑；忧国忧民，奉献不已，直至生命最后一刻。吴敏生是家乡父老乡亲的骄傲，有一首诗《大海的儿女》描绘了吴敏生与大海和故乡的密切关系：

这是一片湛蓝的大海，
一个油画般的小渔村，
面迎烟波浩渺的东海，
云卷云舒，潮起潮落。

这是一片神奇的大海，
时而深邃，时而沉寂，

吴敏生的老家——平潭县国彩村新貌（照片由黄海凌提供）

无穷瑰宝哺育村民世代，
承前启后，生生不息。

这是一片辽阔的大海，
有容乃大，为民担待，
海的儿女承载博大慷慨，
亲海者智，近海者仁。

这是一片无常的大海，
风平浪静，暗流涌动，
惊涛汹涌，波澜不惊，
海的儿女坚韧洒脱，热爱自由。

这是一片无垠的大海，
望不见其远，探不到其深，

它是人类思源和智慧的起点，
它是生命曲折和灿烂的归宿。

这是一片不朽的大海，
浪花起伏，律动不止，
来自大海，回归大海，
海的儿女与大海一起永恒。

国彩村变迁

吴海英

平潭县白青乡伯塘村是个占地0.85平方公里、拥有1000多户人家的村庄，后改名为国彩村，是为了纪念中国共产党领导的游击支队在解放平潭县城时与国民党军队战斗而牺牲的烈士吴国彩。伯塘村是革命老区基点村之一。国彩村有革命烈士7名，“五老”（老干部、老战士、老党员、老教师、老模范）100多名，他们曾为解放平潭岛建立了功勋。

从1949年解放至20世纪80年代初，国彩村的村民多数从事海洋捕捞业。由于地处偏僻，交通不便，渔业生产技术落后，村民人均年收入不足500元。长期以来，国彩村是平潭岛上远近出名的贫困村。

改革开放带来了生机

20世纪80年代中期，神州大地的改革开放进一步掀起了基础设施建设热潮，中国隧道八成是平潭人建造，其中就有国彩村的村民。平潭人在全国各个省市承包各种工程，锻炼成就了一批隧道能人。村里利用这一优势，积极联系本村在外创业和承包工程人员，为村内闲散、收入较低的村民牵线搭桥，促成了本村500多人外出务工。

与此同时，国彩村通过收集市场信息，引进品种，聘请技术人员，引导村民发展海上养殖业，引导贻贝养殖户创办了国彩隆贝渔业养殖专业合作社。国彩村从原来单一的贻贝和海带养殖发展到现在高附加值的鲍鱼、扇贝等多品种养殖，村民收入不断增加。

村民富裕了，村里的基础设施、文化教育事业等得到蓬勃发展。铺设环村水泥路2.7公里，村里的道路硬化率达到98%；安装路灯32盏，完成村间主街道亮灯工程；开展健康清洁饮水工程，建有高水位80吨位蓄水池一座，铺设主管道1600米；建设长450米，宽6.5米的防浪堤一座，有效地预防了台风袭击；在沿海岸边修建观赏休息凉亭2座，铺设水泥埕2处共500平方米，用于晚会、村会等群体性活动；还建造了多个垃圾处理站，成立清扫队，定期将垃圾运出深埋。

村里选举产生了村财监督领导小组，重大事项都交村民会议表决，每季度对村财收支情况进行公布。多年来，村里没有发生过大的社会治安事件及民事纠纷。

在隧道、海运、养殖三大产业的支撑下，国彩村产生了许多百万元户、千万元户，其中资产百万元以上的近100户。许多村民搬迁到平潭城关及福州、厦门、北京等城市居住。经过改革开放后的不断发展，现在的国彩村成为远近闻名的小康村。2010年，国彩村被福建省环保局评为省级生态村，2011年被评为全国民主法治村，2014年被国家农业部评为国家级美丽乡村。

国彩村的精神领袖

国彩村的变迁，不能不怀念和感谢一位重要人物——吴敏生，他从村里走出去，考上了清华大学，毕业后留校任教，曾留学德国，取得了博士学位，回国后任清华大学教务长、清华深圳研究生院院长、福州大学校长等职，成为一个教育家，为清华和福大的高校教育管理工作，为国家高等教育的发展作出了重要贡献，桃李满天下。2019年9月他在福州不幸病逝，根据遗愿，火化后骨灰送回到他出生成长的小渔村，安葬在村后山坡上的吴家祖坟里。

吴敏生是国彩村、白青乡甚至平潭县考入清华大学的第一人，是广大青少年学子的榜样和标杆，极大鼓舞了“老边穷岛”的平民子弟。

国彩村的村民，老一辈靠下海捕鱼上山种花生地瓜讨生活，上一辈靠到全国各地打隧道敢冒风险脱贫致富，新一辈靠求知向学用知识改变命运。吴敏生树立起刻苦学习考上名校走出海岛改变命运的乡村风气。从此，从村到乡到县，考上清华北大等名校的农村子弟层出不穷。特别是我们国彩村，还出了不少中小学校长，这和我们村以吴敏生为榜样，注重教育，关系很大。

我担任村书记近20年，恰逢是吴敏生回闽工作期间。他回村里与几个弟弟团聚时，常叫上我这个侄儿辈的村干部。我常常向他讨教乡村发展大计，他见多识广，人脉广泛，给了我不少好建议，争取到不少发展乡村公共事业建设的资源。

吴敏生非常注重维护村里居民的和谐与团结。最让我感动的一件事是，他当村干部的亲弟弟与一村民发生严重矛盾和冲突，他首先严厉批评自己的亲弟弟，然后进行调解，化解了这一矛盾和冲突。目前，我们村居民十分团结互助，是历史上最好的时期。

所以说，吴敏生是我们村的精神领袖，一点也不为过。我们村的全体居民都以吴敏生为骄傲。

国彩村的未来

最近，我们在各级党委领导下，根据国彩村的区位地理、资源状况、历史特色及经济发展水平，制定乡村旅游规划，推进“美丽乡村·魅力国彩”的建设。目前重点推进国彩村的大、小嵩岛休闲旅游景区开发，建设国际青年旅社，建设乡村旅游特色村，推进新农村建设。我们相信，有吴敏生作为我们国彩村的精神财富和精神力量，具有中国特色的社会主义新农村一定能够早日建成。

（作者系平潭县国彩联合党委书记、平潭县白青乡国彩村党总支书记兼村委会主任）

我的大哥

吴雨生

我与大哥年龄相差甚远。大哥的故事是我在爷爷奶奶膝下和妈妈的怀里听到的，也慢慢听懂了。我懂事后，大哥言传身教，我耳濡目染，近朱者赤。大哥的为人品行成为我人生的标尺，时至今日，铭刻在心。

敏生大哥在排序上，不是真正的大哥，在他之前我有过一位哥哥，但年幼时不幸夭折。因此敏生大哥的出生对我们家

2002年平潭一中校庆时吴敏生（左）与六弟吴雨生合影（照片由本文作者提供）

族来说便是一件重大的喜事。爷爷奶奶出于风俗惯例，只让敏生大哥叫父母为哥嫂，直到几年后二哥三哥出生，才让大哥改口。敏生大哥的童年是在整个家族的呵护中度过，这份浓厚的亲情也铸就了大哥的大爱情怀。

爷爷的耳提面命

大哥告诉我，他的童年是在爷爷奶奶的故事中度过的。爷爷出生于贫困家庭，没有受过教育，民国初年漂泊南洋讨生活，几经奋斗，才有了点薄产。爷爷深知教育的重要，让下一代好好读书学习是爷爷最大的心愿。爷爷有很强的记忆力，每次听完评书回到家里，便转述给我大哥，讲完后便让大哥重复他讲的故事，《西游》《三国》《聊斋》等古代文学经典成了大哥的童话世界。大哥口若悬河的口才和惊人的学习能力，便有爷爷耳提面命苦心教育的一份功劳。

我家的红色记忆

20世纪40年代初，我叔叔在长乐师范求学时加入中共地下组织。受到影响，我父亲也成为伯塘村游击队的交通员，爷爷、奶奶和妈妈也主动帮助他们工作。解放前夕，父亲由于叛徒出卖而被捕，爷爷耗尽家产救赎出父亲，而后父亲带着大哥过着逃亡的生活。幼年的这段经历萌发了大哥的家国情怀。

新中国成立初期，台湾的国民党特务对平潭岛袭扰频繁，政府部门对革命家属加强保护，安排他们子女离岛赴省城学习，但大哥谢绝了学校安排，毅然向组织申请加入共青团，成为他那一届中学同学中第一个共青团员。

我们家可以说是共和国建政的最基本群众。

相濡以沫一家亲

大哥上中学时，遇到20世纪50年代末60年代初的三年自然灾害，全家生活极为艰辛，只能依靠菜叶和米糠维生。大哥因上中学有粮食供应，稍能果腹，但大哥总是想方设法节约自己的伙食，到周末带回家孝敬爷爷奶奶。那时，大哥自己饿着肚子省下的一个小饭团就成了家里兄弟们最大的念想和渴望。每到周末，弟妹们就像等待天使一样站在村口翘首期盼大哥的归来。

由于三年灾害时期的营养缺失，父亲患上严重的水肿病。大哥知道后，多方查找治病良方。他打听到米饭酿的米酒是能治父亲病的偏方，便把学校分发给他的大米节省下来，向老师请教酿酒方法，向同学们讨要酿酒的酵曲。在校的四天时间里酿好半瓦罐的米酒。周末，大哥念想着父亲的健康，怀抱半瓦罐的米酒，冒着狂风骤雨，一身蓑衣，一路狂奔，临近家门不慎跌倒，瓦罐破了，酿好的米酒瞬间融入暴雨，消失不见。大哥号啕大哭，哭声震惊家人，震惊了左邻右舍。当知道真相后，父子相拥而泣。这悲凉动人的故事是我懂事以后母亲告诉我的，这成了我们家里和街坊邻里进行孝道教育的经典故事。30多年后，大哥从德国亚琛工业大学学成归来，特意给父亲带回一瓶酒。席上，大哥郑重地敬上一杯，我想那时大哥意在弥补多年前的遗憾。

大哥人生的一件"糗事"

敏生大哥品格中最闪亮的一点是对弱势者的同情和包容。在学生假期中，大哥总是主动承担起家务和农活。有一次恰逢花生播种季节，大哥约好同学一起到农贸市场买花生种。在察

清華大學

凤生弟：近好。

此致，

全家安好

敏生 9.5.

1989年9月5日吴敏生写给四弟吴凤生的一封信（由吴凤生提供）

看多家花生种卖家后，忽然，大哥看到市场角落里有一位老妇人也在卖花生种，她在烈日暴晒下显得疲惫不堪，大哥问好价格，没有查验花生种的质量，就全部将它买下。大哥就一个心思：让老人尽快回家休息。回家路上遇到村里邻居帮忙查验花生种后，告知他上当了，花生种质量太差，许多瘪种、空壳，不适宜播种。大哥恍然大悟，赶回市场打听老人的去处，待我母亲同大哥一起找到那位老妇人时，她已将卖花生的钱还债了。大哥只好怅然而归，忐忑中等待父亲的惩罚。

一向严苛的父亲对此事的处理也让人意外，他拍了拍大哥的肩膀，语重心长地说："你好好读书吧！"大哥人生的第一件"糗事"成了街坊邻居的笑谈。日后大哥在为人处世中秉承"与人为善，助人成功"的理念，就是源于心底的善良本色。

2002年大哥回到福建工作，我与他相处的机会多了，对他的了解也慢慢丰富了。印象中的大哥，谦和、严肃、庄重、大度，很少见他发火发怒，但是他坚守为人原则和政治底线，一生中对事业的执着和对党的热爱始终如一。很多人对此不解，而我知道，这是家族的基因在他生命中的升华。

大哥为人孝顺、厚道、善良、包容，一生助人无数，广结善缘，福泽后人。他的品格是家族精神的凝结和升华，也终将延续不衰。

大哥，我们下辈子还做兄弟！

（作者系吴敏生六弟）

阿叔

吴国

2019年9月7日晚上，我正在回福州的高铁上，接到一位好友电话，第一句便说：“你阿叔出事了。”我脑子一闪，阿叔为人我清楚不可能出事，于是我在电话里没好气地对他说：“不要乱说。”可好友接着告诉我：“人没了，你阿叔去世了。”这消息如同晴天霹雳，我很长时间都没有回过神来，呆坐在座位上，我怎么也想不明白，那么一个热情、忙碌、智慧、爱运动的生命，毫无病痛先兆，却一声不响地离开了我们。直到高铁到达终点站福州，我还在恍惚中，被乘务员叫下了车。

吴敏生按家族辈分算是我的叔叔，年长我10多岁。我对他感情很深，虽然他已离开我们两年多，我的手机上仍然保留着他的电话号码、他的微信，不舍得删除清理。在我的世界里，他没有离开，还在我的身边。

培桃育李谱芳华　一片丹心献桑梓

阿叔一生的事业主要在两条线上展开，一条主线是清华大学，福州大学是另一条支线。他从19岁考取清华大学离开家乡福建平潭，到73岁离世，就没有离开过清华园。即使2002年调任福州大学校长，也是商调。2010年他到龄卸任福大校长后不久，又被聘任为清华大学港澳研究中心名誉主任，直至生命终结。2008年他在接受记者采访时曾流露出一丝惋惜："人算不如天算。如果人算，我人生最后的句号原本该画在深圳。"他信奉"谋事在人，成事在天"。而戏剧性的是，老天最终还是让他把人生的句号画在了他钟爱一生的清华大学和八闽大地上。在清华大学，他从一名普通学生成长为教授、教务长、院长，从事中国顶级大学的教育行政管理工作。他作为人才被引进到福州大学担任校长，用在清华大学积累的经验、成果、能力、见识和资源带领福大跻身东南强校的行列，不愧是中国当代出色的教育家。他的生命之火为中国高等教育事业燃烧，直至熄灭。

据有关人员披露，2002年时任福建省省长习近平在接见清华大学领导时提出"商借"一位人才来福州大学担任校长。于是，在清华大学长期担任教学管理领导工作，对福建情况有切身了解，又是福州平潭人的吴敏生，作为人才引进到福建。当时阿叔正在清华大学深圳研究生院担任院长，他的能力得到深圳市领导的认可，希望留下他。在这个新的历史使命面前，阿叔响应党和国家的需要，挥手告别刚刚绘下第一笔蓝图的清华深研院，接过福州大学校长的聘书，全身心地投入新的工作岗位。在任职福大校长的8年间，他根据福大和福建省的发展实际，以一位杰出教育家的先进理念、广阔视野和高远站位，敢于担当，敢于负责，带领福大迈出发展史上重要一步。他提出创建“东南强校”的战略目标，将福大带入国内知名高水平大学行列，为福大进入国家“双一流” 高校建设奠定了基础，为福建省科教事业和建设发展四处奔波，惠泽八闽，功在千秋。福大成为省属高校中唯一获得国家发明奖、科技进步奖、自然科学奖三大奖项的高校。

他去世后，清华大学、福州大学发布讣告：“吴敏生同志的逝世，是教育界和清华大学、福州大学的重大损失。”他遍布世界各地的学生、同事在他去世后，写下了许多篇感人至深的文章怀念他。“百家集”几百人的微信群里每天都有怀念他的短信及文章。

阿叔不仅在国家的高等教育事业上呕心沥血，还致力于家乡传统文化的传承。作为平潭吴氏家族文化促进会的荣誉会长，阿叔非常重视平潭吴氏家谱一书的编撰，认为家谱文化与中华民族优秀文化相生相息，是中华文明延绵不断的社会根基。平潭吴氏家谱“源自吴氏开宗始祖的身先垂范，历经三千年薪火相传的至德文化，在中华民族优秀传统文化源流中熠熠生辉，传播全球。”阿叔深切感谢所有参与编撰《延陵平潭吴氏总谱》（续谱）的宗贤乡亲，高度赞扬他们“为此付出的艰辛努力和宝贵奉献”。阿叔不仅为这本书题写书名并题词“弘扬延陵文脉，振兴中华民族”，还赋序勉励平潭的吴氏后人团结一致，报效祖国，“根系岚岛的每一位后代，不管位居庙堂之高，还是身处江湖之远，都应该从典籍文字中领悟先祖之德，加以创造性的转化和发扬，为实现家国和民族夙愿励志图强，建功立业，让至德文脉得以永续”。

克明峻德为世范　春风化雨泽人心

阿叔是一个将清华精神“厚德载物”融入骨髓的人。从来都是宽厚善待他人，却对自己十分严格，思想高尚，品质无私，我为他的人格魅力所折服。有一年，阿叔带着10多位清华学生，在县领导陪同下乘坐一艘小船，去故乡对岸的大嵩岛考察。小岛上我们一路欢歌笑语。返回平潭岛时因为没有合适的码头，小船只能冲滩靠岸，结果船上几位胆小的学生不敢下船。阿叔第一个跳进海里，将这几个学生一个一个背上岸。此时我想，如果在战争年代阿叔一定是个大英雄。他人品一流，道德素养高，是一个真正大写的人。

阿叔的大德大爱在我心中留下了深刻印象。他热爱中国共产党，是同届清华学子中很早入党的学生，留校不久就任党办副主任。他以赤子之心，以身报国，终生为党为国奋斗在高教战线，埋头苦干，不计名利，这正是他的一幅书法作品“国家使命，清华情怀”的真实写照。还有一次，阿叔在我办公室喝茶聊天，刚好信贷部门的领导因一笔业务弄错，被我一顿臭骂。后来目睹了过程的阿叔私下里语重心长对我说：“当领导要严于律己，宽以待人。一定要记住小道理服从大道理，什么是大道理？和谐团结就是大道理。”

阿叔除了大德大爱，还有大智慧大格局。他知识渊博，视野开阔。我们常常在周末和节假日相聚在一起，聆听阿叔的教导，分享他的深刻见地。他对许多问题都研究得透彻精辟，让我佩服得五体投地，他的观点、见解也常得到在场的领导高度赞扬。

生活中，阿叔平易近人、十分随和，不仅没有官架子，也没有家族长辈的架子。2004年我患肝炎，清明节无法回老家平潭扫墓。阿叔这一年已经58岁了，在福大任校长，得知我无法回老家，清明节便和70多岁的吴章义族长、外甥陈友琦翻山越岭，爬过山间的羊肠小道，代我为我父亲扫墓。每每想到此事，心中只有感动。平时阿叔对身边的人也是无微不至的关怀。因我患过肝炎，每次聚会，阿叔都关照大家不要让我喝酒。大家都说："阿叔对你太好了，像保护熊猫一样保护你。"我在外面吃饭，我爱人一听说跟阿叔在一起就放心，她开玩笑说："阿叔会保护你，跟阿叔在一起比保险公司还安全。"阿叔还经常叮嘱我加强锻炼，他每天早晨跑3000米，还做50个俯卧撑。他教育我："积健为雄，好身体不仅是对社会负责，为国家节约医药费支出，也是对子女负责。不然一旦生病倒下，子女既要忙工作又要照顾你怎么应付得过来？自己身体健康就是给孩子减轻负担。"

对于年轻一代，阿叔更是不掩亲切与喜爱之情，乐于帮助和见证他们的成长。2013年12月20日，是我儿子吴帅和儿媳妇陈靓雯的结婚大喜之日。阿叔不仅自己千里迢迢从深圳赶回来，还邀请了他的好友中科院院士付贤智、清华大学深圳研究生院院长、全球高被引科学家康飞宇及清华大学专家学者一起到场，让原本简单而喜庆的婚礼一下子蓬荜生辉。阿叔作为平潭吴氏家族德高望重的前辈担任这场婚礼的证婚人，他满怀欢喜地为新人送上美好祝福，祝他们相守一生，相濡以沫，还殷切嘱托新人要互敬互爱，孝敬双方父母。

这样的阿叔，怎能不受到所有人的敬重与爱戴？他在家族中德高望重，有一年春节我们一起从福州回老家村庄过年，大年三十，家乡的在外干部和企业家听说阿叔回来过年，也纷纷回到家乡，集中在村部聆听阿叔对家乡的谋划，大家争先与阿叔合影留念。村民们和企业老板们买了好多鞭炮欢迎阿叔，两个篮球场大的广场摆满了鞭炮。第一门吉祥炮，大家请阿叔点火，祝福我们全村平安吉祥。当时阿叔对村党委书记吴海英说："你对家乡振兴的未来规划思路很好！看到家乡的团结，村民们的热情，今年的春节是我最高兴、最难忘的一个春节。"大家非常高兴地闹到凌晨四点多。初一中午，阿叔和清华大学戴琼海院士夫妇、省检察院领导吴建民、中国信达资产管理公司领导林剑，还有海英、炎生、友琦、建华及村民代表等在我家共同举行家宴会。大伙开杯畅饮，气氛非常热烈，纷纷举杯敬祝阿叔身体健康、新春快乐！至今这些幸福的场景还历历在目。

是的，阿叔长眠于家乡平潭，与生他养他的这片海岛热土和他热爱的平潭乡亲们永远在一起，这熟悉的海风、海浪和家乡方言陪伴着他，他安息了。不过，我有时还是不愿相信阿叔真的就这么安息了，他那么有活力、激情，永远都有使不完的精力和聪明才智。我想，也许天堂上有一所大学缺少一位出色的校长、教务长，上帝让阿叔去赴任，继续从事他所热爱的大学教育管理事业。

阿叔！我们永远怀念您！

（作者系吴敏生的侄儿，高级经济师，曾任建设银行福州市分行副行长、华银银行福建分行副行长）

我的阿舅

陈友琦

采访人：你是吴敏生校长的外甥，感情非常深，也是与他往来最多的人之一，能谈谈你们之间的一些生活往事吗？

陈友琦：我记得有一年，好像是1993年，我去哈尔滨出差，回来时发现自己的钱快用光了，就想经过北京时向我敏生舅借一些。我坐绿皮火车到了北京，那时还没有手机，我从北京站挤上了一辆公交车到清华园，然后找了个公用电话联系上他，好不容易才见到多年未见面的阿舅。他看到我们来了非常高兴。当时他从德国留学回来没多久，在清华园住的地方也小得可怜。我还记得他家里摆着一张木板床，床旁边放一张四方桌和一条长凳。吃饭的时候，一家人就坐在床铺和长凳上围着四方桌吃饭。家里最高档的东西就是他从德国带回来的一个音响，他很自豪地跟我说："这是我从德国带回来的。"随后他骑了辆很破的自行车说去买地瓜，中午给我做地瓜稀饭吃。我们那一代人小时候都是吃地瓜长大的，这是妈妈的味道，也是家乡的味道。当时他在北京用地瓜稀饭招待我们，这是最亲的人才有的待遇。吃饭的时候他跟我说："友琦，我本打算寄一些钱回家，正好你来了，就帮我带回去吧。”当时我听到这话，心里甭提有多高兴了。

他到福州工作后，绝大多数的新年之夜和中秋晚上，都是我们陪他过的。我和他两个人，他是我舅舅，我感觉那是亲得不得了，可是我因劝酒挨过阿舅的“揍”。有一次他刚回福州，晚上喝酒时他非常兴奋，正在兴头上，我怕他喝多了，就偏不让他喝，被他甩了一下，我坐地上去了。估计我这一辈人中，挨过他“揍”的只有我了。后来潘总告诉我说，他喝兴奋的时候，你慢慢劝他，让他少喝一点。他爱面子，应该顺着他。他这一生啊，非常爱面子。你不能当众不让他喝酒。现在想起觉得我那时劝酒的方式不对。

还有一次他要“揍”我，是因为我犯了错误。我在处理一个投资项目时，方式有些欠妥。有人告诉了他，他知道后非常生气。他那次非常严厉地告诫我，不得随便投资。以后所有投资必须经过他同意，他不同意，我不能投资。他对我的爱护真是无以言表。

采访人：你经常对别人说，吴校长对你的影响非常之深，关于这一点能具体说说吗？

陈友琦：我小时候经常跟他五弟一起玩。他们家的门槛特别高，我那个时候个头小，要翻进去。我那时感觉他非常伟大，是我的偶像。有一年他带他老婆回老家，我们一群孩子跟在后面起哄，心里想着看看北京回来的大才子。他对我的影响真是非常之大，使我幼小的心灵受到触动。早年在我们那个村庄，生活的出路就是要读书。所以那个时候小孩们跟在他后面起哄，想的就是长大后能跟他一样。

那个时候，我的家庭成分不是很好，所以很自卑不爱说话。记得1973年我初中毕业，因为家庭成分的原因高中没有录取我。为了要读书我要去争取，从村里走到城关，走了20多公里，到城关后蹲在县宣教组组长家门口，等他出来，跟他说我要上高中，我一连去了很多次。这是同龄人都做不到的事。我那个时候才十几岁，求学欲望非常强，没能上高中，我非常激气。后来我回家做了一年的篾匠。那时我一天能挣一块六，一般干部月工资也就十几块钱，可我就是不放弃，还想去上学。我记得村里学校的钟声非常清脆，我做工时听到学校的钟声都会流泪，心里急切地渴望能够上高中。最后终于如愿，第二年复读一个学期，比别人迟了一个月上了高中。那个时候，整个平原公社都没有第二个像我这样处境的人能上高中。这都是我受阿舅的影响拼命努力的结果。

吴敏生（中）与侄儿吴国（左）和外甥陈友琦（照片由吴国提供）

阿舅的记忆力惊人，真是过目不忘。他读完一本书后经常进行总结，告诉我书里面的精华。听他讲述后，我再去读这本书就容易理解多了。跟他吃饭时，他经常跟我讲天文地理、历史知识，感觉他没有不懂的。每次跟他在一起吃饭都是听一堂课。有一次，我跟清华大学深圳研究生院康飞宇院长开玩笑，说我也可以算是你们清华的编外博士了。我说清华的博士中很少有人像我这样听吴校长讲这么多的课，我这受教育的时间比一般的博士还长。

采访人：吴校长生前很喜欢带挚友和同事到家乡走走看看，他对家乡的感情应该也是很深的吧？

陈友琦：这是肯定的。他对家乡的感情非常深，对家乡的贡献非常大。这方面我可以说上两点。

第一点，他引领了家乡国彩村的读书氛围，他影响的远不只是我们国彩村的一代人。自从我阿舅考上清华，我们村崇尚读书的氛围就开始形成了。1977年国家恢复高考后，我们村读书求上进的风气就更加浓厚了。高考第一年，我们村考上大学的有6个人，其中就有吴校长的弟弟，第二年又有十几个人考上大学，迄今我们村已有4个人考上清华，考上其他大中专院校的更是无数。有一段时间，县教育局局长和一中、二中校长均为伯塘村人，还有许多人成为大中小学教师。现在的国彩村在平潭不仅是老革命基点村也是文化教育模范村，吴校长的标杆示范和影响力确实起到很大的作用。

第二点，他促进了我们国彩村的团结。平潭吴氏起源于一家姓吴的三兄弟，他们兄弟三人迁到平潭后，后代枝繁叶茂，现在主要集中在三个村，这三个村中国彩村属于最大的村。因为历史原因，我们村里上一辈人之间有一些不是特别和谐的地方，主要还是宗族亲疏的问题。但是在吴校长的影响下，现在的国彩村可以说是空前团结。整个村的和谐氛围非常好，越来越文明，在平潭县也是有口皆碑。

我妈妈跟吴校长是堂姐弟，我小时候又是在国彩村长大，再加上我跟校长接触时间比较长，所以我感受最深。

记得有一次，吴校长的弟弟担任村主任期间，在处理村里的一起违规建房事件时，态度和方式比较生硬，使对方很不满。吴校长知道了这件事，专程回村一趟，狠狠批评了他弟弟，还说："如果你再这样处理事情，我以后就不回来了。"他弟弟被骂得委屈地哭了。之后这件事在吴校长的斡旋下得到了妥善的处理和解决。类似这样的事情还有很多，通过这些事情无形中促成了整个村的居民团结。

采访人：在我的印象中，吴校长是个非常爱国的人，能谈谈你的印象吗？

陈友琦：是的，他非常爱国。他要是听到谁发表了一些对国家不利的言论，都会非常严肃的批评。同时从不同层面、更多元的角度，以历史发展规律以及党和国家政策制定的初心，给我们上生动而严肃的党课。有一次我发牢骚，差一点被他"修理"，我非常深刻地认识到他对国家的热爱。所以从那时起，我再也没有任何妄自非议。吴校长对我的批评是非常深刻，非常严肃的。我打心里认为他对国家是非常热爱，对党是非常忠诚。吴校长认为只有共产党才能救中国。他跟我说过："友琦，你看，我们国家的经济发展速度一直保持在8%以上，而那些所谓的民主国家都是在4%以下。因为我们的制度可以让我们集中力量发展经济。”

采访人：你能谈谈吴校长对父母的感情吗?

陈友琦：他对父母，特别是对他母亲的感情非常深。每次跟他唱歌时，他都声情并茂地唱歌颂父母亲的歌曲，而且是发自肺腑的。他母亲去世后，他每场必唱歌颂母亲的歌，后来他父亲去世了，更是每场必唱怀念父亲的歌。他常年在外地工作不能常常回到家乡看望父母，但他始终抱有孝心。他对父母的敬仰之心，孝顺之心，无以言表。他对三弟特别好，因为兄弟们都离开了村庄，只有老三在家照顾父母，所以他只要有好的东西，就一定送老三，帮助老三。

（陈友琦系吴敏生的外甥。本文为采访录，由陈友琦口述，郭挺记录和整理）

看小说能减压

陈仕发

每一个中学生在初中三年级时，都面临初中升高中的考试压力，成绩优秀的吴敏生也不例外，也有压力。吴敏生缓解压力的办法是阅读文艺作品。他的课桌里总有几本小说。难怪他的作文总是被当作范文让同学们欣赏。追求完美的他，能以全县第三名成绩考入县一中，是理所当然的事。我以吴敏生为榜样，力量倍增，努力学习，也以较好的成绩考入一中。

高中毕业后我们曾有两次见面的机会，一次是“文化大革命”中的大串联，一次是参加全国职业教育活动周。可惜都没有见到面。2015年平潭一中1965届同学聚会，我与敏生同学终于见面，有了更多的交流。他很快就成为同学聚会的核心，他知识渊博，涉猎政治、经济、科技、宗教等诸多方面，古今中外，娓娓道来。他的歌声和舞姿，让人惊叹不已。他把快乐分享给大家，把美好留在我们的心中。风雅的他走了，只留给我深深的追忆。

（作者系吴敏生的中学同学）

临别赠言

林荣春

吴敏生，我的可敬可爱的学友。他担任高三一班团支部宣传委员，恪尽职守，一丝不苟地出色完成各项任务。他各科学习成绩向来都是名列前茅，但他从不张扬炫耀，总是学而不厌地勤奋努力。他为人诚实友善，尊敬师长，团结同学，从来没跟同学红过脸、斗过嘴。

最让我记忆犹新的一件往事：在高考之后，我们回到母校补劳动课两个星期。有一天清晨，吴敏生和我不约而同地来到实验楼南边的操场上，边散步边聊天。他欣然接受我的要求，写临别赠言“好儿女志在四方”，并于次日赠予我。临别赠言虽仅数百字，但内容非常丰富，明确地指出了我们务必要有远大的理想；坚定地表达了紧跟中国共产党和伟大领袖毛主席，全心全意为人民服务的信念和决心；明确地提出了我们必须掌握过硬的本领，为祖国的社会主义建设事业贡献力量。这些临别赠言成为我一辈子的行为准则。

（作者系吴敏生的中学同学）

一把花生

曾寒冰

2015年，在平潭一中高中1965届毕业50周年的同学聚会上，吴敏生和我说起了一件让我心潮澎湃的事。1963年，虽然三年自然灾害已过，但物质仍然匮乏，人们的生活依然贫困。在平潭一中高一就读的吴敏生和我非常要好，每个星期六我们都结伴步行回家。他家在伯塘，我家在中楼大坪，每次他都先到我家停歇后再走。我母亲非常疼爱这个聪明可爱知文识理的同学。有一次我母亲给了他一把花生，让他在回伯塘的路上吃，他客气地点点头，把花生装在裤袋里，高兴地走了。那把花生他舍不得吃，带回家给祖父吃，他祖父感动得掉下眼泪。这半个世纪前的故事，让我感动不已。敏生同学从小就懂得百善孝为先。

（作者系吴敏生的中学同学）

饭罐

陈振良

这是20世纪60年代的故事。吴敏生与我们1965届同学的浓浓同窗情，历历在目；饭罐情节尤为生动，成了挥之不去的记忆。

吴敏生和大部分同学都来自农村，家庭生活都不富裕，在那粮食和各种食品非常紧缺的年代，同学们没有白米白面，更没有大鱼大肉，只是每餐捧着一个饭罐，炖着每星期从家里挑来的地瓜薯片，如有小鱼干、萝卜干和咸鱼干就算不错的菜肴。

星期一大家都特别开心，因为敏生会主动地把从家里带来的“佳肴”和大家分享，实行“共产主义”。他非常勤快，蒸饭时经常帮同学洗薯片切地瓜。个别同学粮食短缺，他宁愿自己少吃而分一点给同学。发现有的同学忘记蒸饭，他就主动分一半的饭给这位同学。有几次我星期天来校迟了，敏生见我还没到，担心我错过蒸饭时间第二天没饭吃，就先用自己的粮食为我蒸饭。点点滴滴，足见敏生关爱同学的博大胸怀。

（作者系吴敏生的中学同学）

品学兼优的榜样

高纯书

吴敏生与我六年同窗。我认识吴敏生是在初一上半学期。当语文老师第一次把吴敏生的作文做为范文念给我们听的时候，我十分震惊，这哪像一个初一学生的作文？描写细腻，语言生动，层次分明，引人入胜。我心想一定要结交这个同学。我认识他不久后，看到他的作文本就对他更加佩服了，文字秀丽整齐，就像书法作品。我发现吴敏生喜欢阅读，课外看了大量时下流行的文学作品以及国内外名著，还有各种科幻小说和科普作品。真是读书破万卷，下笔如有神。这就是敏生作文写得好的秘密。

初中毕业了，我们都考取了平潭一中，还编在同一个班。当时是三年自然灾害后国家调整时期，一切中专学校停止招生，平潭全县初中毕业生将近600人，只有平潭一中有高中部，只招生100名高一新生，所以要考取平潭一中比如今考大学还要难。对这来之不易的学习机会，我们都非常珍惜，很认真学习。我依然特别注意吴敏生同学的学习。他语文成绩好，作文经常被老师当作示范文。他的其他功课成绩也非常好，是我们班的数理化“才

1965年吴敏生（后排右起第六位）在平潭一中的
高中毕业合照（照片由本文作者提供）

子”（现在的学霸）之一。他上课非常认真听讲，不管上什么课从来不做小动作。课后经常在图书室见到他的身影，在那里查找课外参考资料。他还经常和其他同学探讨数理化方面的难题解题技巧和思路。吴敏生同学不仅自己学习好还十分乐意帮助其他同学，高考前还专门带动一些同学共同复习。

高考后我们各奔东西，因为学习和工作忙几乎没有联系，直到高中毕业31年后的1996年夏天，我因为女儿要考大学才联系吴敏生征求报考志愿，当时女儿想报考计算机和医学两个专业，吴敏生分析后认为女孩考医学比较好，最后她考取了上海医科大学。

（作者系吴敏生的中学同学）

我想对你说

吴爱英

吴敏生是我小学、初中、高中十二年的同学，又是吴家姐弟。我们一起在伯塘村里读完了六年小学。我偶尔会到敏生家串门。敏生的父母老实本分，是慈祥善良的长辈。敏生父亲在村里为乡亲邻里理发，抚养大六个男孩和一个女孩。敏生的弟妹们都继承了父母厚道仁慈的优良品德，聪慧善良。由于家庭经济困难和其他原因，敏生有的弟弟没能继续上大学深造，可都有一番自己的事业并取得不小成就。他们都以兄长为榜样，为村集体做了不少善事。

由于各自忙于学业和工作，几十年我们从未坐下来好好聊聊人生经历。生前，我无法对你说；现在，你终有时间了，该倾听我对你的无限思念之情！可是，千言万语又无从说起，也许受传统教育的束缚太多，男女生之间不敢正常交往。工作后由于信息不畅，对你的事情了解太少，然而，对你的思念、牵挂、问候永远都在。

记得20世纪70年代末，我遇见当年教俄语的林火枝老师，他谈到你时欣赏地说：“吴敏生是个人见人爱的好学生，他的

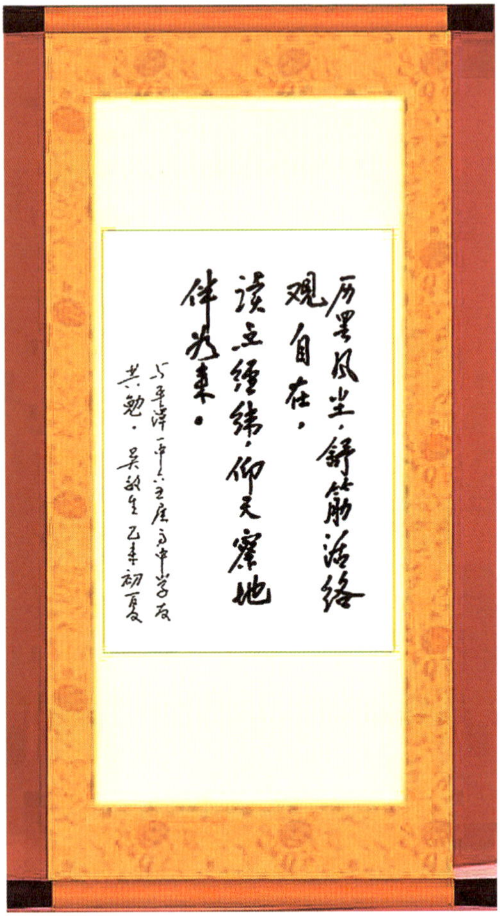

吴敏生于2015年7月在平潭一中六五届同学聚会纪念册上的题词（照片由高纯书提供）

字体十分秀丽……”林老师在我印象里是个对学生要求严格、严肃有余的人。对于我们从平潭二中进入一中的学生来说，要将六年的俄语课程在三年里学完，难度很大。俄语课上每次提问，我总是提心吊胆，怕回答不好，会受到严厉的批评。这位严师对你如此厚爱有加，足见你的优秀。

你的离去，平潭一中1965届同学们的手机信息爆屏，大家万分悲痛，无法割舍！我们回忆与你同学一场，你的种种美德，点点滴滴沁入心扉，挥之不去！不仅同学们对你好评如云，你的师长们对你也是视如宝贝，爱不释手。我们无法接受

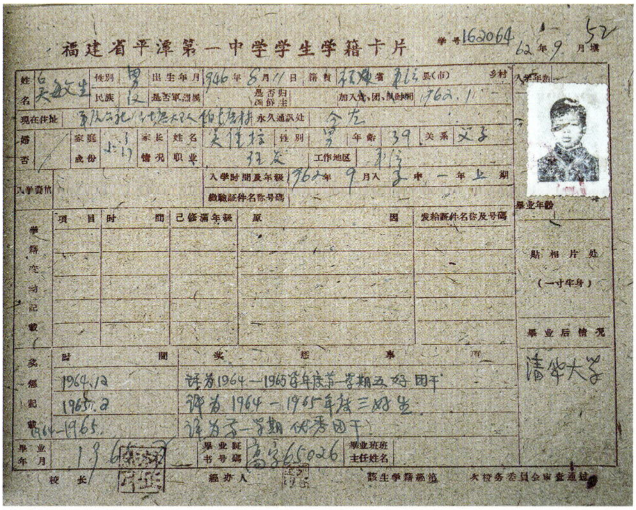

福建省平潭第一中学学生学籍卡片

学号 162064　62年9月填　52

姓名	吴敏生
性别	男
出生年月	1946年8月11日
籍贯	福建省平潭县(市)　乡村
民族	汉
是否军、烈属	
是否归国侨生	
加入党、团、队时期	1962.11
现在住址	平潭公社北厝大队伯塘村
永久通讯处	全左
婚否	/
家庭成份	小门
家长情况	姓名 吴佳梓　性别 男　年龄 39　关系 父子　职业 种农　工作地区 平潭
入学资格	
入学时间及年级	1962年9月入 高中一年上期
繳驗証件名称号碼	
入学年龄	
毕业年龄	
贴相片处	（一寸半身）

学籍变动记载

项目	时间	己修满年級	原因	发給証件名称及号碼

奖惩记载

时间	奖惩事项
1964.12	评为1964—1965学年度第一学期五好团干
1965.2	评为1964—1965年度三好生
1964—1965	评为第一学期优秀团干

毕业年月 1965　毕业証书号碼 高字65026　毕业班班主任姓名

毕业后情况 清华大学

校长　经办人　该生学籍经　校务委员会审查通过

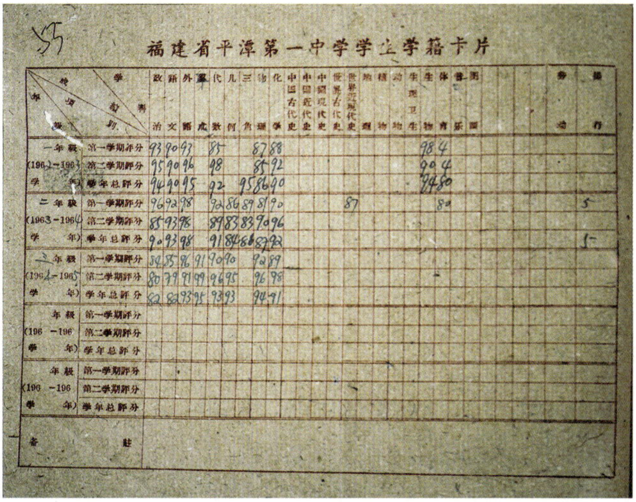

55

福建省平潭第一中学学生学籍卡片

年級	学期	政治	语文	外语	[illegible]	代数	几何	三角	物理	化学	中国古代史	中国近代史	中国现代史	世界古代史	世界近现代史	地理	植物	动物	生理卫生	生物	体育	音乐	图画	劳动	操行
一年級 (1962—1963学年)	第一学期評分	93	90	93		85			87	88										98	4				
	第二学期評分	95	90	96		98			85	92										90	4				
	学年总評分	94	90	95		92		95	86	90										94	80				
二年級 (1963—1964学年)	第一学期評分	96	92	98		92	86	89	81	90					87						80				5
	第二学期評分	85	93	98		89	83	83	90	96															
	学年总評分	90	93	98		91	84	88	87	92															5
三年級 (1964—1965学年)	第一学期評分	84	85	96	91	90	90		92	89															
	第二学期評分	80	79	91	99	96	95		96	98															
	学年总評分	82	82	93	95	93	93		94	91															
年級 (196 —196 学年)	第一学期評分																								
	第二学期評分																								
	学年总評分																								
年級 (196 —196 学年)	第一学期評分																								
	第二学期評分																								
	学年总評分																								
备注																									

1965年平潭一中学生学籍卡（照片由吴雨生提供）

你匆匆悄然离去，但我们不会怪你，你从小学到大学永远都是学霸，文理双优，又那么低调。你总有读不完的书，做不完的学问，为党的高等教育事业奉献终生，作出卓越的成就。随着年龄渐大，你照样全国各地奔波，参加各种讲座、考察和社会活动，乐此不疲。“春蚕到死丝方尽，蜡炬成灰泪始干”，你的性格使然，注定了你要过早地离开我们！

生离死别本是大自然的法则，无法抗拒，但是你这个一生按规矩办事的人，这次却例外地不按规矩与你认识的人不辞而别，匆匆走了。让所有深爱你的人猝不及防，无法接受。好同学、好老乡、好弟弟，安息吧！

（作者系吴敏生的中小学同学）

唤一声，敏生

杨际岚

这天是忌日。网上，大家纷纷在追思缅怀，情感真挚深沉。看了留言，有几种称谓，“吴校长”“吴教务长”“吴老师”“吴老兄”等等。想了想，自己又是怎么叫的呢？几十年了，似乎只有一种，那就是，敏生……这么久了，一直这样叫。伴随称谓的是记忆，历久弥新的记忆。

听闻敏生，似乎是在1962年。那时，敏生从平潭二中初中部考进平潭一中高中部。我正在平潭一中初中部二年级就读。据说，有位吴敏生，人如其名，功课很好。滋生钦羡之感。年少时处于进取阶段，尤其崇尚优秀和卓越。后来，到了高一，语文老师林能泰，正好先前教过敏生那一届，现在给我们1967届高中学生上语文课；而班主任陈新老师，以往也曾担任敏生的班主任。机缘巧合，几种重叠，加深了印象。终于结识，彼此逐渐增进友情。

敏生所在1965届毕业生，那年参加高考的成绩特别突出，高校录取率达到平潭一中当年最高点——50%。清华大学，北京大学，我们无数学子心目中的“宝塔尖”，都登上了！我所熟悉的吴敏生上了清华大学，魏奕雄上了北京大学。大学毕业，敏生留校。其间，一直保持通信联系。信里，他常常敞开心扉，啥事都讲，包括最隐秘的个人情感波澜。

1978年后，我调到福州，担任文学期刊编辑。从此，每次到北京出差，清华大学都成了“打卡地”。偶尔，由于时间太紧没空去，也会挂电话问候。只要没外出，敏生总会抽空到住地看望，多是在晚上。入冬了，北风呼号，沙尘迷蒙中，敏生推着自行车，转身招手，渐渐远去。这一幕，仿佛成了定格，那骑姿，那身影，挥之不去。有一阵，清华大学与福州大学结“对子”，在高校教学、科研中密切协作。他每次回福州，都会挂电话告知，我常常邀约陈世武等校友上福州大学招待所看他（世武两个孩子先后考上清华大学，敏生关怀备至）。招待所紧邻西禅寺。每次，我们总是聊得很开心，根本顾不上到近旁的西禅寺游玩，和好友欢聚，充满了乐趣。

敏生的工作岗位转换多次，后来回到家乡，担任福州大学校长。但我始终没法改口，依然叫他名字。我没把他与这个“长”、那个“长”联系在一起。相聚、交谈时，仿佛时光倒流回当年，还是那个平潭一中大操场，那个校办黑板报《东海潮》。他笑着说，记得我参加编《东海潮》，记得我跑百米、二百米的样子。当然，我更记得他写得一手好字，特别是他出色的文笔。我们1967届高中毕业生，将1965届当作榜样，吴敏生、魏奕雄等“尖子”更是我们的标杆。

在清华，敏生已是不小的“官”了。我去过他的家。早期好几年，仍用着公共的厨房和厕所，住房出乎意料的逼仄，但他安之若素。直到他调回福州工作，“官”更大了，事更多了，但凡打电话给他，即便再忙，他也从来没有半点怠慢，没有流露丝毫不快。此番“打道回府”，亲属朋友，家长里短，在所难免。我也未能免俗，偶尔也会打扰。虽然并非特别为难，却也是琐琐碎碎，敏生依然以同理心相待，一如既往地，尽可能帮忙。他总是与人为善，尽量成人之美。

敏生一直是位大忙人。他到福州大学后，大展身手，为南方强校谋划蓝图，殚精竭虑。即便退休之后，他还有许多兼职工作。几十年了，无论在清华，还是在福大，他接触诸多上层人士，参与大量“高端”事务，但聚谈时，他从不炫耀自己，从不以此而骄矜。《台港文学选刊》创办后，即给他赠阅。基于深厚的文学修养，他对于该刊也有一定兴趣。有一次，他告诉我，以后不用每期寄，如有合订本，给合订本就行了。他退休后，还时不时地出差，经常不在福州。常去的地方，其中一处是清华大学深圳研究生院。这所研究机构，秉持“顶天、立地、树人”的理念，作为清华大学唯一的异地办学机构，倾注了他太多太多的心血！作为首任院长，他注入了非同寻常的希冀和情感。2019年的金秋时节，我应邀参加世界华文旅游文学联会的交流活动，到了深圳南山区集悦城。站在模型沙盘前，突然看到不远处标示着“清华大学深圳研究生院”。顿时百感交集。那里，敏生一手参与创建，近些年，他又来了多次，留下了深深的印记。

两年多前的一次小聚会，敏生侃侃而谈，又聊起了暗物质、暗能量等等。这几年，听他多次讲起此类话题。感觉他对前沿科学问题的探究非同一般。换言之，可谓“脚踏实地，眼望星空”。他的人生，或许其长度有限，但其宽度和深度，却是非凡的。

（作者系吴敏生的高中同学）

二 清华涅槃

吴敏生1965年从平潭一中考入清华大学冶金系，1970年毕业后留校任教，1993年获德国亚琛工业大学（RWTH Aachen University）博士。中共党员，教授，博士生导师。

1994年至2002年，吴敏生先后担任清华大学教务处处长、教务长，其间兼任清华大学研究生院副院长、清华大学深圳研究生院院长、清华大学应用技术学院院长等职。

吴敏生1965年19岁时考入清华，2002年被派往福大任校长，至2016年70岁时正式办理退休手续，总共在清华学习工作了43年。

没有在清华大起大落的磨炼经历，吴敏生成就不了大事；所有磨难都是吴敏生辉煌一生的成本和代价。这一经历，可以用吴敏生在清华涅槃中浴火重生来描述。吴敏生一生中的高潮

清华大学工字厅（照片由康飞宇提供）

和低谷都在清华园度过，最多的知识是在清华学成，最大的才干是在清华养成，并且产生了浓厚的清华情结。清华培养和造就了吴敏生，成为优秀人才；吴敏生又为清华的发展添砖加瓦，贡献了应尽之力。

怀念敏生教务长

张文雪 顾佩 李家强 陈刚

21世纪来临之际，随着建设“综合性、研究型、开放式”大学的战略转型，清华大学经历了一场规模广泛、力度空前、影响深远的教育教学改革，基本奠定了研究型大学的人才培养大格局，确立了面向21世纪的人才培养目标及培养模式。正是在这个时期，1994年，获得博士学位从德国留学归国不久的吴敏生被任命为清华大学教务处处长，1995年起任清华大学教

吴敏生（前排左二）任清华大学教务长期间与李家强（后排右二）、张文雪（后排右五）等教务处同事的合影（照片由张文雪提供）

务长，后又任研究生院副院长兼清华大学深圳研究生院首任院长，直至2002年离开清华赴任福州大学校长。我们曾在吴老师的直接领导下，在教务处的教学管理岗位上，亲身经历和参与了那个时期清华大学的教育教学改革。

吴老师前瞻的思想、开阔的视野、高效的执行力和创造性的工作，展现了一名教育家的宽广胸怀和使命担当。他不仅为清华大学乃至国家教育事业发展作出了重要贡献，也为我们留下了宝贵的精神财富。

担当重任，积极推动落实人才培养模式改革

1994年，学校经过认真研究，决定在原实施的计划学分制的基础上全面推行学分制。1995年至1996年和2000年至2001年，学校先后召开了第20次和第21次全校教育工作讨论会；1997年11月起还开展历时4个多月的全校教育思想大讨论。几次全校性的大讨论，促进了教育思想观念的碰撞激荡，凝聚起师生的广泛共识。与此同时，“211工程”的实施以及“985工程”的启动，又为清华大学提供了一个难得的发展机遇。学校陆续推出一系列教育改革举措，深化教育改革、向现代化转型的步伐不断加快。实行本科全面学分制和本科—研究生统筹培养是清华人才培养模式的两次重大改革。

1994年，为更好地推行学分制，副校长余寿文和教务处处长吴敏生分别带队赴美国、德国考察著名大学的教学与管理工作，认真学习、分析学分制体现的教育理念。在学校的领导下，吴敏生带领教务处同志和全校相关部门及院系紧密合作，开展了教学计

划修订、课程和实践教学资源拓展、学生选课系统开发等诸多准备工作，实现了本科学分制教学计划在当年秋季学期正式实施。

1995年，学校提出建设“综合性、研究型、开放式”大学的战略转型任务。通过听取院系意见，在工物系、力学系已有试点的基础上，学校领导班子经过慎重考虑，决定对本科和研究生的两个阶段实行统筹培养改革。以本科学分制教学计划为基础，教务处和研究生院研究形成本科—研究生统筹培养的高层次人才培养模式试点方案。方案的基本框架是：按照学分制管理制度，以6年时间使大部分学生完成学士和硕士培养；以5~6年时间在经济、人文等若干方向培养一批跨学科的双学位复合型人才；大多数工科本科按4年培养。那段时间，不同层面不同类型的交流讨论，反复论证数易其稿的改革方案，其中都凝聚着教务长吴敏生的无数心血和智慧。在随后召开的清华大学第20次教学讨论会上，全校干部和师生员工对这个试行方案形成较高的共识。

为保证本科—研究生统筹培养改革方案落实到位，根据王大中校长要求，副校长余寿文和教务长吴敏生带队走遍全校每个院系，调研按照试行方案制定新的教学计划进展情况以及遇到的主要问题。从1994年实行学分制到1996年本科—研究生统筹培养，在这个特殊的过渡期内，全校本科教学出现了三种不同版本教学计划并存的局面，给教学运行和管理带来极大挑战。吴敏生带领教务处同志和学校有关部门以及各院系积极行动，精心组织，各方面工作有条不紊，确保了转轨时期全校正常的教学秩序和学生的生活秩序，确保了全校范围教育改革的顺利进行。由于实行本科—研究生统筹培养改革，从1999年起，研究生入学人数超过本科生入学人数，在校研究生同本科生比例接近0.8：1。这场教育改革从1995年启动，1996年实施，到2000年历经四届试点，基本上奠定了研究型大学人才培养的新格局。吴敏生教务长在其中作出了重要贡献。

开办实验班，是进行因材施教、探索新的人才培养模式的有效途径之一。学校高等研究院成立后，为培养基础科学研究领域后备人才，时任理学院副院长熊家炯等教授建议创办“基础科学班”。吴敏生对此给予了极大支持，亲自参与筹办工作。1998年“基础科学班”开始招生，多年来在因材施教、一流人才和跨学科人才培养等方面成效显著，为后来“学堂计划”实施、基础学科拔尖人才培养进行了实践探索，积累了宝贵经验。2018年7月，物理系在清华大学举办“基科班20年·学堂班10年庆典活动暨拔尖人才培养论坛”，吴敏生应邀出席并致辞。

开拓创新，大力推出系列教育改革举措

人才培养模式改革带动和推进了一系列深层次的教育教学改革。国家实行的“211工程”和“985工程”为改革任务的落实开辟了广阔空间。吴敏生在教务长任上先后负责领导落实学校“211工程”和“985工程”的教学项目建设，在实施研究型教学、建设核心优质课程、开展创新教育以及推进教育技术应用与发展等方面，创造性地提出一系列改革举措，其中有不少一直沿用下来，影响深远。

吴敏生吸收国外名校经验，在国内高校首倡开展大学生研究训练计划（Student Research Training，SRT）。“SRT计

划”1996年起实施，为本科生提供参与科研实践、接受研究训练的机会。1996年3月15日《新清华》刊登了余校长和吴敏生教务长就实施大学生研究与训练计划的答记者问。20余年来，“SRT计划”规模与受益面稳步扩大，水平不断提高。一些SRT项目直接延伸为本科生的综合训练论文选题，或成为研究生阶段的选题方向，或形成论文在国际重要期刊上发表，对培养本科生创新思维和创新能力发挥了重要作用。

课程改革和建设始终是学校深化教学改革、提高教育质量的重点。在总结1985年开始的清华优质课程“一类课”10年建设经验的基础上，教务处提出了进一步深化、建设“精品课程”的想法，得到了吴敏生教务长和学校的全力支持。学校于1997年开始实行以主讲教授和骨干讲员为主体的关键教学岗位聘任制，并于1998年确定建设60门核心课程，时任物理系主任顾秉林教授等近100位教授走上核心课程教学岗位，对提高第一线教学质量起到了重要作用。为推进课程内容体系和方法的改革、建设与世界一流大学相应的优秀课程，2001年启动“百门精品课程建设工程”，列入“985”一期工程教学项目。

大学外语教学始终受到学校和师生的高度重视。学校在多次专题讨论外语教学工作后，在第20次教学讨论会又对外语教学改革进行专题讨论，推进外语教学改革。在学校主要领导关心下，吴敏生领导教务处和外语系组织专职力量落实，从课程体系和教师队伍建设、课内外语言能力训练环境建设、清华大学英语水平测试体系建设等多方面积极开展工作。经学校批准，1996年先后推出“清华大学英语水平考试Ⅰ”（本科生）、“清华大学英语水平考试Ⅱ”（研究生），突出语言实际运用能力培养与考核，对通过者颁发相应证书，并作为取得相应学位的必要条件。教育部高教司于1999年发文确认改革和证书的有效性。

学校从20世纪80年代开始重视课程中的计算机辅助教学（CAI）的应用和推广，涌现了一批教师积极分子，并建设了面向全校的CAI实验室。吴敏生教务长上任后积极支持教师开展工作，为适应全面推行学分制，支持教务处和计算中心合作开发选课和教学管理系统，进一步开发网络教学平台，建设面向全校的计算机教学基础设施。学校将教学资源信息网络化建设项目列入学校“211工程”建设规划，并由吴敏生牵头其中的信息网络化教学环境、综合教务信息管理系统等重点项目。项目建设和应用改变了传统教育教学的时空观念，有力地促进了教学方式的改革。以综合教务系统为主体的现代化教学管理体系，运用现代信息技术对教务、教学、服务提供全面支持和保障，进一步发展建立起依托现代信息技术的学校行政管理和运行系统。2001年，吴敏生作为第一完成人的“教学资源信息网络化建设与应用”项目获得国家级教学成果一等奖。

教学改革带动了学校教学管理体制与管理机构改革。1998年，为适应现代化教学管理的需要，成立清华大学注册中心；为强化教学质量监控力度，成立清华大学教学研究与培训中心。这两个中心同时服务本科和研究生教育教学。这次管理体系改革是国内高校的首创，吴敏生对两个中心的建立发挥了重要作用。

2000年11月—2001年12月学校召开第21次教育工作讨论会，围绕“把握新世纪全球变革趋向，适应国家经济与社会发展需求，加速教育创新，开创我校21世纪高素质创造性人才培养的新局面”这一主题，学校广泛开展了调查研究，制订出《清华大学教育改革和发展实施纲要》，即“40条”。这份纲要由吴敏生教务长亲自执笔起草，经学校各方面专家讨论修改，2002年8月校务会议讨论通过，成为新世纪学校教育改革和发展的行动指南。

交流协作，共同推进高等教育改革发展

吴敏生教务长及他在清华领导开展的教育教学改革，在国内高等教育领域具有重要影响。1994年11月，在国家教委高教司的指导和支持下，30多所重点理工大学参加的“全国重点理工大学教学改革协作组”在清华大学成立，清华大学为首届组长单位，余寿文副校长任首任组长，吴敏生教务长任秘书长。协作组就教学改革重大问题开展研究，为国家教委提供信息咨询和建设性意见建议。1996年国家教委批准“面向21世纪高等工程教育教学内容和课程体系改革计划”，直接参加学校100多所，为加强对这批教改项目的管理和指导，高教司特聘请有关专家教授成立“面向21世纪高等工程教育教学内容和课程体系改革计划”工作指导小组，吴敏生任指导小组组长。吴敏生还曾担任教育部直属理工类高校教务处长联席会议召集人。

吴敏生从事高等教育管理及研究近50年，为他所热爱的教育事业奉献了毕生精力。谨以此文，怀念敏生教务长。

（作者简介：陈刚，教授，时任清华大学副教务长；李家强，研究员，时任职于清华大学教务处，现为清华大学高等研究院副院长；顾佩，研究员，时任职于清华大学教务处，现为清华大学非学位办公室主任；张文雪，研究员，时任职于清华大学教务处，现为清华大学继续教育学院党委副书记）

谋篇、布局和开创

——吴敏生与清华大学深圳研究生院

杨君游
冯冠平

日月如梭，弹指一挥间。清华大学深圳研究生院的创办已经过去了20个年头。遥想当年，吴敏生作为首任院长，创办深圳研究生院的往事，仍历历在目，宛若昨天。

谋篇

世纪之交，风起云涌。科技创新如火如荼，高科技产业方兴未艾，知识经济如日中天，高层次人才竞争激烈。高校如何面对时代需求，在跻身世界一流大学的进程中，服务国家创新发展战略，加快推进科技成果的转化与产业化，为区域经济和社会发展提供高层次的人才支撑，清华园里，学校领导在谋篇布局，各院系的教师们在热烈讨论。

1998年12月，受学校委派，校长助理冯冠平卸任科技处处长一职，来深圳清华大学研究院主持工作。在他看来，清华大学在深圳的发展，需要两条腿走路，一是发挥清华的科技优势，推进科技成果转化，二是发挥清华的学科综合优势，培养高层次人才。冯冠平将自己的想法与学校教务长吴敏生交流，可谓一拍即合，清华大学来深圳办学，与深圳市政府合作创建深圳校区，创新机制，异地办学的理念因应而生。

当时的深圳，一派创新气象，没有清规戒律，领导勤政亲民，可以随时沟通交流。当得知清华大学有来深办学的理念，时任深圳市委书记张高丽马上作出批示，邀请清华大学全体校领导来深，商议清华在深圳办学事宜。

2000年1月25日，深圳市委书记张高丽、市长李子彬在深圳五洲宾馆会见清华大学王大中校长及校务会全体成员。张高丽书记指出，经济的竞争最终表现为科技和人才的竞争，高层次人才培养和科技源头创新在深圳未来的经济和社会可持续发展中居于举足轻重的地位，全日制、大规模地培养深圳二次创业所急需的高素质科技人才的任务提到了议事日程。张书记表示，深圳殷切期盼在与清华大学合作共建深圳清华大学研究院的基础上，全力支持清华大学在深圳创建研究生院，为深圳二次创业提供高层次的人才支撑。王大中校长表示，清华大学愿与深圳市携手，合作创办清华大学在全国唯一的一所异地办学的直属学院，以培养理工类研究生为主，力争用5年时间，使之成为高层次创新人才培养基地和高水平科技创新基地，服务于清华大学建设世界一流大学的目标，服务于国家和深圳区域发展的需求。

深圳市与校领导就合作创建深圳学院达成共识之后，清华大学非常重视，随即成立了清华大学深圳研究生院筹备工作领导小组，组长为清华大学常务副校长何建坤，成员为清华大学教务长吴敏生、校长助理兼研究院常务副院长冯冠平、研究生院常务副院长陈皓明、研究生院副院长兼研究院副院长林功实、校长办公室主任史宗凯。

2000年4月5日和7月16日，清华大学常务副校长何建坤、清华大学党委书记贺美英先后来深圳，率筹备工作领导小组成员，就合作创办清华大学深圳研究生院建设事宜与深圳市领导举行会谈，议定了清华大学深圳研究生院的目标任务和体制问题。2000年10月14日，在深圳第二届高新技术交易会期间，清华大学王大中校长和何建坤常务副校长等来深，与深圳市政府签署了合作创建清华大学深圳研究生院的协议书。确定清华大学深圳研究生院是以政府投入为主的综合性、研究型、开放式的高层次人才培养基地和科技创新基地，深圳研究生院隶属清华大学，与母体品牌同一，质量同一，为清华大学唯一的异地办学实体，是首家在深圳大学城进行重点建设的办学单位。

布局

2000年12月21日，清华大学校务委员会任命吴敏生为清华大学深圳研究生院首任院长，林功实、梁永明为副院长，开始组建团队，正式拉开了深圳研究生院建设的序幕。当时面临的最大难题是，清华大学要在深圳成立研究生院，必须要拿到教育部的批文，而此前教育部一共批准33所大学成立研究生院，但清华大学在深圳创建研究生院，属于异地办学，此前没有先例，因此教育部卡住不批。吴敏生多次跑教育部，经过几个月的努力，最后在教育部常务副部长吕福源的支持下，2001年4月

23日，国家教育部正式批准成立清华大学深圳研究生院，将之作为进行教育体制改革，加速高层次专门人才培养的一种新探索。清华大学深圳研究生院建设的目标，是根据深圳区域经济社会发展对人才和科技的需要，发挥清华大学的学科优势，重点进行以理工科研究生为主体，兼有经管、法律等多学科高层次人才培养和原创性的科技创新研究，为深圳二次创业提供人才支持和技术支撑，增强深圳的科学基地和科研实力，提升深圳的科技水平和文化品味，服务于深圳乃至珠三角地区的经济和社会发展需要，为深圳率先实现社会主义现代化建设和创建国际性的文化名城以及把清华大学建设成为世界一流大学作出积极贡献。

从任职院长到拿到教育部批文的这段时间里，吴敏生考虑最多的是布局问题。在他看来，清华大学在深圳创建研究生院，是一次值得把握的重大机遇。

在布局方面，主要体现在三个重要的“结合部”上。第一个结合部是学科布局，应该在深圳经济社会现代化发展过程中贡献较大的领域“抢滩布点”，突破传统的学科专业壁垒和运行机制，大力促进新兴学科和交叉学科的发展。第二个结合部是与高新产业的紧密合作，使深圳地区研究生的科研和创新活动与学校本部形成具有互补性的可持续发展的教育产业链。本部是“上游”，深圳校区就是“下游”，本部以一次开发为主，深圳校区以二次或深度开发为主，有助于形成“研究—开发—提高产业化成熟度”的新机制。第三个结合部就是大力促进区域和国际合作，在教学、科研以及社会服务三方面注重各种优质资源的“系统集成”或“优势聚合”。深圳研究生院在初创时期，必须紧紧抓住这三个结合部来进行学科规划和人才培养布局，为未来提供开阔的发展空间。

同时，吴敏生深知，清华在深圳异地办学，确实面临着许多挑战性的问题，需要认真对待和应对。从生源、师资、管理、投入等几方面看，深圳研究生院的生源质量能够与学校本部保持同一标准。从投入看，深圳市的政府投资力度是财政实力能够承受的。因此，关键还在于师资队伍的组织和管理理念与机制的创新。吴敏生认为，深圳研究生院需要尽快形成一个新的研究生学习、研究的群体。在他看来，如何在深圳校区继承学校优良的办学传统，形成良好的校风与学风，是清华大学异地办学能否成功的关键所在。

从总体上来看，吴敏生认为，“机遇与挑战并存，成功与困难同在”，但前途是光明的。他热切盼望更多的师生加入清华在深圳的创业队伍，使这块充满年轻人朝气的土地上，不仅可以使老者重新焕发青春，更可以为21世纪的年轻一代提供开拓进取的广阔舞台。

开创

作为首任院长，吴敏生深感自己肩负的责任重大，既有建院宗旨、办学方针、育人理念等理论上需要建树，也有学科规划、生源师资、经费投入、教学科研、教学管理、校园建设等各种繁杂的具体问题需要解决。每一项理论和实践问题，都与深圳研究生院的后续发展息息相关，环环紧扣。

吴敏生从五个方面入手，打好开创之战，为深圳研究生院奠定发展基础。

1. 迅速形成以全日制研究生为重心的高层次人才培养格局。

培养高层次人才是深圳研究生院的根本宗旨，也是在深圳扎下根来，获得深圳市支持清华在深办学的关键所在。为了迅速形成以全日制研究生为重心的高层次人才培养格局，吴敏生在担任院长之后，马上踢出了头三脚：

一是采取双基地导师制。动员学校本部教师招收指导深圳研究生院学生，不占用其本部招生名额，且给予研究经费补贴，分两批招收了全日制硕士研究生312人，博士生38人，为此在一年时间里，共招收全日制理工科研究生350人。

二是招收专业硕士学位（工程硕士、工商管理硕士、公共管理硕士以及法学硕士）的学生。其优点是专业学位学生一般是由非本专业学生报考，生源多元化，聘请本部老师来深授课，在深圳集中学习，能迅速形成规模化培养的格局，一年内两批次招收专业硕士学位的学生996人。

三是抓住机遇招收攻读计算机软件专业第二学士学位学生。2001年初，教育部为缓解当年本科毕业生过多而产生的就业压力，要求各高校挖掘潜力，招收攻读计算机软件专业第二学士学位学生。由于本部各院系意愿不高，深圳研究生院抓住机遇，招收了70多个攻读计算机软件专业第二学士学位生，全时在深圳学习。

采取这些措施之后，清华深圳研究生院在读学生数迅速达到1200多人，随着大规模学生的来深学习，宿舍、食堂、运动场、图书馆、通信网络等一系列问题也都得到同步解决。

作为深圳研究生院院长和学校教务长，吴敏生深知，清华深圳研究生院人才培养的核心问题是保证以理工科为主的全日制研究生的培养质量和各类专业学位的教育水平。为此，吴敏生在开局阶段，特别注重抓紧涉及培养质量的招生、教学和课题研究三个关键环节，保证了优秀的生源质量、高水平的教学质量和课题研究质量，保持了清华大学良好的校风和学风，保证了清华大学统一的品牌质量，得到了学校和深圳市的认同。

2. 完成首批学科建设规划，启动实验室建设。

学科建设是高校的龙头，学科规划是学科建设的前提和基础。吴敏生在学校本部一直协助王大中校长进行学科规划建设和改革创新工作，深知学科规划和建设的重要性。一到深圳，就立即着手调研深圳的产业状况和区域需求，在学校10多个院系、30多位教授的直接参与下，经过半年多的辛勤工作，制订出深圳研究生院学科规划。

吴敏生认为，深圳研究生院学科设置和学科建设的目标，要力图体现以下几项基本原则：

第一，体现清华大学建设世界一流大学的学科建设目标。计划以5年左右时间建成4—6个国内领先、具有区域或国际影响的学科，形成3个国家级实验室（分室）或工程研究（分）中心，拥有十几位在本学科领域著名的学术带头人和一支富有创新精神、年龄结构合理的学术梯队，使深圳研究生院成为深圳地区高层次创造性人才培养和科技创新的重要基地。

第二，坚持为深圳区域经济和社会发展服务。规划建设的学科领域需和深圳地区经济与社会发展的重要领域密切相关，逐步形成结构合理、特色鲜明、层次较高的学科布局。依托这些学科，加速以研究生为主体的高层次人才培养，促进科技创新，以期对深圳地区经济与社会发展的中长期目标产生可持续的积极影响。

第三，坚持追踪学科前沿，促进跨学科交叉。依托校本部的重点学科（群）的优势背景，以保持追踪学科前沿的高起点，力求在较短的时间里建设若干个具有国际先进水平的研究中心。在学科设置中，充分考虑科学技术与艺术等不同学科门类之间的相互渗透与结合。在实验研究中心的组建机制，以及研究生的跨学科培养机制等方面，要坚持探索和创新，促进跨学科综合课程的建设，激励学科前沿、学科边缘和交叉学科的研究选题。以形成有助于知识创新、技术创新的科学与文化背景。

第四，形成政府—企业—学校紧密合作的新型产学研相结合的模式。学科建设和人才培养与深圳市21世纪经济社会发展战略紧密相关，把发展“一轴（政府）两轮（高校与企业）”的紧密型合作作为清华在深圳大学城增强办学能力的重要模式。将学科建设体现在各个学科的研究实体中，形成多种产学研紧密结合的新机制，促进知识与人才的双向交流，增强科技创新的驱动力，并形成高层次人才在深圳地区就业和创业的良好环境。

第五，坚持开放式办学，积极开展国际及地区间的学术交流、人才培养与科技合作，主动适应经济全球化背景下参与国际合作与竞争的需要。同时，选择对科学探索以及对经济社会发展影响较大的若干学科领域，与政府部门和企业界合作，采取多种激励机制，努力在这些领域尽快形成能够吸引国际一流人才参与各种形式的合作及吸引海外优秀留学人员回国创业的良好软、硬件环境。

深圳研究生院的学科建设以技术科学和应用科学等学科为

主，同时，加强经济、管理、法学等学科的科学研究和人才培养，重点建设一批高水平的前沿学科和交叉学科；根据深圳地区产业结构特点以及21世纪前期社会经济发展趋向，组建一批相对独立的研究所或研究中心；形成一支具有相对稳定性的高水平教学与科研梯队；逐步使深圳研究生院的各类人才培养达到3000人的预期规模。完成学科建设规划，启动实验室建设。

在学科建设的实施方面，既要考虑到深圳大学城尚未建成，要"尽力而为，量力而行"，又要抓住机遇，在重要领域"抢滩布点，占领先机"。目前，信息科学与技术、生命科学与技术、先进材料、先进制造、生态与环境保护、现代物流、工业设计、应用数理等首批10个学科领域与相关研究方向的学科规划草案已经基本完成并分步启动建设。同时，筹备建设经济管理、公共管理、项目管理、金融、法学、人文社科等第二批学科。

经过一年的努力，在吴敏生的带领下，深圳研究生院已经组建的实验室和研究机构有：宽带网与多媒体研究中心、环境工程与管理研究中心、软件工程中心、国家电力系统重点实验室深圳研究室、现代物流研究中心等。

3. 建立和完善内部管理体制和师资队伍建设机制。

对于一个新生的研究生院，内部管理体制和师资队伍的建设尤为重要。经过新的功能定位和整合，深圳研究生院设立培养处、科技处、资源管理处、办公室、新闻中心5个管理机构。经学校批准，完成主要管理骨干的配备。林功实兼任培养处处长，梁永明兼任资源管理处处长，杨瑞东任科技处处长，李晓燕任办公室主任，杨君游任新闻中心主任。

在吴敏生主持下，用了两个月的时间，制定出深圳研究生院财务、人事等主要工作制度，特别是人事和队伍建设的若干制度，并得到学校批准实施。

在制度建设的同时，深圳研究生院也迅速建立起一支专职与兼职结合的教师队伍，经过半年的努力，教学、科研和管理方面专职人员达到近30人。首批全日制研究生涉及导师64人，在此基础上逐步设立双基地导师岗位。

4. 稳步开展对外合作办学与合作交流。

2001年11月8日，时任副总理李岚清到深圳视察时，听取了吴敏生关于深圳研究生院办学情况的汇报，特别指示深圳研究生院要进行教育创新，要和国际一流名校开展合作办学。吴敏生非常重视国际合作办学的开展，根据当时深圳研究生院的具体情况，主要选择若干学科领域开展高水平的国际教育合作。当时与美国希拉丘斯大学就公共管理的学位教育和培训合作签订了协议；与新加坡国立大学合作培养物流专业方向的硕士研究生；与香港大学的IMPA学位教育的合作也达成协议。

清华大学深圳研究生院挂牌成立以及在深圳地区办学和科研等实质性进展，引起海内外媒体的关注，香港各大学组织多批教授来深圳研究生院考察，商谈两地合作事宜。电力系统重点实验室、现代物流等领域组织多次地区和国际学术交流活动。这些活动，提高了深圳研究生院的影响力，推进了深圳研究生院国际合作与交流。

5. 在过渡期内保障基本办学条件。

吴敏生来到深圳之后，与深圳市的有关领导和部门关系处理得很好，特别是与主管副市长庄心一和市政府副秘书长江潭渝成为好朋友，差不多可以每周碰面商谈工作，良好的人际关系推动了大学城新校区建设顺利实施。深圳大学城建在南山西丽，于2002年正式开工建设。清华大学深圳校区占地面积20万平方米，建筑面积7.1万平方米。另有学生宿舍2.2万平方米。深圳市政府提供的财政支持，使过渡时期的办学条件得到基本保证。

在过渡期里，深圳研究生院租用了研究院大楼1500平方米的办公、教学和实验室面积，改造了教室，建起了南园餐厅和体育运动场，租用高新公寓140套房间作为师生宿舍，建起了图书阅览室和深圳研究生院网站，配备了大中小各种车辆6部，为来深圳开展教学、科研的师生提供了良好的工作、学习与生活环境。

吴敏生于2002年8月去福州大学担任校长，年底前一直兼任深圳研究生院院长。在担任深圳研究生院院长的两年时间里，吴敏生完成了自己赴深圳创业的使命，使深圳研究生院迈出了初创时期的第一步，为深圳研究生院的后续发展带来了更多的机遇。在建院过程中，深圳研究生院在吴敏生的带领下，在人才培养、科研及社会服务三大功能方面开拓创新，为教师特别是年轻教师才干的发挥创造了条件，为研究生提供了广阔的舞台，形成了良好的创业环境。

吃水不忘挖井人，至今怀念吴敏生！

（作者杨君游系清华大学港澳研究中心秘书长。曾任清华大学人文社会科学学院副教授，清华大学科技处副处长，1999年初到深圳参与创办深圳清华大学研究院和清华大学深圳研究生院。

作者冯冠平系深圳清华大学研究院创始院长。曾任清华大学精密仪器与机械学系主任、清华大学科技处处长、清华大学校长助理）

同学兄弟 知己好友

——忆敏生同学二三事

黄永聚

吴敏生是我在清华大学冶金系（后来的机械系）的同学，我是铸0班，他是焊00班，我比他高一年级。我们是相交50多年的挚友，是一生的好同学，好朋友，好兄弟。

1970年毕业前后，我们曾一起在系政工组搞宣传工作。因为相近的性格和共同的爱好，朝夕相处，成为知己。我们一起下厂劳动，长途拉练，学习宣传，体育锻炼，直到1973年初我调回山东，共同度过了难忘的8年校园生活。后来我们虽天各一方，工作各异，但友谊长存，始终保持着联系。

信仰建立，家国情怀在清华园养成

吴敏生信仰的建立和家国情怀的养成，都在清华园。

1966年5月清华大学开始了“文化大革命”，之后三年学校都没发展党员，一直到1968年工人和解放军宣传队进校后，党的组织生活才逐步恢复正常。我和吴敏生两人于1969年开始在一起工作，吴敏生通过我向党组织提出了入党申请，在吴敏生的要求下我成为他的入党介绍人。敏生为人正直，工作积极，群众关系好，特别是他与我秉性相同，有共同语言，我是从心里愿意发展他入党的。当年系里的老师和学生同在一个党支部，吴敏生是在1970年初被发展成为中共党员的。这标志着吴敏生为党和国家，为人民利益奋斗终生的信仰的建立和家国情怀的养成。

在清华园，我和敏生相互非常信任，无话不谈。

1972年我因解决夫妇两地分居的问题想调回山东，更是因为在清华成天处于那种政治环境中有一种压抑感，希望到基层做些技术工作。1973年我如愿调回山东，可敏生继续留下来，不久提为清华大学校党办副主任。他在德国先后取得硕士、博士学位。

强体健身，为祖国健康工作五十年

敏生喜欢体育运动，我们从一起工作时起就抽时间锻炼身体，乒乓球室，篮球场上，游泳池边，东大操场经常会看到我们的身影。他兴趣广泛，长跑是他的优势，在20世纪70年代初学校组织的一次运动会上，敏生自然当选为运动员，代表机械系参加了4×400米比赛。跑400米是一个既要求速度又要求耐力的运动，敏生自报第四棒。运动会当日，东操场人山人海，竞争激烈。最后的压轴大戏是4×400米接力赛，开始后机械系不占优势，到第二棒时已经落后到中间位置，我真为敏生捏了把汗。待敏生接棒时，他已落后第一名近10米的距离，机械系的

2014年4月27日下午，纪念入学50周年的吴敏生（左）与黄永聚在北京清华紫光集团畅谈甚欢（照片由本文作者提供）

同学和老师齐声高喊“吴敏生加油！”此时的敏生大步如飞，按自己的节奏急追向前，最后200米左右已经处于第二的位置，距离第一名只有不到5米。此时人声鼎沸，观众的情绪达到了高潮，当还剩100米时，敏生与第一名只有两三米的距离。最后的冲刺阶段到来了，机械系的人们都兴奋到极点，“吴敏生加油”的喊声震天响，也许敏生听到了大家的加油声，也许多年长跑能量的爆发，在离终点20米的地方，他实现了超越。在人们的欢呼声中，敏生第一个冲过终点。

几十年来，敏生一直坚持每天跑步3000米，争取为祖国健康工作50年。但岁月不饶人，据他的同学讲，近年他的步履明显不如原先轻快。他非常好强，不承认体力衰退，不肯去体检，认为能吃、能睡、能抽烟、能喝酒，能跑3000米就证明身体健康。我曾同敏生交流过退休后的经验体会，劝他别抽烟，少喝酒，注意劳逸结合，避免操劳过度。但他自信健康，仍然全身心地为教育事业，为家乡的经济发展，为朋友的请求帮助，呕心沥血，不知疲倦地工作到最后一刻。

博学多才，坚持《易经》的探索与研究

吴敏生博学多才，博古通今，不仅在专业上多有建树，成果丰硕，而且在哲学社会科学方面也有深入研究。每每交谈，他都有独到见解，特别是对政治历史，社会现实，客观公正地评价，正气凛然，自律风趣，智慧果敢，大气洒脱。

20世纪90年代初我们在敏生家里相见，交流之余，他从书架上取出一本《易经》，推荐我研究学习。他很认真地讲《易经》是一本好书，中华文化群经之首，其中蕴含着丰富的治国策略、处世哲理和做人的原则。从北京回来后，我就买了几本《易经》方面的书，有时间就研读学习，遇到问题就请教敏生，感兴趣的课题就相互讨论。清华大学的旗帜是紫色的，清华大学的校训是“自强不息，厚德载物”，皆来自《易经》的意辞“天行健，君子以自强不息；地势坤，君子以厚德载物”。《易经》是一部立人的书，清华大学的校训激励着一代代学子奋发图强，积极进取，报效祖国。《易经》深奥难懂，初学者很容易望而却步或走向占筮算卦的歧途。然而敏生学《易经》，是学它的智慧，学它的哲理和方法，用于科研教学和社会实践。曾记得敏生多次讲过，三百多年前，法国耶稣教

会传教士白晋对《易经》高度赞赏，并发现易学阴爻“--”相当于数学中的“0”，阳爻“—”相当于数学中的1。德国数学家莱布尼茨从《易经》八卦的阴爻和阳爻中发现了二进制。因此现在世界上的计算机，不管它的软件、硬件有什么变化，其数理基础都源于中国的《易经》。敏生早年曾两次赴德国学习进修，获亚琛工业大学工学博士学位。有一次他兴奋地给我谈了博士论文答辩时，引用了《易经》的哲理和知识用于专业的体会和经验，得到与会专家学者的一致好评，论文答辩后教授们全体起立鼓掌，表示祝贺。

我们共同研究学习《易经》近30年，探讨了《易经》的阴阳观与养生的智慧；《易经》的生态观与中国传统建筑的智慧；《易经》的中行观与谋略智慧等等。作为理工科教授的敏生对《易经》能有如此深入的研究和造诣属实难得！他的推荐和帮助使我受益终生。

崇尚艺术，推进科学与艺术的融合

吴敏生虽是工科出身，但具有较好的文学艺术修养和造诣。他崇尚艺术，推进科学与艺术的融合。20世纪70年代初，我同敏生在北京二通机械厂搞宣传，他负责文字，我负责美工，共同创作了多期板报，受到同学和工人们的欢迎。休闲时间我常常去写生创作，每有新作都要请敏生欣赏指正，他每次都会认真地点评和鼓励，其独具特色的艺术思维给我很多的启迪和帮助。

我从少年时代就酷爱绘画，退休后一心一意学习绘画，在油画的基础上改为国画。初始以临摹为主，涉及花鸟、山水、人物。经过两年多的努力，虽然花费时间很多，但进步不大，好像有道坎始终难以逾越，造成思想的苦闷。我诉苦之敏生，他在电话里给我鼓励，告诉我学画非一日一时之功，需要耐心及持之以恒。学画要从基本功练起，一要有正确的艺术风格和形式，二要有熟练的艺术技巧和笔墨功夫。敏生劝我找名师指导，有所重点，不面面俱到。我感觉敏生的意见很有见地，中肯而客观。随后我参加了美协举办的学习班，请教于国内的著名画家，有机会就参观各类画展，同时多次临摹芥子园画谱。按照敏生的建议和我的喜好以画动物，特别是画虎为主。经过几年的努力，我的国画水平有了一定的进步，多幅作品入选各种展览，幸运地加入了山东省美术家协会。2010年在李苦禅纪念馆成功地举办了百虎展。中国书画报、美术报、曦之书画报等各类媒体都进行了介绍和刊登。对此敏生特别高兴，给予我鼓励和祝贺。电话中他建议我再抽时间写字，谈及书至画为高度，画至书为极则。中国文明最高者尚不画，画之上有书法，书法之上有诗词，诗词之上有音乐，音乐之上有中国先圣的哲理。希望我在诗书画印上全面发展。这些建议体现了敏生的博学多才和很高的艺术造诣。

吴敏生在任福州大学校长期间，正逢全国高等教育办学扩大的关键时期，他高瞻远瞩，谋划布局，于2004年11月18日代表福州大学与厦门市人民政府正式签订共建福州大学厦门工艺美术学院合作协议书。2008年7月集美校区正式开工建设，2010年秋季正式投入使用，敏生为厦门工艺美术学院的发展奠定了坚实的基础。当他告诉我这一喜讯时，我十分高兴并表示衷心的祝贺，当时给他画了一幅大鸡图和一幅雄鹰图略表心意。

“春蚕到死丝方尽，蜡炬成灰泪始干。”用李商隐这句诗表达敏生老友仙逝后我们阴阳相隔，生死茫茫，永难相见的痛苦和极度思念之情。逝去的年华，不变的同学情，怀念50多年的交往，那朝夕相处的日日夜夜成为心中的永恒。

（作者毕业于清华大学。现为山东省美术家协会会员、中国书画艺术研究会艺术顾问、中国画画虎艺术研究院名誉副院长）

师生情深

康飞宇

我和亲老师吴敏生认识相交已有41年了。弹指一挥间，所有经历，历历在目，仿佛就在昨天。

1981年，我和清华大学机械工程系153名新同学入学了，给我们新生开会的人就是政治辅导员吴敏生老师。

1983年11月18日吴老师介绍我加入中国共产党。1984年整党期间，吴老师给我们支部介绍了“文化大革命”中的清华大学和他的故事，十分坦诚。大学期间，吴老师和我们每个同学都能够推心置腹地谈心聊天，经常往学生宿舍跑。至今记得两件特别感人的事情，一是1982年秋季孙同学去世，吴老师跑到了同学家里给亲属做工作；二是另一位来自边远地区的同学受了处分，吴老师除了耐心做好该同学的思想工作外，还多次去学校求情，要求给这位同学一个改过自新的机会。从这些事情上，我学到了今后怎么做学生的思想工作。我念书时当了85级学生三年辅导员，留校当老师后，又当了两个班的班主任，和学生们成了一生的朋友。

1986年我毕业了，吴老师到系里担任党委副书记。1988年

2010年7月7日吴敏生（左）与康飞宇在清华大学深圳研究生院高级顾问聘请仪式上合影（照片由清华深研院提供）

他去亚琛工业大学留学，共去了两次，1992年底拿到了博士学位。他那时已经46岁了。1993年回国后进入工字厅，担任清华大学教务长。

1993年至1997年我在境外读博士和做博士后。1998年2月起我到学校工字厅工作，担任研究生院培养处副处长、综合办公室主任，开始和吴老师经常打交道。在吴老师领导下，我做的最有成效的工作是建立T215工程硕士工作站和福州软件园工作站。前者是清华与二炮和电子部15所共同建立的，名字也是吴老师起的，他和张翔副司令总负责。后者是清华与福州市鼓楼区合作的。

2000年我在建立福州工作站期间，跟着吴老师第一次去平潭，见到他家的两位老人。特别是我抢拍了一张他与父母亲及郑燕康老师的合影。回京后我冲洗出照片给他，他特别高兴，向我要了底片。这次去福州的领导还有陈希书记和顾秉林校长，习省长在福州会堂请我们吃了饭。

从2000年起，吴老师在深圳筹办研究生院，我就常往深圳跑。甚至决定去深圳工作，跟随老师创业。2002年8月20日他在北京对我说，第二天要去福州大学履新，我心里很难受。

从此我就经常往福州跑。2002年秋天我去福大看望吴老师时，他住在学校旧的招待所里。从此我开始认识了福州大学、福建、平潭的许多好朋友。

1999年，由于吴老师的关系，我出面组织了清华大学与福州大学和内蒙古工业大学三校暑期研究生工作交流会，轮流坐庄，连续好多年。中间曾经中断过，近年来在吴老师推动下恢复起来。2019年7月15日至17日他亲自去呼和浩特参加会议，他说有20年没有去内蒙古了，这次开会时顺便看看老朋友内蒙古工业大学阿书记。我16日专门飞回老家，陪了老师一天，特别是参观内蒙古博物馆时，吴老师还纠正了讲解员的一些说法。

2010年元月27日我去深圳研究生院就职。2010年5月10日他卸任校长两天后就带着福大的几位朋友来深圳看我，一起聚了三天，他语重心长地教我怎么在深圳做事。

自从吴老师退休后，我几乎每年过完春节从老家回到北京后，都会马上飞往福州给老师拜年。知道他的人生不容易，想与他多学习交流点东西。

他退下来后做了6年深圳研究生院的院长高级顾问，每个月都会来深圳一两次，出谋划策，介绍关系，呕心沥血。

吴老师首先建议成立清华大学港澳研究中心，他认为非常有意义，并亲自担任名誉主任。中心缺少经费，他找朋友给中心拉来赞助费1000万元，成为最重要的支持保障。

2012年我按照陈吉宁校长指示，在深圳校区筹备成立清华大学医院管理研究院，这是内地第一个专门培养医管高级人才的项目，办得挺好，聘请了国内外的一些专家。但是缺乏经费支持，吴老师知道后，亲自把一位企业家介绍给我，促成了双方合作，企业的捐款，使得医管院办得越来越好。

黄维老师的艺术设计项目很有特色，吴老师为其介绍晋江和福州的一些公司，帮助其发展成多门特色课程，现在和安溪的藤铁产业合作，把教学设计生产紧密结合起来，得到了政府和研究生们的称赞。吴老师还介绍黄维老师为福州航空设计了LOGO，非常漂亮。

吴老师看准的事情会不遗余力地推动，无私地帮助。深圳市的申佳原公司是几个转业军人自主创业办的公司，以建筑渣土分离与再利用为主，经过吴老师多年指导，这个公司现已经在广东省成功步入了循环经济领域。

深圳研究生院现在的学科发展和校园建设也倾注了吴老师的不少心血，毕竟这是他创办的学院，后来他的学生也当了院长。

深圳研究生院海洋学部的年轻人李铁副教授，刚从国外回来，吴老师针对他的特长在产学研合作方面做了许多布置，谋划得非常细致。

作为清华大学福建校友会会长，吴老师不遗余力地帮助清华在福建的校友，他们有事找到吴老师，都会得到他的大力支持与精心指导。

吴老师看人准确独到，支持人不遗余力。戴琼海院士早期在深圳发展，吴老师长期支持，出谋划策。张旭旭教授的纳米药物载体也得到了吴老师的多年关注与支持。

吴老师一直在不遗余力地推进福州大学校友企业与深圳企业的合作。作为福州大学校友总会会长，他关注在深圳和香港的校友，每有大事，也会叫上我参加。这两年他最关心他的学生李路明的科研产业化工作，每月回北京，必然去了解进展，出谋划策。

我们院有个扶贫点是湖北省恩施市，吴老师多次亲自去恩施指导工作。恩施机场建成后，拿不到深圳机场的起落时刻，吴老师亲自带着他们去拜会深圳机场领导。

2019年8月15日吴老师来到深圳，我陪他吃饭时说起了罗燕春老师，我说：20号是罗老师百天忌日，我们会组织一个追思会，您能否参加？吴老师就问起我，罗老师是怎么走的，多大岁数？我说罗老师一个人在海南家里走的，享年76岁。吴老师就说，应该是好事儿。接着给我讲了10多分钟他的生死观。第一，人都是哭着来的，没有例外，但是能够笑着走，需要有一定道行。有人能够谈笑风生，端着酒杯，叼着香烟走，那是最幸福的。第二，人要活得好、病得晚、走得快，这才是健康标志。第三，宇宙有三态：物质、能量、信息，交互作用，灵魂不灭，在平行宇宙里仍然存在。

2019年8月25日晚上，吴老师给我打了很长时间的电话，说他在寿宁参加扶贫活动，见到了我的好朋友宁德时代新能源的曾总，要我说服曾总来寿宁投资建厂。还说我夫人在寿宁做过乡村教师培训工作很有意义，要支持。

吴老师穿衣服喜欢兜子多的，可以放烟、打火机、钱包、钥匙、手机。他吃饭喜欢喝矿泉水，喜欢通过唱歌出汗解酒。他发现我不爱出汗，让我网购了一套发汗服，穿了几次运动后果然大汗淋漓。

我从2014年初开始不敢喝酒了，可是有时推脱不了时，总是吴老师替我喝了，他那么大岁数还替学生挡酒。想起来就两眼泪汪汪。

吴老师总是说，他出生在海边，有着草原人的性格。常说草原是凝固的海洋，海洋是流动的草原。特别爱唱草原和高原歌曲。

作为吴敏生的学生，我从先生那里学到了做人做事的精神。故人西去，缅怀之余，更要继承和发扬他的精神，好好做人，好好做事，为国家和社会作出自己应尽的贡献。

（作者系清华大学深圳研究生院第四任院长，教授，博士生导师）

哲人风采　桃李满园

赵庆刚

敬爱的吴敏生老师离开我们两年多了。又仿佛并没有走远，他的音容笑貌，经常浮现在我的眼前。往事历历在目，清晰地萦绕在我的心头。

留校工作，有缘初识吴老师

我是1979年考入清华大学机械系的，被录取到铸造专业，编为铸9班。当时机械系9字班有4个专业5个班，班主任，尤其是辅导员的配备，以1970年留系工作的老师为主体。吴敏生老师是焊9班的辅导员。高高的个子，一表人才，这是我对吴老师的初始印象。

1984年我毕业留校工作。1990年至1993年初，我担任学生部副部长，分管学生思想工作和辅导员队伍建设。在此期间，吴敏生老师担任机械系党委副书记，分管学生工作，我和吴老师有了工作接触，对吴老师坎坷的人生经历也有了初步了解。

人生路口，老师帮我做选择

1995年8月，我一门心思想离开学校，到海淀区工作，并毅然调离清华，到海淀区委区政府研究室做副主任。当年年底，学校主要领导做我的工作，动员我回清华，先到教务处工作一段时间，然后去清华附中。此时，海淀区政府主要领导也找我谈话，动员我到区政府办工作。正当我思考怎样选择下一步工作时，吴老师及时给我打来电话，约我深聊了一次，动员我尽快下决心回学校工作。当时吴老师担任教务长兼教务处长，他的明确态度对我有很大影响。在学校主要领导和吴老师的感召和关心下，我下定了再次回清华工作的决心，于1996年初调回了清

2014年10月26日吴敏生（右）与本文作者在清华大学深圳研究生院校友会成立大会上合影（照片由清华深研院提供）

华，担任教务处副处长，并有幸直接在吴老师领导下工作。

我在教务处主要分管实践教学。当时吴老师积极推进学校教学改革，加强本科生实践环节和科研能力的培养，推出了“SRT计划”（Student Research Training），即大学生研究训练计划。在吴老师的领导下，清华老师的热情很高，研究实践课题不断增多，“SRT计划”取得了不少研究成果，对学生的创新思维和科研能力的培养起到了积极作用。在和吴老师一起共事的日子里，他直接指导我的工作，言传身教，使我受益良多。

附中八年，精心指导和支持

1996年7月，学校任命我为清华附中党总支书记，一年后担任校长。如何发挥依靠大学的优势，继承清华大学重视中学教育的良好传统，深入推进中学的教育教学改革，办出清华附中的特色，是摆在我面前的一项重要课题。

当时学校成立了附属学校领导小组，常务副校长做组长，吴敏生老师和学校有关领导担任副组长，学校有关方面、有关部门负责人作为小组成员，每年都要开一次会，专题研究附中、附小办学中的重要问题。

在吴敏生老师和分管附校副教务长的关心指导下，清华附中、清华附小依托大学，于1998年启动了“大中小学一条龙教育改革试验”，在理科、英语、计算机、美术、体育等学科教学方面进行系统改革，制订了改革方案。大学在“985”专项经费中，支持“一条龙”改革。教务处选派数学系关治、物理系张三慧、化学系徐功骅、计算机系吴文虎教授，为附中高中理科试验班上课。大学外语系教授编写出“一条龙”英语试验教材并由清华大学出版社出版。大学体育部教师加强了对初高中“马约翰体育班”的系统体育竞赛项目训练。创办了清华大学跳水队、清华大学射击队，部分队员直接安排到附中学习，聘请了国家级教练于芬、射击冠军王义夫分别担任跳水队、射击队总教练。附中创办了初、高中美术班，清华大学美术学院的教师直接指导美术班教学。经过几年的探索试验，清华附属学校“一条龙”改革在全国产生了很大反响，清华附中一批又一批特色拔尖人才不断涌现，也为改革开放新时期中小学教改积累了宝贵的经验。

为加强附中教师队伍建设，大学在附中引进中学特级教师方面，给予了北京落户、提供人才住房等多方面的支持，使附中在短短几年间就引进了12位中学特级教师。在引进特级教师过程中，吴老师不仅给予关心指导，有时还亲自协调地方政府和当地学校，帮助解决调动问题。

在清华附中工作的8年多，是我人生中一段特殊和难忘的经历。回顾这段历史，我对吴老师充满了感恩之情，永远铭记在心。

港澳中心，家国情怀新贡献

2010年7月，我离开了工作多年的北京来到深圳，到清华大学深圳研究生院工作，担任党委书记、副院长，与好友康飞宇院长一起工作，心情十分高兴。此时，吴老师刚刚卸任福大校长两个月，作为深圳研究生院首任院长，这里的发展仍然牵动着他的情感。为集思广益，积极发挥吴老师等专家、领导对深圳研究生院的指导作用，在飞宇院长的提议策划下，院长办公会决定聘请吴敏生老师和其他7位深圳市、清华大学领导专家担任研究生院高级顾问，为研究生院发展献计献策，并于7月7日举行了顾问委员会第一次会议。

这次会议期间，一些顾问建议深圳研究生院应加强港澳研究工作。于是，研究生院很快成立了港澳研究中心，2012年又成为清华大学港澳研究中心。从此，吴老师又开始为港澳研究中心的发展倾注心血，在吴老师和飞宇院长的努力下，港澳研究中心先后得到卢嘉锡基金会和鑫桥公司的捐资支持，法学院王振民院长出任中心主任，吴老师做中心名誉主任，聘请了全国人大常委会香港基本法委员会主任、澳门基本法委员会主任乔晓阳做中心学术委员会名誉主任，组建了专兼职的研究队伍，使港澳研究中心得到了稳步发展和提升。研究成果越来越多，影响力日益扩大。目前，已成为清华大学的重要智库。

感同身受，哲人风采与魅力

我在清华深圳研究生院工作的6年间，与吴老师的接触比以往的20年都要密切。吴老师每次在深圳，只要时间允许，我就会尽量多围绕在吴老师身边，听他谈天说地，分享最新的学习和思考的成果，包括宇宙的起源，物理学的最新发展，物质、信息、能量的关系，科学与人文的关系，教育的真谛等，真是受益终生。

吴老师把自己的一生都献给了教育事业，是坚持终身学习和实践的教育家，桃李满园。

可以说，吴敏生老师是清华百年历史上不可多得的大哲人、大才子。他博览群书、诲人不倦，与人为善、助人成功，帮助和激励了众多学子；他人格魅力突出，具有强大的亲和力和影响力，一大批有幸与他共事的同事、有机会与他相识的朋友都愿意聚在他的周围。他形成的强大气场，会长久驻留在时空里，不会因为他的离去而消失，会永远留在大家心中。

吴敏生老师，我们永远怀念您！

（作者系清华珠三角研究院副院长，研究员。1984年清华大学机械系本科毕业，1989年获法学二学位。留校后曾在学校学生部、教务处、清华附中、深圳研究生院等部门工作。1999年至2006年受聘担任国务院学位办、教育部全国教育硕士专业学位教育指导委员）

心中的思念

李路明

一直想写一点东西来纪念心中的吴敏生老师。他离开，转眼已经过去一年半了；每次提笔，心痛难忍，总坚持不下去。写一点怀念吴老师的东西，成为一个心里面极力回避的话题，心痛的感觉总让我放弃，变成了一个几乎无法完成的任务。虽然我觉得应该写一点东西，但提笔总要回忆，想到他已离开，而我内心从来就没有接受这一事实，心里撕心裂肺地疼，让我再一次放弃。放弃，就没有想、就没有思念、就没有疼了吗？每次到他曾经的办公室，觉得他就坐在那里，旁边的书柜里面还有他的烟、他的酒，一动没动，像在等着主人回来。还是努力控制住，写一点东西吧。

深爱福建的平潭人

我和您，其实一直保持着师生的距离。我不是一个喜欢热闹的人，和您挥斥方遒的潇洒不同，更愿意静静地坐着，和家人、朋友喝一杯茶。自己这样，不自然也会认为在您很忙的校

2004年12月16日，吴敏生（右二）与李路明（左一）参加马伯志论文答辩时的合影（照片由本文作者提供）

长任上，没有事情就不要去打扰您，这也是为什么您在福建那些年，我从来没有到过福州。只是遥遥相望、默默祝福老师，现在想来，真是书呆子，也满是遗憾。

第一次全家到福州去看您的时候，您已经相对空闲（其实依然忙碌），听您讲福建的山山水水，听您讲福建的历史文化。在福州的三坊七巷，您亲自讲解林则徐、讲中国近代史上的福建人，那些在我脑海里面影影绰绰的历史人物、历史事件一下子生动起来，人物的历史事件与其生活、文化教育背景有机统一，其内在的逻辑也就自然清晰很多。

和您一车、一路，沿途福建的山水越发钟灵毓秀，八闽大地、八山一水一分田在您的娓娓讲述中立体、丰富，有了生命力，是有多少爱在这些话语中啊。在平潭，您讲平潭房子为什么是平屋顶的。在您出生的小村，山丘上层层叠叠的平顶房屋，这是您出生、长大的地方，听您讲风土人情。看上去一个极其儒雅、学贯中西的大学校长，根本无法和这原先贫瘠的海岛关联起来，但您又是那样和家乡的一草一木水乳交融在一起，让我惊叹。虽然多次听您讲过离开福建的日子和重回福建的日子之间的神奇性，但这一次行程让我更深刻地理解这些背后的真谛，就是您对家乡无法割舍的爱，深入骨子里面的爱。

那几天，基本上是辗转福州市区、福清、平潭几地，看实验室、交流，看企业、座谈。这次行程最温暖的时刻发生在一次午饭后，您是金庸迷，金庸的小说人物、故事背后的哲理，您总是顺手拈来，从科学技术或者历史文化角度给出一些新的阐释。当得知我的女儿也喜欢金庸，也喜欢《射雕英雄传》的时候，您饶有兴趣地问她，最喜欢《射雕英雄传》的哪一个人物？当时，我想女儿肯定会说是黄蓉或者郭靖，没有想到女儿脱口而出“洪七公”，这竟让您惊喜万分，“我也最喜欢洪七公”，隔代的祖孙两个开始讨论起他们的“偶像”，美食、武功……这成为我们一家和您最为温暖的记忆。

谐振与共鸣

在我的心中，我敬重您，您是我心中的恩师，教我为人、为学。虽然我后续的科研工作进入了医学工程领域，但依然得益于您的学术影响。

您对我研究工作的影响是潜移默化的。您的学术思想既有科学高度，又和生活息息相关；既充满哲理，乂通俗易懂。您经常拿黄药师招女婿的时候和洪七公在声音上的比拼举例子，在讨论欧阳克与郭靖的不同反应中，探讨声音的共鸣、心灵的感应乃至谐振等物理现象。

举这个例子，探讨这些物理概念，最开始是在您回答为什么能够首先提出“电弧超声”的概念。利用焊接电弧的电阻的宽频率响应特性，对其进行高频调制，把电弧从单纯的热源转变为一个超声源。这个创造性的概念，开始受到很多质疑，焊接过程的电气特性的复杂性、电声耦合在一起，测到的信号到底是电信号还是声信号莫衷一是。在一轮轮试验、一次次探讨中，概念越来越清晰，方法越来越简洁，技术越来越成熟。特别是在中石化的张家港化机厂完成了近两吨低温不锈钢的工艺试验，不同的焊缝和结构，也存在频率的选择问题，在谐振区域，不锈钢的低温韧性大幅度提高，焊接热影响区和通常焊接方法完全不同，质疑变成了赞赏、肯定与效仿，一个有重大影响的新技术方法诞生了。

在这些研究工作中，时常促使我思考频率、震荡、共振与谐振这几个词汇的深层次内涵，并不断体会。这些也成为我在脑起搏器研究中的方法利器：高频电刺激大脑的丘脑底核（大脑的一个深部核团）获得拉斯科临床医学奖，其高频电刺激就是针对大脑特定区域的病态震荡（对应着震颤、僵直等运动障碍问题），用3—5倍频率的信号对其加以抑制。单一的频率调控，对于临床上有多个病态震荡的患者疗效一般，如何帮助患者？我想到了电弧的调控，我提出了变频的概念，用不同的频率组合来抑制多个病态震荡，这是一个全新的思路。如何变？变的依据是什么？经过大量试验、验证，最后变频方法在临床上成功解决了步态障碍调控问题，第一次实现了运动障碍（震颤与僵直）与步态障碍（步态冻结等）的同步调控。变频调控获得中、美专利，并被认为是最新的疗法进展，获得了德国纽伦堡发明展的金奖，也是脑起搏器获得国家科技进步一等奖最重要的发明点。现在变频方法已经成为很多患者战胜帕金森病的利器，其背后的学术思想，也在不同的神经调控方法中被应用，为患者造福。

以上文字是在您离去一周年的日子，我坐在去您安息地的飞机上，断断续续写的。那是一个伤心之旅。之后我修改文章去掉了一些感伤的话，知道您不想我们这样。

生命是什么？生命的意义是什么？到了我这个年龄，不经意会想一下。但我总愚钝，看不清、想不明，尤其在面对一些困扰、名利时，没有您的潇洒、豁达。但爱家乡、爱国家，做一个爱学生的老师、做一个对社会有价值的人，您像我父亲一样，把这些刻在了我的心上、灵魂里。

时常想象您在天堂的样子，知道您其实一直活在我的心里。

（作者系清华大学航天航空学院院长。教授、博士生导师，2018年度国家科技进步奖一等奖获得者）

追念吴敏生老师

林来梵

吴敏生老师离开我们已有两年多了。

他逝去之后，每每想起他，我心中就隐隐作痛。人世间真如存在主义哲学家所说的那样荒谬——吴老师虽年过七十，但一向体魄强壮，每天还坚持晨跑3000米，做50个俯卧撑，居然就这样走了，几乎毫无征兆！在他去世前十几天的一个晚上，我们恰好都在福州休假，便相聚吃饭，席间他一如既往地谈笑风生，豪情满怀。10多天后，我刚返京不久，突然接到福州大学副校长王健教授的来电，得知吴老师前一天晚上倏然过世。噩耗犹如晴天霹雳，使我陷入长久的惊愕和悲痛之中，没想到那次快乐的晤面，竟是永久的诀别！

我认识吴老师虽然只有10余年，与他的缘分却非同一般。我们的关系可以用8个字来概括：同事同乡、亦师亦友。为此，我平时总称他为“吴老师”。

2007年，我还在浙江大学法学院工作时，福州大学副校长王健教授特意到杭州找我，说是彼时福大法学院院长届满卸任，院长一职空缺，福大校长吴敏生教授命他来做我的工作，

2014年11月15日，吴敏生（前排左五）与林来梵（前排右一）参加2014年港澳发展论坛（照片由清华大学深研院提供）

希望将我引进该校。记得王健教授还笑着说：吴校长是你的平潭老乡呢！出于各方面的考虑，我当时婉拒了福大方面的厚意，但由此也跟吴老师结下了缘分。

2008年春假期间，我们相约在老家平潭见面。那是我第一次见到这位传说中的乡贤。只见他身材魁梧，目光如炬，容貌和神情里透出一股豪杰之气，但言谈举止又得体、潇洒，不失知识人的风度。吴老师这种相反相成却又浑然一体的复合型气质，当然源自于他鲜明的个性，其中豪杰之气的那部分内涵，其实也是我们故乡平潭岛的风土民情所赋予的一种气质。他的一位朋友林贡钦先生就曾戏说性地以“海盗精神加清华文化”概括过他的个性。对此，吴老师也坦言：自己“血脉中的海岛养分和清华崇尚的‘自强不息，厚德载物’等文化元素早已交融，自觉贡钦的戏称倒也贴切”。这是吴老师的夫子自道。作为平潭人，我特别能理解他的性情。殊不知，平潭作为一个长期孤悬海外的海岛，那里一向民风彪悍，许多男儿多少都有一股豪气。想当年，清入主中原之后，平潭岛上的岛民在南明水军都督周鹤芝的带领之下，居然与清廷政权对抗了30多年，直到康熙十九年（1680年）才被攻陷下来。这等悍勇之气，正构成吴老师所说的那种“海岛养分”的一种底蕴。

我与吴老师虽无缘在福大共事，但2009年我调到清华大学法学院执教，翌年吴老师也从福大返回清华，我们在清华成为同事。那些年，清华大学法学院招收的法律硕士第一学年一律都在清华大学深圳研究生院学习，由法学院每学期轮流派出各学科教师前赴深圳短期集中授课，我也在被派教师之列；而吴老师正是清华大学深圳研究生院的创建院长，2010年从福大返回清华之后，即开始担任深圳研究生院高级顾问，多在深圳研究生院工作。于是我在每次赴深圳授课期间，便经常有机会在那里见到吴老师。值得一提的是，吴老师担任深圳研究生院高级顾问不久，便富有远见地利用该院地处深圳的地缘优势，创立了清华大学深圳研究生院港澳研究中心。2012年，该中心进一步升级为清华大学港澳研究中心，此后，吴老师担任该中心名誉主任，时任清华大学法学院院长的王振民教授担任中心主任。我也有幸参与中心的工作，忝任副主任一职，算是正式归入吴老师的麾下，成为更亲近的同事。

在这期间，我有机会近距离接触吴老师，亲慕其风采，谛听其高论，领略其过人之处，获益良多。

吴老师是一位具有强大生命力的强者。他出身于穷乡僻壤的小渔村，18岁那年（1965年），通过自己刻苦的努力考上了清华大学，用他夫人的话说，就是“能够打着赤脚从距‘皇城’数千里外的天涯海角，走进了全中国的最高学府！”1970年大学毕业后，他以优异成绩和突出表现，留校从事行政工作，不久升任清华大学校党办副主任。“文化大革命”结束后，吴老师继续留在清华担任政治辅导员等工作；90年代初，他远赴德国留学，先后获得了硕士和博士学位，再次实现了“华丽转身”，从一名高校行政事务管理者成为“政学两通”的大学教授。通观吴老师的人生轨迹，可感受到其中充盈了一种奋发向上、生气勃勃的强大能量。

吴老师又是温和、宽厚、包容的师者。他脸上常带笑意，身边人都说很少见他发火动怒，平时广结善缘，助人为乐，具有君子风范。众所周知，《易经》中的“自强不息，厚德载物”是清华大学的校训，而吴老师生前也曾系统研究过《易经》。如果说，他强大坚韧的人格力量折射了“天行健，君子以自强不息”的精神，那么，他温和、宽厚、包容的品德修养，则体现了“地势坤，君子以厚德载物”的内涵。

吴老师在清华、福大等高等学府为学、为政近四十载，政学两通，桃李满天下，人脉广布，根基深厚；到了晚年，他仍然影响深巨，声望日隆，这一辈子可以说是事功卓著了。但更重要的是，吴老师还是一位很有人文情怀和人格魅力的学人。他尽管出身于理工科专业，却不是那种“略输文采”“稍逊风骚”的专家，而是一位视野开阔、涉猎深广、胸怀天下的学者。他好读历史，研究过《易经》，熟读老子《道德经》，悠然洒脱，通透睿智。他乐于豪饮，而且口才颇佳，文采斐然，尤其是善于概括总结，并且能将复杂的道理用通俗易懂的语言表达出来。他喜欢“品茗话天下，煮酒论古今”，身边时常聚集了一群素养不凡的弟子、同事和朋友，一旦来了兴致，他就能很快地“主导了话语权”（林贡钦语），成为席间众人的中心，从教育到社会，从科技到人文，或从人生到宇宙，侃侃而谈，滔滔不绝，辐射出强大的气场。

吴老师在他生命中的最后几年，还在“仰望星空”，而且视野超越了家国与天下，投射向宇宙，并形成一种相对系统的宇宙观，认为宇宙有物质、能量、信息这三种存在形态，它们之间彼此影响，交互作用；而灵魂不灭，长留于平行宇宙之中。

吴老师在这个世界逝去之后，我也是这样想的：他的灵魂不会逝灭……

（作者系清华大学法学院教授、清华大学国家治理研究院副院长、中国法学会宪法学研究会副会长、中国法学会香港基本法澳门基本法研究会副会长、全国人大常委会法工委备案审查专家委员会委员）

十八颗星

杨君游

2001年中，刚成立的清华大学深圳研究生院新买了一辆大巴，让才从美院毕业的黄忠棋进行车身图案设计，并提出用枫叶色的星作图案设计的构想。当时创院的教职工满打满算一共有18位，他们是：吴敏生、林功实、梁永明、杨君游、李晓

2001年6月8日，清华大学党委副书记庄丽君（前排左三）与深圳研究生院创业之初的“十八颗星”合影，前排中间为吴敏生（照片由本文作者提供）

燕、张彬、杨瑞东、宋靖雁、涂孙红、王晓芝、罗娟、徐燕红、李光玉、周吉全、杜鸿达、李建军、李明（司机）、胡大胜（司机）。

说到十八这个数字，不由让人遐想起红军长征途中抢渡大渡河的十八勇士，沙家浜里在党领导下坚贞不屈进行敌后抗战，被称作十八棵青松的新四军指战员，这是一个吉祥的数字。于是，这样的一种理念，就以我院的大巴为载体，留下了大大小小分布全车的十八颗星。以后，这个十八颗星的图案，就具有了一种象征意义，这是当年清华大学深圳研究生院在吴敏生老师带领下创新创业，艰难并快乐着的一段历史见证。

大巴车的车身图案设计好了，大家看着新车上的靓丽图案，都非常兴奋地围观着，当时吴敏生院长也在场，李晓燕老师指着前面最大的那颗星说，这颗星应该就是吴老师。于是大家欢笑着、互相找寻着、指点着身边的同事应该是哪一颗星。十八颗星的图案也成了当时院里一道别致亮丽的风景线。

谨以此作为对吴老师的纪念。

（作者系清华大学港澳研究中心秘书长。曾任清华人文社科院副教授，清华科技处副处长。参与创办深圳清华大学研究院和研究生院）

永远的班主任

吴爱萍

2019年9月8日周日早上，我醒后拿过手机查看信息，两条信息让我一下就瘫了：一条是康飞宇发给我的短信，一条是阿姨发的微信，说吴老师走了。这不可能，但又知道肯定是真的，吴老师毫无征兆地走了，8月28日我们还通过信息，仅仅10天，从此我们再也见不到伟岸的吴老师，再也看不到吴老师的温厚笑脸，再也听不到吴老师的引经据典，再也欣赏不到吴老师的引吭高歌，再也得不到吴老师的睿智指点。从此我们只能通过回顾吴老师的点点滴滴，去理解、领悟和学习吴老师的教导和精神。

从1979年吴老师当我们的班主任开始，至今已有40年。40年间，吴老师既是老师，也是亲人：上学时春节在吴老师家过年、周末有时到吴老师家坐坐（现在想想真不好意思，耽误了老师多少时间）；1980年暑假吴老师出差到福州，去我的老家给了我一个大大的惊喜；1986年我不幸得了急性肝炎，家里也是给吴老师写信了解情况；1990年我留校工作后仍然把吴老师的家当作时常去的地方；1993年后，吴老师到学校工作，肩

1979年10月参加班级活动游颐和园。吴敏生老师（最后一排右一），吴爱萍（站立第一排右二）（照片由本文作者提供）

上的担子更重了，我见着吴老师的机会少了，但有疑难问题还是想着请吴老师答疑解惑和帮助；2002年吴老师到福州之后，我就只有在去福建招生和特检院开会时能够碰到吴老师。虽然见到吴老师的机会少了，但时刻关注着吴老师的各种信息和轨迹，唯愿老师的工作能顺利、身体能健康、想法能实现。每次见到吴老师，都像小时候过节一样兴奋。每次见到吴老师，都要问问身体怎么样、是否还跑步、跑多长距离、多长时间，傻傻地认为，只要还能跑步，身体应该就没问题（现在想想，像吴老师这样有超凡毅力的人，这点更不可靠）。2013年到深圳研究生院参加深圳特拉华纳米材料与技术交流会时，吴老师正好在深圳，有机会与老师一起喝茶聊天，说起暗物质、提及信息流、谈到其他态，聊起37年的兜兜转转，老师说的这些，我思路跟上有困难，只感叹老师的好学和博学、思维的活跃和记忆的超强，还有就是老师都这么好学，学生更不敢懈怠。除了这些我们还聊跑步，我也喜欢跑步，当时老师跑3000米、我跑2000米，我有一双自己觉得很好的耐克跑鞋，缓震性能很好，就想着看看老师的鞋号，也给老师买一双，结果一看，老师的是进口的，说是从国外带回来的，我就不好意思言语了，跑鞋就没买成。2019年6月底，教务处宋烈侠老师因病去世，我把消息告诉吴老师，另外又问了一下老师的情况、身体，以及是否还有跑步，老师说走动比较多、身体都好、还坚持跑步，还说继续努力当个“三好生”、第一身体好；并说共同努力做到80岁时跑得比一般50岁的还轻松。

吴老师的才华、能力和水平，我是望尘莫及，只能仰视。给我们当班主任时，讲几个故事、唱几首我们没听过的歌，立马就把我们吸引了，不用特意教，过后全班都会唱了。开班会的主题，用几个故事、讲几个典故就都说清楚了，而且我们还爱听，都很喜欢吴老师召集我们开班会，开班会成了我们学生盼望的事情，像天方夜谭，能做到这点的班主任有几个？岳飞的《满江红》和苏轼的《明月几时有》几乎成了我们班的暗号，只要听到这两首歌的调就知道是我们班的人。可惜，吴老师只给我们当了一年的班主任，让我们备感失落和遗憾。之后吴老师去学校，其工作看看吴老师参与编写的《跨越世纪清华梦——王大中校长十年启示录》就能体会出一二；再看书名也可窥见其不凡的视角和思路。再后来吴老师又根据福建省委和

2014年4月，清华焊9毕业30周年相聚北京。吴敏生老师（前排左四），本文作者（前排右一）（照片由本文作者提供）

清华大学的会商结果，到福州大学担任校长。吴老师做的事情、产生的影响不是当时和现在就能看全的，吴老师用他的赤子之心和鞠躬尽瘁为福州、福建乃至全国的教育事业留下了他福泽后代的功德。

吴老师虽然才高八斗，却能平易近人、热心助人，热心帮助找过他的、没找过但他了解情况觉得需要帮助的人。大一时吴老师是我们焊9班的班主任，最后好像成了我们系我们年级共同的班主任。记得春节去吴老师家过年的就不仅是我们班的，还有其他班的。其他专业其他班的很多同学都说起过吴老师帮助过他们的事情，这还只是吴老师当我们班主任时的事情，之后的几十年，多少人得到过吴老师的帮助就数不过来了。

吴老师，您走了，走得实在太突然、太出乎意料了，让我再一次深切体会到“世事之无常、生命之脆弱”。我们再怎么叫您，您怎么也回不来了。这段时间看到了不少近年以来您的录像和照片，感觉您实在是太累了，大概是上天也是看您太累了让您休息一下。2019年6月底您送宋烈侠老师的祭联“亦师亦友，音容笑貌恍若眼前。亦逝亦生，善缘善果总在人间”。当时感叹您太有才了，写得真好，没想到今天会用来送给您。我将“亦师亦友”改成“亦师亦亲”：“亦师亦亲，音容笑貌恍若眼前。亦逝亦生，善缘善果总在人间。”原谅我抄袭了您写的，我想不出除了这两句还有别的什么更合适。还有我们焊9班的学生送给您的“感恩数载教诲清华风范影响整个人生，痛失半生恩师建功华夏回报辛勤耕耘”。您的才华、能力和水平，我望尘莫及，就没法学了，但您的赤子之心一定会引导我们像您一样善良、热情、真诚和本分。

吴敏生老师：我的老师，我的亲人，永远的班主任，永远在我的心中。

（作者系清华大学机械工程系教授、博士生导师）

师恩如山

周杰

20世纪90年代，我在清华附中工作，同时在清华大学教科所读在职研究生。时任清华大学教务长的吴敏生老师，因缘际会，担任了我的导师。我们的师生缘分从此开始。

言传身教

在那段读书学习的日子里，清华大学给了我最周到的安排和最严格的要求。那时学习的都是最前沿的理论和知识。集中学习，小组讨论，课堂观摩，总结反思，课程一个接一个，要求一天比一天高。吴老师学问渊博，虽然不亲自给我们上课，但凡吴老师有时间，我就跑到他不太宽敞的办公室听他“论道”。记得1998年，我参加北京市区赛课比赛获得了一等奖，庆刚校长专门请吴老师来颁奖并讲话，给我极大的鼓舞。吴老师常告诫：你们将来都是要走向领导岗位的人，做学问、做人，要双肩挑，业务精湛，管理会有人听；品德高尚，才能一呼百应。这些朴素的话是至理名言，令我一生受益良多。今日想来，我能在基础教育领域取得一些成绩，很大一部分是仰赖当年那一段短暂的“黄埔时期”打下了很好的基础，仰赖老师的严格要求。

作为清华的教务长，吴老师的工作不只是在大学本部，还关注附属学校办学情况并协助解决办学过程中的问题。有一次吴老师主持附校工作会议，我带着只有三岁的孩子参加。由于会上讨论的事情很多，很快到了晚饭时间，我的孩子突然说：我都饿了，你们还开会呀？大家哄堂大笑。吴老师微笑着合上本子站起来说：我们附校工作会最小的成员发话了，好，散会，大家吃饭去。童言无忌，吴老师却给了我最大的尊重。今天回想起来，温暖中却多了一份痛：如斯豁达宽容，如斯童叟

2017年2月18日吴敏生（左）和周杰在福州合影（照片由本文作者提供）

无欺，什么时候我们还能遇到这样的谦谦君子？

南国创业的靠山

我常回想，吴老师和我都是用生命在书写着“三城记”的人，老师是北京—深圳—福州，由北而南，一路向东；我是北京—深圳—昆明，由北而南，一路向西。因此，我和吴老师更多的交集是深圳这个现代化的都市。

2000年后，清华在深圳有了“三驾马车”：研究院、研究生院和清华实验学校。实验学校是基础教育性质的学校，由清华深圳研究院、清华附中和附小创办。那时吴老师已经是清华深圳研究生院的创院院长，我也由清华委派到深圳筹建清华实验学校，我们都在清华深圳研究院的大楼里忙着各自的筹建工作。在深圳办学的最初的日子里，作为一个女性，我对未来的不确定性有一些担忧和恐惧，是吴老师给了我最大的安慰、支持和帮助。刚到深圳住的是研究生院租下的高新公寓，吴老师怕我一个人孤单，吃饭都要叫上我，还经常帮我出些主意。我很多时间都和研究生院的老师们在一起，也就没有那么孤单了。筹建工作最大的困难是要处理好与办学各方的冲突和矛盾。有一次，我实在受不了了，一个人悄悄地回了北京。吴老师从深圳回到北京，知道了我遇到的困难，找我谈心，又拉着陈刚副教务长、庆刚校长一起找何建坤常务副校长，推动解决一些具体的矛盾。何校长请吴老师转达，哭鼻子很正常，要哭也要回深圳哭。不克服困难，怎么能成长？后来冯院长亲自出面解决矛盾和问题。在这些前辈师长的教诲和殷切期望之下，我最终还是擦干眼泪又回到了深圳，继续筹建工作。

筹建期间，清华实验学校成立了理事会，吴老师成为我们第一届理事会的成员，起到了很大的协调和指导作用。这半年时间里，我基本上都在吴老师身边工作，听着长者的教导，享受着恩师在工作上的支持和生活上的照顾。这半年，我感到很幸福，有依靠，心里特别踏实，筹建工作也取得了很大的进展。可惜好景不长，半年之后，吴老师接受组织调派，去他家乡福州大学担任校长。这对我冲击很大，一下子感到心里空落落的。突然，研究生院办公室主任李晓燕大姐打电话给我，让我到家里吃饭，说吴老师去福州之前对你办学校可能遇到的困难很担心，把你交代给我，让我们继续全力以赴支持你、照顾你。听到这里我心头一热，眼泪差点流了下来：原来老师早就安排好了。老师的这个安排，也成就了我和晓燕大姐深厚的姐妹情谊。在担任福大校长日理万机的日子里，吴老师时常带着福大的团队到深圳调研考察，看望学校的干部教师，给了我们很大的鼓舞。

2010年吴老师卸任福大校长职务，我和吴老师在深圳见面的机会又多了起来，又能聆听到吴老师上至天文地理、下至艺术人生的纵横论道和分享心得，感觉又回到了8年前筹建清华实验学校的时光，开心，幸福。

2012年清华决定从深圳基础教育领域撤出，取消清华实验学校，并立刻进行举办者变更、校名变更。呕心沥血耕耘了10年的学校，一朝撤出，我的内心是痛苦的，有不舍也有抱怨。每逢吴老师回到深圳，我都要去找老师谈一谈。吴老师给我做工作时说，大学发展有它自己的要求，要正确认识、正确对待撤出基础教育的举措，并给我一些具体的意见和办法。在长达

4年的退出时间里，吴老师和研究生院的康院长、庆刚书记，一起陪我度过了这段艰难时期，直到最后清华有序退出。

前几年，我和康院长一行去福州陪老师过春节，又去武夷山和老师一起参加活动。听老师论道，再次感受到老师的渊博和潇洒，也听到了老师对我最后一次、也是最刻骨铭心的评价。当在吴老师老家平潭吃过饭后聊天时，吴老师说，我的学生大都是大学里的教授或者从事科研工作，还有的在企业当老板，只有你是做基础教育的，但你在基础教育取得的成就，我是非常欣慰的，已经达到了一个非常高的境界，应该是一个顶峰吧，非常优秀。你已经不年轻了，一定要注意身心健康，学会让自己轻松一点。今天回想起这些话，内心只有痛，痛定思痛，痛何如哉！

未能上的最后一课

2019年8月，我到昆明任职已有两年多了。我一直筹划着请吴老师来昆明看看我筹建任职的又一所学校，希望像2002年去深圳创建清华实验学校一样，得到老师的指导，也盼望着老师给西联的师生做一场报告。确定了时间、行程，我数着和老师见面的日子，做着接待老师的准备。

9月3号收到了老师精心准备的《学问与境界》PPT，还一如从前地和我开着玩笑说“周校长布置的作业不敢偷懒”。

9月5号是老师来昆明的日子，没有等到老师，一向信守承诺的老师这次却爽约了。当我听到老师去世的消息的那一刻，五雷轰顶，瞬间泪崩，撕心裂肺的痛。整夜未眠，惊愕、痛苦，一切的一切，都在此刻定格：2019年9月7日20时21分，敬爱的恩师吴敏生老师辞世，永远地离开了我们。

无论是清华大学还是福州大学的亲朋故旧，面对吴老师离世的噩耗，惊愕和痛苦一定是免不了的：吴老师平时身体一向很好，怎么就突然离世了呢？

我比所有人更惊愕更痛苦的是：我可能是与吴老师通电话的最后一个人，老师把最后的声音留给了我，我在电话这头听到他虚弱的声音，没想到这竟是最后一次听到老师的声音，没有了往日的爽朗豪迈，只有英雄迟暮、黄昏路尽的虚弱、不甘和无奈。

再过两天就是教师节了，我在群里给老师们发了一个长长的微信：各位老师上午好，在第35个教师节即将到来之际，祝老师们节日快乐！很抱歉我无法和大家一起庆祝教师节，不能亲自给获奖教师颁奖，也不能给师徒结对的老师送上鲜花，不能亲耳听到教师代表的发言。我的恩师吴敏生教授突然离世，本来9月5日他要来学校给高中师生做一场报告，却突发疾病离世，给所有爱戴他的人留下了巨大的悲痛和无限的思念。我已去福州送老师最后一程。吴老师雄才大略，才华横溢，而内心善良，爽朗，大爱无疆。他生前准备的最后一次报告《学问与境界》是给西联师生的，也是给我这个学生布置的最后一次作业：如何传承西南联大精神，如何培养好联大传人。也给西联全体师生留下了一份宝贵遗产。

痛失恩师的教师节

9月10日是第35个教师节，对我来说，这是一个失去了老师的教师节。

老师一生博览群书，充满智慧，对事业和人生的见解精彩深刻，更是正直善良，无私大爱，为人处世极具魅力，被公认为是与西南联大梅贻琦校长一样的人。对于死亡，老师是豁达的，老师曾对我们说，什么是幸福？哭着来，笑着走，活得好，走得快。将来有一天，一手夹着烟，一手端酒杯，笑谈人生，笑对来路，这就是幸福。老师坚强了一辈子，在大限之际不愿同我们多说话，坚强地选择自己悄然离去，或许这并不只是因为虚弱，老师一定是想到了“笑着走”的前愿，希望把坚强潇洒的形象，长留我们心中。

最后的总结：老师之于我，如山如梯，可以倚靠，可以登攀；如父如兄，可以信赖，可以仰仗；如师如友，可以切磋，可以琢磨。如今这一切都不在了，小别竟千秋，人生总无常。何日再闻新教诲，此生长忆旧音容。

（作者系昆明西南联大研究院院长，西南联大研究院附属学校校长、党委书记，中学高级教师。曾任北京清华附中副校长。曾创建、运营深圳清华实验学校）

厚德治心

庄大明

师者教书育人，医者治病救人，面对学生和病人，都需要有一个共同的特质：大爱无疆。师者有教无类，医者仁心仁术。吴敏生老师不论是当班主任、辅导员、系领导、教务长、院长、校长，还是教授、博导，心中永远关爱的是他的学生，厚德治学，厚德治心。吴老师不仅是一位著名的教育家，还是一位杰出的心理医生，他针对每一位学生的状况，关怀备至，不厌其烦，帮助解决具体问题，解决心理困惑。毕业以后与吴老师经常保持联系的学生，不计其数。

我在1981年考入清华大学机械工程系，1986年本科毕业。吴敏生老师担任我本科期间所在班级整整五年的辅导员，这是我一生中最幸运的事。从我的青春年华开始，吴老师成了我的人生导师，言传身教，耳濡目染，受益终生。

指点迷津

吴老师非常关心我的进步和成长，是我的入党介绍人。我清楚地记得，1983年3月的一天晚上，我晚自习结束后从教室回到宿舍，吴老师找我谈话，地点是东操场附近，谈话的主题是我的入党问题。他想了解我的思想动态和我对入党一事的意愿与想法。我向吴老师表示，我是一个农家子弟，对党和国家有朴素的感情，感念党的改革开放政策，感念恢复高考，使我有了上大学的机会，我非常珍惜，勤勉苦读。对照党员标准，我觉得自己在思想认识、理论水平、理想信念等诸多方面尚有很大差距，需要继续努力和提高。针对我的认识，吴老师谈了他的看法。这次谈话是我们师生之间交流谈话时间最长的一次，我了解到吴老师丰富的人生阅历，感受到他的思想脉络和老师的人生观、价值观，以及他的为人为学的基本思路。从此，吴老师作为我人生导师的地位牢固确立，至今不渝。

吴老师对于我的影响乃至对于我们班所有同学的影响是深远的。这种影响不仅源于他作为我们的辅导员，当我们在学习和生活中遇到困难和困惑的时候，他给予我们的关爱，而且也源于他在处理具体事务时所体现出来的高超的能力和方法。

厚德治心

1983年的冬天，我们班里一位来自山东威海的同学自杀身亡。这位同学在学习上勤奋刻苦，团结同学，与人为善，非常谦逊，还担任班里的生活委员，热情为大家服务。这样一位在同学和老师眼里都非常优秀的同学，毫无征兆地突然自杀，对于当时涉世不深、只顾埋头学习的我们，造成极大的震撼甚至恐惧。吴老师凭借着他丰富的人生阅历，投入大量的精力做好同学们的心理疏导，使大家保持情绪的平稳，避免带来心理上的阴影。与此同时，吴老师作为辅导员，花大量时间接待来校处理善后事宜的这位同学的亲人，协调和沟通学校与不幸同学亲属之间的意见，最终使事情得到顺利解决。

这一不幸事件的处理在学校暂告一段后，当吴老师从这位同学的大哥那里了解到还有许多困难的事情亟待解决，例如：如何抚慰该同学体弱多病的母亲，如何平复一个中国传统农村大家庭在两年前欢天喜地送寒门子弟上清华而今突然陨落的痛苦局面，如何安慰这位同学的中学校长和喜爱他的老师，如何向这位同学中学的学弟学妹们解释被母校树为楷模的优秀学生的突然离去等问题。

吴老师向学校请示后，主动要求与这位同学的大哥带着该同学的骨灰一起去该同学的老家，做亲朋好友的工作。在一般人的眼里，对这种出力不讨好的事唯恐避之不及，而吴老师恰恰怀着对这位同学深深的爱，对工作的高度责任心主动去处理这件非常棘手的事情。后来我听吴老师说，他在去威海的路上了解到，这位同学家里很穷，是属于上不起高中的家庭，高中时因为学习非常优秀，一直得到高中校长的关爱和接济，母校校长是这位同学和家里的恩人，校长在当地也是一位很有名望的人，对这位同学家人来说更是德高望重和有很大的影响力的人。因此，吴老师和张斌全老师到威海以后，首先找到这位同学的中学校长，进行长时间的交流和沟通，介绍这位同学在清华的良好表现，并根据这位同学的遗书和日记分析他寻短见的动机。吴老师的细致工作和诚恳待人的态度，很快得到了这位同学母校校长的认可，然后由吴老师和这位中学校长一起去做这位同学的家人的工作，使这一不幸事件在学生家乡得到了非常顺利的解决。我始终认为，吴老师高度的责任心和高超的工作方法是一般人很难以做到的。这是由于吴老师对学生的爱和对人的真诚，打动了人心！

到此，按理说对这件不幸事件的处理可以画上句号了。但是吴老师凭着自己丰富的知识、职业的敏感和思想的前瞻，举一反三，觉得这位同学的自杀有许多值得思考和探究的地方。吴老师专门到北医三院的相关科室就这位同学的情况进行医学鉴定，北医三院结合这位同学的日记、遗书、生前就医病历记录以及生前尤其是自杀前的行为特点，乃至这位同学母亲和姐姐的家族相关疾病情况等进行综合分析，得出的医学鉴定结论是，这位同学患的是抑郁性精神分裂症。这个病症在20世纪80年代初，对于绝大多数人来说是没有听说过的，对它的认识和了解更是知之甚少。我深深感触到，一是从那时开始，中国医学对于精神疾病的认识逐渐加深，由于中国经济快速发展导致社会开始高速运转，普通大众尤其是知识分子阶层中，精神疾病开始增多，我们班这位同学的不幸事件，是精神疾病增多趋势的发端；二是吴老师根据这一事件和北医三院的医学鉴定结果向学校相关领导汇报，提出必须正视学生中存在的心理和精神方面疾病问题和发展趋势，推动了清华大学学生心理咨询中心的建立。吴老师思想的前瞻性令人非常佩服。

此事后不久，又有一位外系同学跳楼自杀了。据说那位同学是因为学习成绩不好，办理了退学手续，他哥哥也应学校要求到校准备带他弟弟回家。那天中午那位同学和他哥哥与他同班同学在食堂里一起用餐，他趁人不备，悄悄从校内的一个建筑物上跃下身亡。那位同学也被认定为患上与精神和心理问题有关的疾病。在很短的时间里，我们身边的同学接连出现不幸事件，对我们所有同学的心理造成很大的震动。这表明我们这一代人虽然身处大学这样一个相对安静和干净的小社会里，每天埋头刻苦学习，但是该经历的或不愿经历的事，都有可能发生在自己周围。吴老师告诫我们，必须去勇敢面对和正视人生所遭遇到的困难，不能回避，尤其是要学会如何去面对和解决。

言传身教

在20世纪80年代初，我也遇到了人生中的一件大事。1984年初的一个晚上，我难得到清华大学礼堂看电影，一位同宿舍同学摸黑找到我，说有人在礼堂门口等我，我立刻预感到发生了什么重大的事。在礼堂门口我看到有两位老师在等我，他们是我哥哥的辅导员和班主任。（我哥哥当时是北京另一所大学的大四学生，按计划进入了毕业学期。）这两位老师告诉我，我哥哥出现了心理上或精神方面的疾病。这时我就成了我哥哥的“家长”了。听完我哥哥两位老师的介绍，我一是感觉我哥哥遇到的疾病对于我这个作为“家长”的弟弟来讲，事情很严峻。二是感觉到我为了哥哥，为了父母，为了我的大家庭，必须沉着、冷静、坚强，必须做好和发挥“家长”的作用。在接下来的几个月时间里，我与我哥哥所在系的领导、老师进行了很好的沟通，配合他们的工作，我也与我哥哥的同班同学有很好的沟通，并获得了他们的许多帮助。我哥哥得到所在系的领导和辅导员等老师的关心，得到很好的治疗，也得到了我这个弟弟的悉心照顾，他的病情很快得到了控制和好转。在他的老师的专门指导下，还完成了本科毕业论文，顺利通过答辩，按时毕业分配工作。这对于我的哥哥、我的父母、我的大家庭来讲，真是一件天大的幸事。

我之所以能在遇到人生中突如其来的大事时，不慌乱，保持冷静，能够当好我哥哥的“家长”，完全得益于吴老师的言传身教。当吴老师知道我哥哥的状况后，非常关心我，使我在心理上有了磐石般的依靠。我从1981年8月底入学至1984年3月初，在与吴老师“朝夕相处”的两年半时间里，碰到了我人生中的许多大事，我从吴老师身上学到了许多为人处事的方法，是吴老师教会我遇到事情应该怎么去面对，如何去解决。

令我终生难忘的是在1984年春季学期里，两次被通知去吴老师在焊接馆二楼的办公室。当我到他办公室时，他交给我的是学生困难补助金领款凭单，盖章等手续都已齐全了，只要在领款人处签字即可到财务领取补助款。每次困难补助金额是20元，两次共领取40元人民币。我当时领取的是一等助学金，每月22元，两次困难补助金在我心里无疑是两笔巨款，不仅使我当时在生活上得到实实在在的帮助，渡过了难关，而且更大的是在精神上得到极大的安慰，明白了有老师在，有学校在，没有克服不了的困难，没有过不去的坎。吴老师对我和我的家庭恩重如山，作为吴老师的学生，我觉得我与老师情深似海。

润物细无声

吴老师担任我们辅导员整整5年，是我们1981级全体同学感到非常幸运的事情。我们年级的每一个同学都能直接或间接地感受到吴老师的恩德和人生指引与启迪。所谓"直接"是指在5年本科期间，某一个同学遇到或发生了什么事情，得到了吴老师直接的关心、关爱、帮助，甚至是一次足以影响一生的醍醐灌顶的严厉批评。所谓"间接"是指我们从吴老师对于一些事物的看法、某些观点和思路、处理问题的方法中学到了他的思想理念，从而影响自己的行为方式和思想。

这里我想讲述对我影响很大的两件事。第一件事是我们班里有两位同学，在学习上很刻苦，生活上很自律，遵守校纪校规，但是平时很少与其他同学交流，性格内敛。曾经有一段时间，这两位同学非常要好，相互引为知己。可是有一天下了晚自习，不知因为什么事，这两人在宿舍的楼梯上突然打了起来，事先也不见两人言语上的争吵。所幸楼道里有许多同学，很快把他们拉开了，没有产生大的伤害。那时的校纪校规非常严格，同学之间打架一般都会受到严厉的校纪处分，而且打架是发生在楼道里，众目睽睽之下，影响较大。吴老师很快知道了此事，当天晚上就找这两位同学谈话，进行了严厉的批评教育。事后吴老师对我讲，这两位同学都对自己的行为感到非常懊悔，一时冲动，失去理智，保证会吸取教训，不会再犯类似错误。吴老师决定不往上报告此事，不作违纪处分。这是我第一次感受到他在处理事情的时候，不失原则，又不失灵活，宽严相济，把握有度。那两位同学从一时失去理智的打架行为中吸取了教训，在校期间学习和各方面表现都很好，现在事业上发展也很好。

第二件事是发生在我们年级某班的一位男同学身上。记得当时正好是暑假，那位同学去女生宿舍看望一位在本校上学的老乡时，突然露出身体的私密部位，虽然没有做别的事情，但是那位女生当时感到非常突兀和害怕。这事发生在20世纪80年代初期，人们对于心理和精神方面的疾病认识远不如现在。对于那位同学的举动，当时的人们很容易从思想品德角度去看问题，认为这是道德败坏的行为。吴老师知道此事以后，通过深入了解事情的前因后果，也基于对于那位同学平时表现的充分了解，认为这不是思想道德品德的问题。也由于吴老师对于他所处的时代有一种比较前瞻的思想和相关问题的科学认知，他更多地认为这是处于青春期的青少年具有阶段性特征的心理疾病，这也是后来人们认识的心理疾病露阴癖。

这种认识在当时并不被多数人认可，更多人认为这位同学的举动是思想和道德问题。如果是这样，这位同学可能受到比较重的纪律处分，可能对他以后的人生会有很大的影响。吴老师说服了当时掌握着这位同学“生杀大权”的领导，认为这位同学的行为是属于那个年龄段的心理疾病，为了这位同学能“从轻发落”，吴老师向当时的系领导做了担保。这件事过去了近40年，回头看，又一次证明吴老师的做法是正确的和他思想的前瞻性。

以上所说的两件事只是我所了解的两件比较典型的事，在吴老师担任我们5年辅导员期间，类似这样事情还有很多。在这些事情上，始终体现吴老师对学生的大爱，体现吴老师对科学认识的前瞻性和时代感，体现他处理问题时的原则性和灵活性的巧妙的结合。

思辨出灼见

孟子曰：仁者思辨。记得有一次我们与吴老师探讨关于中国和美国大学生培养和管理模式的问题。简单讲，美国大学实行的是学分制，而且总体上实行宽进严出，不太强调过程管理，只要某学生有本事考试通过，顺利拿到所要求的学分，该毕业的就毕业了。而中国大学有点严进宽出，老师们比较注重学生学习和培养的具体过程。例如学习努力不努力，作业是不是按时交，作业完成得怎么样等中间环节。我们当时作为一群青年学生觉得应该向美国学习，不必太过于强调过程管理，应该强调结果管理。

吴老师大体上同意我们的想法，觉得这是中国教育改革的方向，但是他又不完全同意我们观点，他更多地是从当时的中国国情和大学生家庭情况出发，认为轻过程和重结果的学生培养和管理以及宽进严出的模式，很可能会让更多的学生在培养过程中被淘汰。如果某一个大学生尤其是上了清华大学的学生退学回家，那么对于那个家庭来讲，无疑是"毁灭性"的打击，那个家庭不仅要承受巨大的社会压力，而且还有可能使该学生的前途完全丧失。吴老师认为，也许随着中国经济的发展、社会的进步，将来可以更多地学习美国大学的学生培养模式。

在与吴老师的相处过程中，我始终能感受他身上散发出来的思想光芒，思辨智慧，使我受到思想上的洗礼和认识上的升华。

仁者爱人

仁者爱人是孟子的思想。仁者爱人，有礼者敬人。爱人者，人恒爱之；敬人者，人恒敬之。

吴敏生老师是当之无愧的仁者，他充满慈爱之心，满怀爱意待人。吴老师具有大智慧，具有很强的人格魅力。吴老师又是一个非常善良的人。

吴老师对于学生的关爱，赢得了全体同学的爱戴。2001年清华大学90周年校庆，也是我们81级本科同学入学20周年纪念，我们全年级同学集中在北京科技大学的一个学术会议厅举行庆祝活动，我们邀请吴老师参加。吴老师当时担任清华大学教务长，事务繁忙，需要参加学校的各种活动非常多，但他表示一定要与我们一字班的同学见见面。在进入会场之前，在与我们几个组织者聊天时，他仍然能如数家珍地说出很多同学在校的情况和他们家庭的情况。我当时也非常动情地对吴老师说："吴老师，作为一名老师，能受到一些学生的长时间乃至终生的喜爱，或在一段时间里受到绝大部分同学的喜爱，而您是长久地受到全年级同学广泛爱戴的老师！"

吴老师就是这样一位令人永远爱戴的老师，他对我的影响也是终生的。大学毕业后，我无论遇到什么事情或什么困难，总会想一想，若是吴老师，他可能会怎么处理。记得我在清华读博的时候，担任机械系1990级本科生的辅导员，我就经常有样学样地以吴老师为榜样，去对待和关心我的学生。在我担任学生辅导员所负责的清华机械系1990级里有一位来自云南个旧的姓马的少数民族学生，考入清华前，先在中央民族大学学习了一年。当时一个年级里有一些来自边远地区的和少数民族地区的同学，由于客观的原因，他们的知识基础与来自大城市、经济发达地区和基础教育较好地区的学生相比要差一些，在课程学习上也相对比较吃力。在宿舍的“夜谈会”时，一些同学经常谈论的国际问题、兵器知识、前沿科技等话题，这些少数民族同学往往插不上嘴，再加上部分同学，初来乍到，往往表现出个性张扬和知识显露，不太注意“弱势”同学的感受。这位来自个旧的马同学深感备受冷落，甚至觉得有同学看不起他，融不到同学中去，十分孤独，产生轻生念头。这是学校心理咨询中心心理测试分析得出的结果。我了解到这个情况以后，分别与他同宿舍的同学谈心，与他同班的一些同学谈心，指出他们不经意的言行可能对于一些同学，尤其是像马同学这样的同学的产生强烈的刺激和负面影响，如果有一个亲和之举或许能度人一生。我与马同学本人谈心，给予关爱，这是我的重要职责和工作重点，也是吴老师对我的爱的一种自然的传承。我的工作是使马同学不再孤独，不再无援，人生不再无色。对这位同学的关心中，有一个做法就是完全学习当年吴老师施予我的——每次发放困难学生补助金，总是给马同学在最高补助等级基础上加上一倍。我将做法在年级干部范围内明确说明，并到系里做说明，得到同学们的理解和系里的赞同。当这位同学大学毕业即将离校时，从照澜园买了一袋葡萄，来到我的博士生宿舍，我们师生俩边吃葡萄边高兴地聊天，我内心感到非常的欣慰，也感到吴敏生老师的思想和爱得到传递和传承！

终生导师

2012年7月我被任命为机械系系主任，我想起了吴老师，按照惯例，我一定会在第一时间与老师通电话，向他报告并向他请益。但我没做，我想的是，一定要找时间专门去一趟深圳面见吴老师，向他请教和讨论我未来的工作。我很快就与吴老师在深圳见面了，在他住处进行了一次长谈。这表明，吴老师永远是我的人生导师，我有什么问题总是想着要去请教他，而他总是怀着极大的热情指导着他永远的学生。

2009年我有幸被评为清华大学年度校先进工作者，校工会和人事处组织举办清华大学2009年度校先进工作者学习交流会，会议组织者希望我在交流会上谈谈作为一名清华大学老师的工作体会和感受。我在发言中很自然地联想到清华的校训“自强不息，厚德载物”，而且更多关注到校训中的自强和厚德。我发言中阐述了吴老师对我人生的重大影响，并以此作为我结尾：

“作为一名清华的老师，我应该厚德。我觉得清华老师的厚德是不需要任何解释和理由，因为这是一种传承：吾师厚德于我，我应厚德于学生，厚德于人。……吴敏生老师，他当了我们整整5年本科生的辅导员，他的言传身教使我懂得了如何真诚待人，如何与人为善、不自私，以及如何处理复杂事务。他对学生那种水深静流的真诚关爱，他沁人身心的人格魅力，影响着他的每一个学生，那些当年淘气的、曾经被他批评过的、甚至受过纪律处分的学生如今对吴老师都仍是佩服和尊敬。作为一位辅导员能够如此广泛又如此久远地被自己的学生所爱戴，是我所见绝无仅有的。原因是吴老师的厚德。如今自己也身为人师，常常有样学样，做一些润物细无声的真正关心学生的事，尤其是当学生遇到困难或做错事的时候，能够从思想上、精神上、物质上真诚地关心他们。每当我这么做的时候，总会想起曾经厚德于我的吴老师。每当从学生的眼神中感受到学生对自己信任的时候，我就会感到幸福。”

（作者系清华大学材料学院常务副院长，教授，博士生导师）

我是吴老师的研究生

曹华

2019年9月8日，我在印度新德里出差，早上起床，顺手打开手机，习惯性地先打开微信，看看有没有私信，也顺便看看朋友圈的动态新闻。一位久未联系的大学同学的信息引起了我的注意："曹华，吴敏生老师是你的导师吧，听说昨晚去世了，你知道了吗？"我第一个反应是"这肯定是开玩笑的骚扰信息"，但是马上就惊慌了，谁也不会拿吴老师开这种玩笑的！我马上把信息转到学校的"无损检测"群里，群里有曾经的大学老师们，也有无损检测专业的毕业生。不到半小时，群里马上震动了，有的是确认消息了，更多是惊闻悲恸，所有人都不敢相信这是真的，身材魁梧健硕、为人慈祥温和的吴老师竟然就这样离开我们了吗？

看到接后的新闻报道，看到吴老师熟悉的音容笑貌，看到众多微信群、朋友圈的纪念文字，往事一点点从脑海里涌现。师恩浩荡，融在点点滴滴，不觉已是潸然泪下。

我依然清晰地记着第一次见到吴老师的场景。我本科是清华机械系的，1990年入学，那一天是刚入学时的一次班会，当时请了不少系里的老师，给刚入学的大学生介绍一下系里的情况。班主任一一介绍了参会的老师和系领导，介绍吴老师是机械系党委副书记，然后特意提了一句，吴老师是从德国留学回来的。我记得吴老师坐在靠近后门的最后一排，我扭身回头看了一下，一位身材魁梧、满脸笑容的中青年男老师从并不宽敞的桌椅里挤身而立，“啊，这身材，一看就是德国留学生！”我和同学们都笑了。吴老师不紧不慢地娓娓道来，介绍了系里的情况，也介绍了一些在德国留学的见闻，还应同学们的要求，秀了一下纯正的德语。这是我第一次见到吴老师，一位留在记忆中平易近人、博学多才的老师。

清华机械系教研组改革后，原先一些以焊接专业为方向的老师成立了无损检测教研室，我就读的就是无损检测专业，有幸本硕连读，就直接上了无损检测的研究生，导师就是吴敏生教授。当时好像没有什么双选的概念，就直接很幸运地做了吴老师的研究生了。教研室主任施克仁教授以前做过吴老师的老师，几次向我说起：“曹华，你能做吴老师的研究生，运气不错！”说起来，我应该是吴老师指导的第二届无损检测专业方向的研究生。

吴老师那时已经是清华大学的教务长了，教务工作非常繁忙，所以平时不常来教研室。每每听到教研室里传出爽朗的笑声、洪亮并充满磁性的说话声，我就知道是吴老师来了。因为身材魁梧、声音洪亮，所以吴老师到来后教研室就热闹多了，大家都会自然而然被吴老师的情绪带动起来。每次见到吴老师，吴老师都是笑呵呵的菩萨笑脸，慢条斯理地询问、了解一下课题进展，如果有困难或问题，吴老师会提出他的意见和想法。吴老师每次来教研室时间都不长，还要忙其他事情，老师和

1998年5月30日，曹华在清华大学机械系通过硕士论文答辩后与导师吴敏生（左）的合影（照片由本文作者提供）

同学有汇报的，有交流的，赶紧都会和吴老师说说，吴老师也会一一回应。最后大家看着吴老师离开的背影，都有点依依不舍。

吴老师在德国留学，博士毕业论文也是德语写的，当时我在做毕业论文，引用吴老师的一些学术成果，看着满篇德语论文，内心无比佩服。回国后吴老师更是希望把在德国的研究成果在国内深入研究，并继续推广应用，因此倾注了大量的时间和心血。

吴老师作为清华教务长，主导学校教学改革，更是费心费力。后来的学弟学妹能够赶上“4+2”，即“本科4年+研究生2年”的改革方案就是吴老师主导的。

吴老师夜以继日地工作，“工作狂”的名声我是早有耳闻了。有一年我参加学校“挑战杯”大赛的设计作品被学生会推荐到中央电视台的一档节目，需要老师的评语，我就想请吴老师写点推荐材料。我记得由于时间紧，已经晚上10点多了，我骑车赶到工字厅吴老师办公的地方，心想着碰碰运气吧，看看吴老师是不是还在办公。果然，吴老师的办公室灯光长明。和吴老师说明了来意后，吴老师很高兴，愉快地写了一些推荐内容。我的事情结束后应该是11点左右了，我顺口问了一句："吴老师，这么晚了，打扰您了，您也可以下班回家了吧？"没想到吴老师回复道："我还要再忙一会儿。""啊？！"我几乎是脱口而出，"您要注意身体，不能这么拼啊！"吴老师回答说："我要把失去的时间补回来！"当时我没有完全理解，不过吴老师充满磁性且坚定的话语，我至今仍然铭记于心，无法忘怀。后来因为毕业设计有些机加工的部分，和系里机加工的老师傅在交流的时候，他们提到了那段特殊的时期和当年的一些往事，说那时学校的正常教学工作受到了不少影响。不过说起吴老师，师傅们情不自禁就竖起大拇指，说当年的吴老师还是小伙子，平时就爱在角落里静静地看书学习，真是不错。吴老师真是想要把当时失去的时间争分夺秒地抢回来啊！

我能够跟着吴老师学习做课题是幸运的。吴老师治学严谨，同时严于律己，宽以待人，对学生的关心不仅仅在学业上，还细致到生活的点滴。我1998年5月31日研究生答辩结束，6月1日毕分办的老师通知我的毕业分配方案被国家教委否决了，需要重新再找工作。因为清华是国家教委直属院校，外地户籍的毕业生不能直接进北京的外企，更何况是研究生。这突发事件让我沮丧不已。吴老师也细心地发现了我的情绪变化，询问此事。当得知我是去ABB公司，而且是去做工程方面的工作，吴老师觉得应该给予支持。我记得，吴老师依旧慢条斯理地微笑着和我说："曹华，先不要着急，你还是继续做好你答辩后的收尾工作，这个事情我来问一下情况。”吴老师主动过问，我忐忑不安的心情一下子就平复了。6月5日毕分办的老师再次给我打电话，告知我毕业分配方案最终通过了。后来据毕分办的老师透露，我可能是清华第一个进入北京外企的外地户籍毕业生。我深深知道，没有吴老师的过问，这个事情肯定不会这么顺利的。

吴老师在我的毕业总结上对我的评价和建议我一直谨记在心：做事踏实认真，但创造性不足。我谨记师训，踏入社会后，从事和选择的工作都尽可能扬长避短，工作主要侧重于应用领域，而非研发领域。工作从基层做起，从普通工程师做起，把所学的知识用在工作中，并在工作中不断提高，这点也得到了公司领导的认可。现在我在单位负责新能源项目开发方面的工作，我想当时吴老师对我的建议确实给我指明了方向。

毕业后和吴老师联系的就不多了，一方面参与工程建设，确实很忙，经常出差；另一方面，没干出什么成绩，也不好意思联系吴老师。但我内心是一直在关注吴老师的，知道吴老师后来去了清华大学深圳研究生院，后来又去了福州大学当校长。后来有几次去福州出差，和吴老师办公室联系上了，不过时间都不凑巧，错过了，现在想想很是遗憾。我内心一直很感恩做了吴老师的学生，在外碰到有和清华大学、福州大学交集的客户或是朋友，我都会很自豪地对他们说：“吴敏生老师是我的研究生导师，我是吴老师的学生！”

（作者系1998届清华大学无损检测专业研究生。现为浙江正泰新能源开发有限公司海外电站事业部总经理）

义父

张幼亮

吴老师突然离开了我们。知道这个消息之后，大家都感到很突然，彷徨、震惊、犹豫，就是不敢相信这个事实。彻夜难眠，取消了接下来几天所有的安排，订了最近一班的飞机票，赶往福州。四天三夜几乎是彻夜无眠、神情恍惚，直到看到您静静地躺在那里，如果不经过仔细的辨认，很难相信这具毫无生气的躯壳曾经驻扎过您伟大的灵魂。把您的遗体亲手推入火化炉，火化后亲手捡敛完您的骨灰，一股清气缓缓上升，直至消失于无形。一口人气回到了我的胸膛，慢慢地回复了正常的思考，迈着沉重的脚步踏上了回程。

从福州的追悼会回来，最多的感觉就是痛、麻木、不敢相信和连想都不敢想的愤怒。为什么？这是所有认识他的人会问的问题，为什么会是吴敏生？！他一直热爱体育锻炼，去世前还坚持着很好的长跑习惯。他的日程总是排得满满的，因为要找他帮忙的人太多了，甚至是每顿饭都要汇聚几路来历不同的英雄草莽。

他的天南地北的朋友，都在计划着和他共有的未来。突然的离去，打得我们全都转不过弯来，怎么了？到底发生什么了？

头七、百日、北京告别会、深圳追思会，一桩桩、一件件。吴敏生老师匆匆地离去，他的亲朋好友，并没有像其他人那样，通过时间化解对逝去亲人的思念，反而越来越想他、念他、痛他。无数的人都在后悔、自责、愤怒、发泄，“是不是当年我让恩师太累了，才导致他过早地离开？”

73岁，对于吴敏生校长而言，实在是一个太年轻的年龄了。我们总觉得，像他这样神仙般的人物，就算是活到200岁，也毫不奇怪，而就算是到寿与天齐，似乎也不奇怪。

在去平潭祭奠和拜会您老人家的路上，我终于逐渐释然，我明白了您所说的，一切早已注定，每个人都有自己的使命。

吴敏生老师对于我的影响，不仅仅是师生之谊，甚至也不仅仅是父子之情。爱您，我的老师！爱您，我的父亲！爱您，我的人生导师！爱您，我的人生力量！

回乡之旅

2019年1月，恩师陪我踏上了回乡之旅。我们去了广元，拜谒了邓小平故居，然后回到了我的祖籍故乡达州。恩师陪我拜会了包惠书记，包惠书记不光是家乡的书记，也是我的结义大姐，匆匆一晤，自是相谈甚欢，从革命理念到各自的经历、时空等，大姐说得神采飞扬、恩师听得满怀喜悦……就这样，达州在近些年的变化、发展，恩师有了一个基本的轮廓。

接着，我们又一起祭拜了张家的先祖。我印象最深的是，因连日的赶路或长期的奔忙，恩师那从来都是神采飞扬的脸庞悄悄爬满了疲惫。然而，就在祭祖仪式完成后那一瞬间，恩师的脸上重新焕发出了青春的神采，听他像是对我说，也像是在默默地自言自语，“好了，两家的天地线接上了……”

师恩浩荡

吴老师之于我，亦师亦父。在我的生命里有着不可替代的作用。

记得当年，我应父母的要求，从北京四中考入清华大学自动化系。我非常不喜欢，也非常不适应这个专业，因此挂科很多，面临着被退学的惨况。在吴敏生老师的启发、鼓励和帮助下，我改修外语系，方得以顺利毕业。有教无类，是我对恩师的深刻理解之一，在他手里不知道拯救了多少像我一样的学生。

步入工作后，我眼高手低，有天大的志向，却缺乏跬步前行的耐心和沉稳。事业上大起大落，身心健康也遭受了重创。虽然从ICU抢救回来了生命，却落下了长达8年的重度抑郁症。

在这段时间里，吴老师从来没有放弃我。在我最黑暗的人生旅途中，他像太阳，向我释放着温暖的光芒。我在病中，旁人视我为异类，恩师视我为子侄。我胡言乱语、癫笑痴狂，旁人避犹不及，恩师却一直报以温厚的笑容。他的笑容告诉我，他懂我！我内心的阴暗，逐渐在他的笑容中融化。我明白，人性复杂，不用惶恐，正视自己，做出选择。不因为身上的肮脏和污臭的伤口而被喜欢的人所抛弃。我内心的自卑、怯懦在吴老师的笑容中释然。我生病了，但一定可以康复，作为亲人，并不会嫌弃憎恶我，只会期待健康重逢的那一刻。

恩师对于生命有宏大和独特的理解。我是谁？从哪来？到哪去？吴老师都有自己独到的解读。恩师的逝去，使我对此生为人处世的使命产生了巨大的动摇。因为，在我设想的未来里，恩师始终是主角之一。我已经找了无数的理由说服自己，恩师只是去了另外一个平行宇宙，但我还是无法接受他已经离开的事实。唯一能让我好受一点的也只是在恍惚中，似乎仍然

2019年1月21日，张幼亮陪同吴敏生老师（左）参观邓小平同志故居（照片由本文作者提供）

能感受到恩师的温暖和信息，哪怕是因为我依然无法分清这个似幻似梦的人生。

言传身教

给我感受最深的是恩师的人格魅力。首先，老师对待身边的人不分贵贱。天下熙熙，皆为利来；天下攘攘，皆为利往。老师却能够完全不带功利色彩地去帮助身边的每一个人。其次，老师总是做雪中送炭之事，丝毫不计回报。这两点我做不到，或者说做得很辛苦，恩师却甘之如饴，不断向周围的人传递着能量，给人以希望和力量。想到恩师，就会得到甚至父母亲人都不一定能给予的温暖和信心。仿佛在这个残酷的世界里，不光被野蛮生存法则所占据，内心善良的人也能找到一盏回家的灯火，哪怕是在凛冽寒冬中，被寒风咆哮着，这盏灯火有时显得那么的微弱，但却永远坚定，永远散发着力量。

回忆起和恩师在一起时最大感觉就是平和，如同开水泡饭一样，没有山珍海味对味蕾剧烈的冲击，却有着难得的清淡和舒适。

我们情同父子，在很多问题上可以交流不同的观点。我总是那么年轻气盛，急于表达自己的锐利，而他总是温温吞吞，无论他的观点是否对错，他既有自己的坚持，更不会引导对话进入争吵的境地。他的渊博、谦虚、严谨，仿佛总能化解着一切焦躁、疑虑和不安。

记得和吴老师吃饭的时候，总是高朋满座。老师对待每一位朋友都是用最大的真诚、满满的善意。印象特别深刻的是，不管哪一位朋友遇到困难或困惑求助时，老师从来不会有一丝的不耐烦，都会当作自己的事情，去为每一个寻求帮助的人分析、谋划、奔走。

记得为此我还“吃过醋”，因为我多么想把老师的大爱“据为己有”。我想，可能很多朋友都有过和我类似的想法。毕竟，与老师相处，是那么的放松、优美和愉悦，试问我这么普通的人如何能够抗拒这种诱惑，多么想专宠于前。

记得有一次和老师单独在一起时，我问：“义父，有些人就是在利用您，您管他们干吗？”因为以我蠢笨的眼光去看，有些人在老师身边，表面尤其恭敬，内心却毫无亲切，只是倾尽全力的表演、迎合，为了利用老师的人脉资源去解决自己的问题，有的求官、有的求财。因为我特殊的成长环境，从小周围不乏其人。年轻气盛的我，总是担心老师被蒙蔽，被利用。我不允许我心目中的如父如兄的亲人遭受别人的诋毁，我更受不了这些小人逢人吹嘘与老师的关系，利用老师的随和达到自己的目的，还把老师的形象踩在脚下去抬高他们自己丑恶的嘴脸。老师当时只是意味深长地看了我一眼，充满慈爱却没有说话。我却心虚地低下了头。

恩师远行

老师的远行让我悲痛万分，因为世上再无吴敏生。我再没有老师这样可以倾诉、求教的对象。我曾经无数次地狂呼发泄，一次次的梦回老师还在我们的身边的时候。尽管我贪恋于对老师的依赖，却始终无法完全独立而蜕变，或许是时间不多了，所以老师有使命，我也必须完成我的使命。直到今天，我终于能够理解老师没有回答我的那个问题，而只是安静地看着我。那份慈爱，就是在看着自己的孩子，一个笨小孩。

（作者系北京健康促进会常务会长，毕业于清华大学英文系）

清华轶事

林信远

我出生在龙岩，一个偏远、安静的山区小城。1980年，我有幸被清华大学录取，父亲为我买了车票，乘两天两夜的火车来到北京的清华园，虽然劳累，却改变不了我小鸟飞向天空的好心情。

一切从头开始

广阔的校园，镶满星星的天空，教室内的采暖炉，一切都那么新鲜，我充满了人生的憧憬。我在校园的小卖部买了制式丁字尺、棉鞋和大黑长袍。虽然我更想要精干的短棉衣，但只买到大长袍。我对着大长袍不是很满意，毕竟我们南方孩子在初冬更不怕冷，但在北京过冬大长袍更实用。

入学第一学期，我被安排在古色古香的西斋，这里距离北门很近。宿舍是6人一间的标准房间，我的床在靠门的上铺。下铺的同学从没来过，因为身体健康出了问题，直接就休学了。后来这位同学也是某研究所的领导，很有成就。

在清华，我开始自己洗衣服，那件父亲给我的中山装，比较硬，很难洗。在清华，我只能用冷水洗脸，腿跨到水池上面洗脚，水房就在宿舍几米远的地方。宿舍离西操场很近，下午的体育锻炼时间，我随着大流来到操场，面对着那个杠铃，只能提到膝盖位置。

我们的班主任是吴敏生老师，第一印象是他擅长思想教育。我曾在提交班里的材料上写了一句，“天下兴亡，匹夫有责”。没想到，吴老师就直接给了我好评。一次晚饭后的全班集合，我们排成竖队，一位年轻老师说，每届都有几个掉队的。这是我唯一记住的。

睡眠成了大事

不知何时开始，我的睡眠出了问题，主要是难入睡。随着年级升级，我们被调整到东区7号楼朝北的房间，我仍然是门边上的床位。我难入睡的问题越来越严重，心里负担也越来越重。

晚上十点半熄灯，宿舍里有位北京的同学打着手电看书。我就是睡不着，很担心睡眠不好，影响明天的学习。我起床走下楼，站在楼前，在安静的夜晚里，看着晾衣服的铁丝……我很想责怪个别同学不守规矩，但我同时也埋怨自己，别人都睡得着，我为什么不行呢？

我找辅导员说明情况。他很热情，叫了南面宿舍的一位同学与我换了床位，可不到一个月，那位同学要求换回来，我只好又回到原来的宿舍。我再次找到辅导员要求换宿舍，辅导员说没办法了，人家不愿意换。

辅导员说，可以去医院看看。我说，那不是说明我生病了吗？她说，那不是，9字班的某某某才是真的生病了。他本来想学数学，到了机械系，休学了。我更害怕了，试吃了点药，直到后来的班主任及医生说不需要吃药了。

还好有吴老师

一天晚饭后，我走向吴老师的家。三天后系办公室人员就安排我到另一间宿舍。进屋后发现有2位同学，都是9字班的。一问，都是有睡眠问题的。在那里我们都很守规矩，互相合作得很好。我发现一位湖南的同学，一睡着就打呼噜。开始我很担心，后来发现不影响我睡眠。自那以后，我就不怕别人睡觉打呼噜了。

大四那年，我因其他疾病，休学了一年。回校后我到了1字班，开始和焊1同学住在一起。我得的病，按当时的说法，如果3个月内没有复发，就好了；否则就会缠绵不断。根治这病也没有什么特效药，就是休息与营养。我很害怕，怕因为休息不好而复发。我找到系办，要求再调整我到原先的宿舍住。系里说没有床位了，所有房间都安排了学生。

我又走向吴老师的家，那个单层的筒子楼。可是这阶段，吴老师早已不是我们的班主任了。我把情况和吴老师说了，我感觉这次难度非常大，因为确实扩招了学生，我原来的东侧尾部房间已分配了新生。吴老师听后没有马上答应我，亦没有提困难，只说去系里问问。一个星期后，系里帮我找到一个房间，是一楼西侧水房边上的，我在那觉得很好。还有位同学和我一起住。现在回想起来，那位同学是被安排陪伴我的。我在这宿舍住了一年多，第二个学期隔壁房间也安排了学生，但没有动到我住的这间。就这样，我最终愉快地完成了学业。

我记得，吴老师最爱唱“牡丹之歌”：“啊牡丹，百花丛中最鲜艳；啊牡丹，众香国里最壮观。”吴老师最具有牡丹之气节，牡丹之品质。

不断换宿舍的大学生永远感谢关爱我的吴敏生老师。

（作者1980年考取清华大学机械系，毕业后在造船厂工作，后取得福州大学金属材料与热处理专业硕士学位，现在设计院从事设计工作）

从铜锣湾到清华园

张适时

1985年我出生在福建省晋江市，自幼跟随经商的父母在北京读书。那时的我，是一个每天戴着红领巾上学，每周参加升国旗仪式，听着《歌唱祖国》等歌曲长大的少先队员。每天上学的时光，很简单，很快乐。

香港回归祖国前的1996年，我跟着家人移居到了香港。那时的香港，是繁华的象征，高楼林立，灯红酒绿；那时的香港人，内心里觉得高人一等。刚到香港的我，一下子变成了香港同学眼中的那个土土的“大陆仔”。更让我困扰的是，每当提起祖国，总感受到同学和老师的言语中充满了不屑。那时的我，内心是懦弱的，总觉得哪里不对，但却鼓不起勇气跟同学和老师理论。久而久之，内心充满了迷茫与困惑。那个时候，我家住在铜锣湾，每天看着维多利亚港的美丽与繁华，可是内心没有根的感觉，好冷好冷。

2000年，15岁的我已经读到了中学三年级。我成绩优异，每次考试都是年级前三名。像每一个家境还不错的香港同学一样，我开始准备去美国读大学。就在这一年，我遇到了当时还在清华大学任教务长的吴敏生老师，他彻底改变了我的人生轨迹。

吴敏生老师，是施友义伯伯介绍我们认识的，他是我父亲和吴老师共同的挚友。那年，吴老师到深圳香格里拉酒店参加一个活动，活动结束后，我和爸爸约吴老师在酒店的大堂吧一起聊天。

吴老师问我："冬冬（我的小名），中学毕业后想去哪里读大学？"我自然而然地条件反射说："去美国哈佛啊。"他笑了笑又问我："那你大学毕业之后，想去哪里工作啊？"我想了想回答说："我还是想回中国。"吴老师接着说："冬冬，21世纪是中国的世纪，你成绩不错，我建议你还是去清华读书，你在那里的同学朋友，会让你受益终身。更重要的是，作为一个中国人，以后有机会，你一定要多为祖国做些贡献。"

也许有些情绪被压抑了太久，我当时一下子不知道怎么回答。吴老师的这番话，他那坚定的语气，他那清澈而充满期许的眼神，他那家国情怀的流露，深深感染和打动了我，唤醒了我从小深深埋在心底里的清华梦，也唤醒了被压抑已久爱国心。是啊，我是一个中国人！

也许人生就是这样充满了戏剧性。在与吴老师一席谈话后，我们举家在2001年，在周围所有人异样的眼神中，"逆潮流"地从香港搬回了北京。在吴老师的帮助下，我来到北京清华附中借读。最后，我没有辜负吴老师的期望，在那年的港澳台大学联考中取得了前五的成绩，进入了清华大学经管学院，来到了我梦寐以求的清华园，也才有了我后来的学习和创业。

谢谢您，吴敏生老师！是您的悉心栽培，改变了我的一生。

比起引导我上清华，吴老师对我影响更大的是，他对祖国的赤诚之心和大爱无疆的家国情怀。这么些年来，每次与吴老师相聚，听老师谈古论今，从哲学到科学，无所不谈。席间吴老师总不忘嘱咐我：“作为清华人，作为这个时代的中国人，应该以国家为先，要有家国担当。”我心里总会默默地想：“您的话我都记住了，我一定不会辜负您的期许。”

现在，我正经历着自己有生以来最艰难的时候，创业遇到了巨大的挫折，甚至面临更大的风险。然而，我的内心很平静。是吴老师的教诲让我知道，无论再难，作为一个清华人，无时无刻，家国情怀，以社会为先，无愧自己的良心，屹立于天地之间，纵使粉身碎骨，也不能倒下。正是这样的心态，让我能够从容淡定的去面对一切困难和坎坷。

吴老师，您离开我们一年多了，大家都很想念您。都想再跟您一起吃饭喝酒，再听您讲故事，再听您唱歌。愿您在天堂安息！

（作者系清华大学经济管理学院金融系本科毕业生，2010年起自主创业）

怀念吴敏生老师

方丽华

吴敏生老师仙逝近两年。门生故旧依旧久久不能释怀，纷纷自发地用多种形式缅怀，足见其平生教书育人，有多么受人尊敬。

我是1980年认识吴老师的。吴老师当时在江西招生，清华在江西共招生30名，其中只有两名女生，我是其中之一。因为我是方志敏的孙女，吴老师怀着对革命先烈深厚的感情，把我招进学校。

我刚进清华住在新斋，吴老师住在西边的筒子楼，离我们很近，我就经常跑去他家里坐坐。因在清华举目无亲，内心就把吴老师当作亲人和依靠，吴老师及太太对我们这些外地来的学生，总是来者不拒，耐心倾听，关怀备至。我向吴老师汇报在学校的生活学习情况，他总是抽出时间与我聊天，还经常陪我走回宿舍，路上指点我各种事，让我尽快熟悉学校，融入学校生活。现在想想，吴老师自己当时工作繁重，很多压力，还抽出宝贵的时间来了解我的情况，帮我更快熟悉学校，他真是个非常有爱心，对后辈提携之人。老师除了繁重的工作，还有自己的家庭和日常生活，当时的各种条件远不如现今，老师还能对学生们倾注大量的时间精力和爱心，放在当今，都非常的难能可贵。

我从清华毕业后，因联系没有现在方便，对老师的所知就渐渐少了。可以想见，以老师的为人，一定有大量的像我这样的学生，受到老师的关怀，快速进步。这些学生，都在努力服务社会，都是国家的栋梁之材。老师一生教书育人，如今桃李满天下，后继有人，足以称老师之志了，老师可以放心了。

愿吴老师在天之灵安息，我们永远把您记在心中！

吴敏生老师千古！

（作者系1980年考入清华大学建筑系，1985年毕业分配至深圳，一直从事建筑行业工作）

亦师　亦父　亦友

——记我和吴敏生老师的点点滴滴

李铁

2019年8月31日，我在北京中石化集团总部大楼向领导汇报后，走出中石化的大门，给吴敏生叔叔打了个电话：“吴叔叔，今天的汇报很成功，您放心。下个月我在深圳等您。”“哈哈哈，好的，预祝旗开得胜！”电话那边传来熟悉的声音，中气十足。一周后的一个晚上，我正在外面吃饭，接到了飞宇叔叔的电话：“李铁，吴老师走了，你赶紧回家，照顾好你妈妈……”

我与吴叔叔相识于幼年。我父母很早就与时任清华大学教务长的吴敏生老师相识了。吴叔叔对于我，亦师、亦父、亦友。吴叔叔的离开，如我人生航行中的那盏灯塔灭了，那颗启明星落了，那种信仰飘散了。

“今年花胜去年好，可惜明年花更好，知与谁同？”

人生导师指点迷津

2014年对我是关键的一年，那年我决定回国。然而，是回到北京清华大学本部，还是回到深圳清华大学研究生院，我一直举棋不定，十分纠结。按照父母的意思，他们觉得我应该回到北京清华大学本部，接受清华传统的训练，在老汤里面泡一泡，历练几年，再考虑回深圳。而从我个人的本意来说，更倾向于直接回到清华深研院发展，一方面离家里近些，可以照顾父母，兼顾家庭。另一方面我本身有志于做技术成果产业化，而深圳的创业环境更好，效率更高，政策上的制约更少。

对于这个纠结，我和吴老师有过一次较为深刻的交流。他鼓励我遵从内心的真实想法，优先考虑直接回到深圳发展，坚定不移地迈出第一步，并给我分析了其中的利弊。

第一，清华本部注重基础学科教育，而深圳注重交叉学科创新，并结合深圳自身特点，设计科研发展方向，产业链配套齐全。从技术成果产业化的角度来说，在深圳更容易出成果，快速成长起来。

第二，清华本部庙大神仙多，无论是土地资源还是科研资源，分配碎片化，对于新来的年轻老师，很难做到资源倾斜，难以集中力量办大事。深研院则不同，除了深圳市的人才落地资金外，院里还有配套资金，以及更多的场地资源调配，可以很快地建立起自己的实验室和根据地。此外，深圳市自身的科研支持经费充足，再利用好资本融资，可以让技术产业转化的摊子快速支起来，起步快，起点高。

第三，深圳对于创业的扶持政策灵活，对于人才的吸引是“英雄不问出处”，科研氛围从实际需求出发，较为务实。没有太多“论资排辈”的陋习，鼓励年轻人自己挑大梁，做出来的成果就是自己的。

听完吴老师的分析后，我内心的犹豫解开了，并毅然决然地回到深圳，开始了我的创业生涯。回国之后，对于很多科研上的想法，我时不时会和吴老师交换意见，他有一句话让我印象深刻，并成了我在研发道路上的座右铭。他总是对我说："法国数学家彭加勒曾经说过，逻辑是证明的工具，直觉是发现的工具。先有了发现，才能去证明。"因此，对于科研方向，新的解决手段，吴老师鼓励我要相信自己的直觉，大胆地去尝试，但要认真求证。也许会走些弯路，承受一些试错成本。但我们的国家，不就是这样一路走来的吗?

吴老师的离开，让我失去了一位人生导师。

父爱如山感同身受

2001年5月，在我上高中的时候，正值清华大学90年校庆，我对妈妈说我想去清华看看，感受下清华的校庆。妈妈联系了吴叔叔，吴叔叔就把原来学校给他的一些活动参与的名额都让给了我，并在不忙的时候，带着我在清华园里转悠。或许在那一刻，我就与清华结下了不解之缘。

2016年国庆期间，我和夫人开启了吴叔叔的家乡福建平潭之旅。那时候吴叔叔刚从福州大学校长的位子上退下来不久，专程带着我们小两口，在他的老家吃住行了一周，看了平潭老家的石头屋和立在海边的望夫石，游览了福州的闽江，吃了只有当地才有的海蛎子。吴叔叔介绍了他的弟弟妹妹给我们认识，一家人其乐融融，欢聚一堂。他饶有兴致地和我说："李轶，等以后有机会了，我们一起去青海的高原上面看看油田的磕头机，去你读书、工作过的曼彻斯特、剑桥走一走。”可惜，这些愿望都再不可能实现了。

2019年的3月，我的女儿出生不久，就收到了一份特殊的礼物。一天早晨，吴叔叔发来微信：“李铁早上好！给小宝贝起名的事，查了一下她的年月日时，四柱基本和合，建议取名佳滢，意晶莹剔透，或佳潆，意碧水环绕。两个名字对应楚风汉赋中的……”那一刻，我感受到一种爱，是一种父亲般深沉而温柔的爱。如今，我有时还会对我的女儿絮叨着：“小珠珠，你的名字叫李佳滢，是你吴爷爷给起的哦。”然后又转过身去对我媳妇说：“哎，可惜再也见不到了。”

2019年6月26日，那是我与吴叔叔的最后一次见面，在我女儿的百日宴上，他穿了一件青绿色的运动衫，抱着小珠珠模仿着她的口吻说道：“各位清华的教授们，我在100天的时候就听见你们吹牛了……”

2019年9月3日，那是吴叔叔生命里发给我的最后一条微信消息：“好，未来的游泳健将从这里开始，哈哈。”回应我给他发去的小女珠珠的游泳视频。

他的离开，让我失去了一位“父亲”。

忘年好友无话不谈

我和吴叔叔会经常如同朋友一般地讨论一些工作以外的科学、哲学、文化、教育等方面的话题。比如说“风起青萍之末与蝴蝶效应之间的相似处”，“宇宙中的一黑、二暗、三纠缠”，“中国800毫米降雨线与祖先崇拜的关系”，“思维的三个层面”，“无用之用与无、道、空”等等。也会在微信上坐而论道地互动：“现代医学的悲哀是创造巨大的商业利润，延缓了毫无意义的生之苦痛，参透生死是臻于至善的入境……”，“天若不爱酒，酒星不在天……已闻清比圣，复道浊如贤……”，“教育变革策划的核心是把思维能力训练置于知识学习之先，让学生自己获得使命感，以自身定向的洞察力，学会在海量信中筛选……”，“前几年出了一本以空心菜署名的书《黑客帝国并非虚构——世界就是一个游戏》，可作闲时阅读”。

他的离去，使我失去了一位无话不谈的忘年好友。

贵人相助事业有成

吴叔叔在我的事业发展上无私地给予了巨大的帮助。在他的帮助下，2017年我们团队得以与中石油集团成功签订战略合作协议，并拿下了集团公司千万级别的统建项目，迈出了科技成果产业化坚实的一步，成为行业细分领域的标杆。

2018年，我们团队正处于技术及市场的破冰关键时期，需要资金，他又帮助我们对接了国内硬科技投资领先机构武岳峰资本，并成功获得了投资。

2019年，在吴叔叔的引荐下，我们又打开了与中石化集团的合作大门……可以说，在我事业的发展历程中，离不开吴叔叔的无私提携与帮助，更离不开他在思想上的倾囊相授。

2019年8月31日，那是我和吴叔叔最后一次通电话，汇报和中石化集团的交流情况，约定9月再相见。

吴叔叔的离开，我失去了一位无私帮助的贵人。

写到这，其间不知道被泪水和凝噎打断了多少回。短短千字文，根本不足以道尽我与吴叔叔的点点滴滴。

直至今日，我依然保持着之前的习惯，把工作进展、家庭生活的点滴在微信上给吴叔叔报告、分享，把品尝到特别的好酒拍了照片发给他。虽然我知道再也不会收到回复了。

我记得，在吴叔叔走后的第7天，我的办公室里飞来一只鹦鹉，青绿色的，逗留许久，不再离开。我知道，那是吴叔叔回来看我们了。“君埋泉下泥销骨，我寄人间雪满头。”

我们都会有离开人世的那一天，也许那时，我们又能相见，和光同尘。

（作者系清华大学深圳国际研究生院副教授，主要从事海洋油气能源多相流测控研究。2004年于英国兰开夏中央大学电子电气工程专业本科毕业，2008年获得英国曼彻斯特大学电子电气工程专业博士，2009年至2014年先后在英国曼彻斯特大学电子系和剑桥大学化工系MRRC任研究员）

遥远的回忆

柯德士（Bernd Coders）

吴昊

吴昊给柯德士的信息：

亲爱的柯德士博士：

我是吴昊，您2018年访华时的翻译，同时也是吴敏生校长的侄子，不知道您还记得我吗？

告诉您一个不幸的消息，吴敏生先生已于2019年9月7号因病不幸突然逝世，享年73岁。

时光飞逝，那天的海风与欢笑声仿佛还在耳边。大伯的突然离去是对整个家族乃至教育界的重大损失。为了纪念大伯，我们正在筹备整理编辑大伯的生平，写成传记。大伯他传奇一生，我相信他在德国求学时也必然有很多不应该被遗忘的故事，不知是否能麻烦您写几个简短的故事，我们可以自己翻译整理，收录起来，到时候书印刷面世，我们会第一时间寄给您。

最后，我衷心地祝愿您身体健康，家庭幸福，盼早日得到回复！

吴昊

2020年8月31日

柯德士回复的原文：

Dear Hao Wu,

Of course we remember you!

These are very very sad news. Usually Minsheng was sending me New Year season greetings, which was not the case this year. So l was already wondering what happened.

Minsheng was a friend to me for more than 30 Years. l attach 3 pictures from the time when we were young. During his studies in Aachen I took him with me for a short flight as l had a pilot license. You can imagine how exciting this was for him. And once l took him with me for a ride with my BMW motorbike. He was a little be afraid when we were driving more than 180km/h. We had a lot of fun together.

We will never forget his extraordinary hospitality. He will remain

1991年5月，吴敏生（右）与柯德士（照片由柯德士提供）

in my heart for ever.

We wish you all the best for your future，stay healthy.

Bernd and Margret

Sept，2nd，2020

译文：

亲爱的吴昊：

我们当然记得你！

这真是非常非常令人悲伤的消息。往年，敏生都会给我寄来新年祝福，但今年却没有。所以我已经（有不好的预感）在想发生了什么。

敏生与我相知相交已30余载，我附上了三张我们年轻时的照片。他在亚琛学习期间，因为我有飞行员执照，我曾经带着他进行了一次短途飞行，你可以想象他有多兴奋。还有一次，我骑着我的宝马摩托车带他去兜风，当我们的车速超过180公里/小时，他又开心又害怕，我们在一起玩得很开心。

我们永远不会忘记他的热情好客，他将永远留在我的心里。

愿你身体健康，万事如意。

柯德士夫妇

2020年9月2日

吴昊给柯德士的信息：

亲爱的柯德士夫妇：

很抱歉我的回复有些迟了。

因为我的上一封邮件被服务器拒收了，所以我以为我没有发送成功，你的邮件被系统归类为垃圾邮件，因为它来自中国以外的地区，所以我没有注意到，直到我在垃圾箱里找到它。

你的照片很漂亮，我们将把它们放进这本书里。

除此之外，我们还想了解一些细节，比如吴敏生如何调整和适应德国文化和中国文化之间的差异，吴敏生和他的德国同事在他的工作和学习期间的互动，以及吴敏生回中国后与您的不断联系与互助等。

也许我问得可能太多了，但你们是唯一了解他在德国故事的人，这部分历史在书中非常重要，如果你们能在这方面帮助我们，我们将非常感激。

吴昊

2020年10月13日

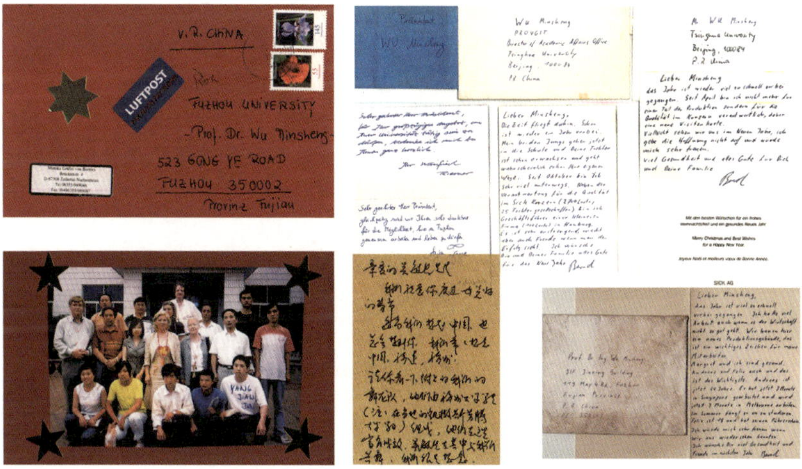

德国友人寄给吴敏生的部分书信

Dear Hao,

Sorry I am a little bit late to respond, but I hope not too late. Here now some further remarks:

When Minsheng came to the Institut I got to know him as a very intelligent and strong character. I was impressed how quick he learned the german language. He motivated me to start to learn chinese, and he told me to learn only one word a day and after one year I would know already nearly 350 words. This sounded so easy and it was his way to learn, very consequent and with high self-discipline. I really regret that I gave it up after 4 months because I had to set other priorities.

He was very well accepted by his german colleagues in the University and Institut not only because of his excellent technical understanding and knowledge but also of his kindness. Once he invited all colleagues of the institute to a chinese dinner. Together with the help of two other chinese students of the University, he prepared in the kitchen of a german colleague a typical Chinese five course dinner which I will never forget. It was so excellent and we had an evening with a lot of fun and laughter.

After he returned back to China we kept in touch, and I let him know about my work and family. So once I tried to support his work with devices/sensors of the company I am working with and I gave presentations when I visited him. I was always overwhelmed by his hospitality. I can honestly say that I am missing a friend now.

We wish you all the best,

Bernd & Margret

Oct. 23rd, 2020

2016年9月23日，吴敏生（右）与柯德士合影于清华大学（照片由本文作者提供）

译文：

亲爱的吴：

抱歉，我回复得有点晚了，但我希望不会太迟。这里还有一些故事：

当敏生来到学院时，我发现他是一个非常聪明和有毅力的人。他学德语的速度之快给我留下了深刻印象。于是他鼓励我开始学习中文，他告诉我每天只学一个单词，一年之后我就会知道将近350个单词了。这听起来很容易，这是他学习德语的方式，非常符合事实，而且高度自律。我真的很后悔在4个月后就放弃了，因为我必须安排一些其他我当时觉得更重要的事情。

他在大学和研究所的德国同事都给予他高度的认可，这不仅是因为他对技术有出色的理解和渊博的知识，而且因为他的善良与大方。有一次，他邀请学院所有的同事来吃中餐。他和另外两个中国学生一起在德国同事的厨房里准备了一顿典型的中国五道菜的晚餐，我永远不会忘记。那真是太棒了，我们度过了一个充满乐趣和欢笑的夜晚。

他回国后，我们一直保持联系，我也经常跟他聊我的工作和家庭情况。所以访问中国时我试图用公司的设备/传感器来支持他的工作，并在拜访福州大学时做了演示。我总是被他的好客所感动。我可以诚实地说，我现在非常想念他。

我们祝你一切顺利。

柯德士夫妇

2020年10月23日

（作者Bernd Coders系吴敏生在德国亚琛工业大学和研究所的德国同事。吴昊系柯德士2018年访华时的翻译，吴敏生的侄儿）

三

福大新猷

2002年8月21日至2010年5月12日，吴敏生出任福州大学校长。他在任期间，确立了在21世纪头20年把福州大学建设成为“东南强校”的发展战略，确定了“分两阶段四步走”的实现战略目标的方针。他排除困难，呕心沥血，建设成了福大新校区。他积极推动福大与清华等国内外顶尖大学的合作交流，福大的综合实力显著提升，跻身国内知名高水平大学行列，扎扎实实地登上了一个新台阶，出现了一个新面貌。

吴敏生对福大校园文化建设有重大建树，在任内推动和提炼了福州大学“明德至诚，博学远志”的校训和福大的“三种精神”：即以张孤梅为代表的艰苦奋斗的创业精神、以卢嘉锡为代表的严谨求实的治学精神、以魏可镁为代表的勇于拼搏的奉献精神，构建了福州大学校园的主流文化。

吴敏生在福大担任校长的八年里，是他独到的教育理念得到最充分彰显和发挥的八年，是他的办学治校思想指导下的教育实践，使福大实现了第一阶段的发展目标，为第二阶段的发展目标和“东南强校”的最终建成奠定了坚实的基础。在福大校长任上的八年，是吴敏生从事高等教育事业一生达到的辉煌顶点，是吴敏生学成归来报效祖国服务家乡父老的具体行动，也是吴敏生一生中最快乐的高光时刻。当然，福州大学这个平台，使吴敏生的家国情怀，满腹经纶，一身武艺，有了充分施展的用武之地。

福州大学旗山新校区全景（照片由福州大学方绪华提供）

惟德是馨：做人如此，夫复何求

邹志刚

2003年我从日本归国，在南京大学任教。我回国的历史就是和吴敏生老师相识、相交和相知的历史。我并非出自吴氏之门，但我觉得他是我回国重新奋斗道路上的传道授业解惑的真正师者之一，我发自内心尊称他为老师。

我和吴敏生之间只差8岁，因此少了几分师生之间的那种畏惧的距离感。我爱说笑，他亦不摆架子；我爱喝酒，他的酒量亦不比我差，我们俩之间渐渐有一种亦师亦兄亦友的关系。

回国之初，我对他还是挺不满的。那时，我正雄心壮志地与福州大学付贤智老师竞争国家科技部“973”项目，我觉得吴老师明显偏袒和支持付贤智老师。其实那时，吴老师也在别人难以理解的眼光中，刚从清华大学这样一个全国瞩目的名校，去执掌一所名不见经传的地方高校——福州大学。后来，我慢慢地懂得了他那种报效家乡教育事业，立志把福州大学建设成为东南名校的雄心壮志。在这彼此的雄心壮志下，在这样彼此的竞争中，我和付贤智也成了好朋友。在吴敏生老师，当然还有其他老先生们的扶持下，我们的光催化队伍异常团结，从一支默默无闻的小众学科走向优势学科，这支队伍也成功地培育出我、付贤智和赵进才三位院士。桃李不言，下自成蹊，这真可以用来形容吴敏生老师。

投之于桃，报之于李。我不仅和吴敏生老师建立了深厚的师生情谊，受惠于他种种的恩泽，同时在他的人格魅力感召及治学理念的影响下，我也开始积极投入到福州大学材料学科的建设与发展工作中去，并于2017年兼任福州大学的材料科学与工程学院院长一职，2022年荣任福州大学校长顾问。福州大学材料科学与工程学院成立较晚，在全国的材料学科排名中并不入流。但是我们紧紧抓住学校争列世界一流学科的“一号工

2018年4月21日，福州大学原校长吴敏生教授（右五）与邹志刚院士（右四）等参加武夷新区规划建设与创新发展研讨会（照片由吴聪萍提供）。

程”总体建设目标，适时调整材料学院的战略布局、学科定位和专业建设方向，效仿吴敏生老师“晓之以事业动之以情感”的中国式招贤纳士的笼络人才做法，进一步强化材料学院的学科队伍建设。值得欣慰的是，2022年2月，教育部、财政部、国家发展和改革委员会联合发布通知，公布第二轮世界一流大学和一流学科建设高校及建设学科名单，福州大学入选第二轮“双一流”建设高校，化学学科群入选“双一流”建设学科，化学学科群包括化学、化工和材料三个学科。

吴老师博识多学，我觉得若不是校长的行政事务耽误了他，也许他早已戴上了代表学术界荣耀的院士桂冠。学术界少了一名院士，教育界多了一名受人爱戴的校长，这更是件造福人类的好事。吴老师的知识更新很快，快得都让我们汗颜，每每有吴老师在场的时候，无论什么场合，上自天文下自地理，他都能侃侃而谈，从不会冷场，甚至我们都无从插话。尤其让我佩服的是，他的中国文化功底，佛学、书画、经史、哲学等等都涉猎，这是我们这一代科研学术人物最欠缺的，我们经常被戏说为有知识没文化，我也是经常被戏说者之一。有一次，吴老师去南京大学昆山创新研究院，我们顺便带他去参观崔愷院士的建筑设计杰作——西滨村昆曲学社，该学社建筑设计的特色就是用竹格栅谱写出昆曲韵律，内院周边的竹廊根据昆曲《牡丹亭》音律，采用间距不等、长短相同的竹子，每根竹子的间距以80毫米为最小单位，分为80~480毫米六个等级。吴老师饶有兴趣地参观后，回去就有感而发，写了一篇《漫谈科学与艺术》的文章，后来用于在深圳举行的一场讲座上，很受大家的喜欢，只可惜我没有聆听到这场精彩的演讲。

印象中吴老师的朋友很多，经常高朋满座，有那么点像刘禹锡《陋室铭》里所说的“谈笑有鸿儒，往来无白丁”的感觉。当时，我觉得吴老师居校长之高位，找他的人和拍他马屁的人自然会多，也许其中有很多并不是交心交情的真朋友。然而，我想错了。吴老师离开校长之位后，走到哪里依然高朋满座，深受朋友们的欢迎。尤其是这次我参加过吴老师两周年祭奠活动后，更有感触。死者长已矣，他人亦已歌。他离我们而去整整两年了，然而那天，却还有那么多人从四面八方自发赶来，只是为了给他鞠个躬、点支烟、敬杯酒。虽然这只是形式，但有时形式大于内涵。在去往吴老师墓地祭拜的山路上，我看到一个胖胖的、拄着拐杖的腿脚不便的老者身影，不禁热泪盈眶。那是福州大学创建人之一、著名的物理化学家教育家卢嘉锡的儿子卢象乾先生，他只比吴老师小一岁。是什么样的人格魅力能让一个老者即使行动不便也要坚持上山祭拜他的老友呢？做人如此，夫复何求？

我想起在一个企业家朋友的办公室里挂着一个匾，上面写着“惟德是馨”，我忽然有所顿悟，吴敏生老师的人格魅力在于“德”，他宅心仁厚，真诚地帮助每一个他身边的人，我也是其中受恩之人。滴水之恩，虽已无法涌泉相报，但至死也不会忘却，我们会永远记念他，我们敬爱的吴敏生老师。

（作者系中国科学院院士、发展中国家科学院院士。南京大学物理学和材料学博士生导师。两届国家重点基础研究发展计划“973”项目首席科学家，教育部“长江学者奖励计划”特聘教授，中国空间站科学技术实验科学委员会和太空探索实验科学委员会共同主席）

思念老友

曹保榆

（一）

悼仁兄敏生

2019年9月9日

仁兄敏生，飘然离去。
神采音容，历历在心。
谈天说地，文理兼容。
育才助人，慨当无私。
吾怨天公，招之过急。
酹酒举杯，痛悼不已。

（二）

追思好友敏生

2019年10月26日　七七祭日

昨夜秋雨寒气深，

前庭菊花可妍纷。
落英闻听追思吟，
只当今朝歌酒席。
潇洒人生挥手走，
留得天长苦地久。
独为老兄酹杯酒，
心境俱在清流中。

2008年4月29日，吴敏生校长（左）为曹保榆将军颁发福州大学客座教授聘书（照片由本文作者提供）

（三）

纪念敏生兄逝世周年

2020年9月7日

自信人生应无恙，
难料隐疾悄无声。
举杯豪论苍宇事，
吞雾低吟科学理。
痛失挚友情难抑，
师兄学弟伤别离。
追思细阅过往集，
萧萧秋风唤不回。

（作者系原总装备部科技委正军职常任委员、防化研究院原院长、少将军衔）

匠心独运 情满旗园

——吴校长与福大新校区建设

林 翔

一、“东南强校”与旗山新校区建设

2002年8月21日，福建省人民政府任命吴敏生同志任福州大学校长。彼时，福州大学作为国家“211工程”建设的地方院校，经过几代人的努力，已发展到了一个新的阶段。如果要跻身全国名校行列，迫切需要一位具有国际教育背景和知名高校工作经验的教育行家来引领。经时任福建省省长习近平同志推荐，清华大学大力支持，吴敏生同志慨然受命，从清华大学深圳研究生院院长任上出任福州大学校长。

吴校长上任后经过认真调查研究，听取各方意见，在2002年12月26日福州大学六届教代会暨八届工代会提出“在本世纪头二十年，全面增强学校办学综合实力，在人才培养、科技研究和社会服务等方面形成一批具有区域优势的高水平强项，拥有若干具有国际水准的标志性成果；到建校六十周年时，把福州大学建设成为具有较强学科相对优势、体现教学研究型办学

特色和开放式办学格局的我国‘东南强校’，努力为福建省加速经济社会发展现代化作出较大贡献”。同时，提出分两阶段四步走实现“东南强校”战略目标的基本方针。建设“东南强校”成为福大人的共识和新时期奋斗目标。

建设“东南强校”内涵丰富，主要体现在学科水平和科技创新能力、对本地区的经济发展科技创新和社会进步的贡献度、教育质量和人才培养的社会声誉等三方面，对学校来说，还包括校园基础设施公共服务体系以及校园文化特色等。

我校怡山老校区教学用地仅654亩（含学生生活区用地），从用地面积、功能布局和基础设施等方面都远远满足不了建设“东南强校”的需要，严重束缚了学校的进一步发展。拓展办学空间和科技创新平台成为建设“东南强校”的物质基础和前提条件，旗山新校区建设将为建设“东南强校”提供机会和强有力的保证。

吴校长上任之初正值我国高等教育大发展时期，全国各地都在建设大学城，福建省也在闽侯县上街镇建设福州地区大学新区，这对我们来说是个千载难逢的机遇，是建设“东南强校”的一个重要抓手。吴校长抓住这一机遇，对新校区建设倾注了大量精力，并尽其所能借用了清华大学的相关资源来指导、支持我校新区建设，新校区建设的每一处，每一阶段都留下了清华大学援助的痕迹。我作为他的助手承担新校区建设的具体事务，有机会聆听他对新区建设的总体思路和具体指导意见，受益匪浅。

如今新校区已建成并日臻完善，“东南强校”的战略目标亦已实现。旗山新校区依山傍水，自然地貌与现代建筑交相辉映，人文景观随处可见，有着非同一般的气象，既包含自然风物气象，也包括精神文化气象，体现了“东南强校”的精神文化内涵。后人行走在这美丽的山水校园之中，心旷神怡，殊不知此间倾注了吴校长的多少心血和汗水。

二、旗山新校区建设的总体思路

福州大学旗山新校区占地3450亩，建设资金预算高达十几亿，面对这庞大的建设项目，时间短，资金缺乏，谁都没经验，谁都感到棘手。在这关键时刻，吴校长提出几条原则意见：1. 要以建设“东南强校”为契机，把新校区建设为山水校园，要尽可能保持原有的自然原貌，注意建筑与自然环境和人文的关系。2. 要多听取专家意见，注意资源共享，充分调动校内专业人员的积极性。3. 建设资金筹措以银行借贷为主，校内

2007年11月25日吴敏生（左）与林翔合影（照片由黄家林提供）

拆借为辅。这些原则意见形成了旗山新校区建设的总体思路和指导思想。

旗山新校区坐落在福州西郊乌龙江畔大学城规划内的中北部，南连规划中的大学城中心共享区，北邻江夏学院，东以乌龙江大道为界，西与溪源江为畔，交通便利。溪流自东向西贯穿校园，周边布满大小不一的池塘和水渠，白鹭等珍禽不时从头上掠过，一派田园风光，大自然恩赐给了福大建设山水校园的天然场所。规划中的建设用地居多是原生态的湿地、山丘地和种植地。当初，我陪吴校长考察这片土地时，他赞叹不已，反复叮嘱我，在规划和建设过程要设法保护自然地形原貌，尤其是山体、湿地和水面，给后人一个交代。

旗山新校区建设的总体规划方案由华南理工大学规划设计院竞标后负责，按照总体思路，为了完善规划，吴校长先后多次组织校领导和有关部门进行讨论，充分听取意见。与此同时，还邀请时任清华大学副校长郑燕康教授、清华大学规划设计研究院院长尹稚教授和规划基建处处长谢树南教授等一批专家多次到校，对总体规划和单体方案进行指导。

由于指导思想明确，措施得力，校园保持了大片原生态的水面和山体。整个校区水体面积有191145平方米，其中教学区占155398平方米，达81%；山体面积有351556平方米，其中教学区占279965平方米，达80%，成为名副其实的山水校园。大学城其他兄弟院校见状羡慕不已。

现在走进福大旗山校区，展现给人们的除了建筑就是河道和大片湿地，从大学生素拓中心亲水码头可划船直达行政北楼，在这河道上还曾进行过龙舟训练和比赛。当师生员工泛舟荡漾在水面上，漫步在清新校园时，只见鸟语花香，白鹭天鹅等珍稀飞禽在水边悠闲戏耍，绿树成荫的长安山静卧在行政南北楼之间，山南山北曲径通幽，楼台亭阁、小桥流水、草木花卉、碑林雕塑，真是求学做学问的好去处！此时，我们就会想起吴校长当初的卓知远见和匠心独具。斯是流芳百世，只是故人已西去矣。

旗山新校区建设需大量资金，为了保证教学科研正常进行，吴校长决定建设资金除政府出资外主要靠银行借贷，这与其他学校思路大为不同。居多高校以校内拆借为主，银行贷款为辅，而国家最终是按照银行贷款的额度来核定各校的负债率，并按照负债率的多少给予相应的补助，结果福大相比其他高校得到较多的政府补贴。不同的思路带来了不同的经济利益。

为了加快新校区建设速度，保证建设资金能够安全迅速到位，吴校长参照清华大学的做法，主张成立校财经领导小组，由校纪委书记、分管校领导、纪检监察处、计财处、基建处等部门的负责人组成，他自己亲任组长。财经领导小组向校党委会负责，每年建设资金预算总额由校党委常委会和教代会审议通过后交由财经领导小组执行，超预算部分需上报审核批准。这种体制适应了当初新校区建设的需要，加快了新校区建设的速度。

为调动我校专业教师参与新校区建设的积极性，吴校长要求将部分单体建筑设计交由福大建筑设计院承担，旗山校区要留有福大设计院的作品。为此，土木工程学院大楼、建筑学院大楼和校内所有桥梁及北大门和南大门的部分设计方案均由福大设计院或本校专业教师负责。在新校区建设史上，他们也留下了重重的一笔。

三、新校区建设轶事

1. 图书馆设计与“鲁班奖”。

图书馆在大学中占有十分重要位置，建好图书馆等于建好半个大学。由此，图书馆的建筑设计格外引人注目。

福大图书馆由华南理工大学建筑设计院设计，图书馆钟楼为三角形，其中一锐角剑指东大门，在校内曾引起较大的争议。传统观念认为，尖角对外不管是对人还是对物都不吉利，要求更改设计的呼声很高，其中不乏专业人士。校内一时沸沸扬扬，我们感到压力很大，矛盾最终提交给了吴校长，请他拍板定夺。在这关键时刻，吴校长冷静地说了一句：交由专家决定吧。经各方专家认真审核，一致肯定华南理工大学的设计方案，这样不仅化解了校内的不同意见，也为我们解了围。事实证明吴校长的决策是正确的，充满着睿智。

图书馆设计方案先后获得2007年度教育部优秀建筑工程设计一等奖、第五届中国建筑学会建筑创作奖之佳作奖、2008年度建设部全国优秀勘察设计一等奖、2008年度全国优秀勘察设计银质奖。

图书馆建设在施工、管理、工程质量安全、四节一环保和科技创新、管理创新等方面都取得了令人瞩目的成绩，获得2008年度中国建设工程“鲁班奖”（国家优质工程奖）等奖项。这是整个大学城几百万平方米建筑中唯一获得“鲁班奖”的项目。想当初吴校长如轻易作出决定，改变图书馆设计方案，哪还有什么“鲁班奖”可言？他的决策思路和实事求是的科学态度为我们树立了榜样。

2. 党政办公楼的布局含义。

党政办公楼是学校领导指挥中心和管理办事机构的重要场所。我们按照传统思路提交了多种设计方案，但都一一被否决。吴校长认为：党委是学校的领导核心，用人、出主意、谋发展是其主要职责和工作范围；而行政部门则是管理办事机构，负责相关事务管理，为师生员工提供服务。党政部门因工作范围和对象及工作职责不同需要分开办公，可参照清华大学办公楼设置模式进行设计。这种想法虽有不同意见，但符合实际，有助于提高办事效率和管理水平。

最终，福州大学旗山校区党政办公楼分为南楼和北楼。南楼主要是校领导和党委系统办公场所，北楼则是行政部门办公地点。北楼，背山面水，给人一种没有退路的感觉，吴校长借景说道，行政部门贯彻校党委的决策部署要不折不扣，没有丝毫退路；服务师生员工要竭尽全力，不讲条件。南楼，背山面对一片大石坡（最新研究表明是1亿年前的火山遗址），为了处理这复杂的自然环境与南楼的关系，使自然环境与建筑及人文融为一体，和谐共存，在南楼院内，根据时任福建中医药大学校长、全国名老中医杜建教授的建议，建造一面五龙壁，镶嵌五个白玉龙头，作为镇楼之宝，龙口喷射着龙水，很有一番用意。

南楼外，吴校长邀请清华大学规划设计研究院营造法理研究所所长马士平大师到实地考察，提出方案。马大师从营造法理角度提议在南楼南偏东29度处建一水榭来调整各种关系，化解潜在的不利因素，让南楼与自然环境更为融和。水榭定位时，马大师还亲临现场指导并口授施工细节和注意事项。

福州大学这几年发展迅速，实现了吴校长当初提出的建设“东南强校”的战略目标，并已经跨入省部共建高校和国家“双一流”高校建设行列，正在向世界知名高校迈进，这归功于历任领导班子和全校师生员工的共同努力，同时也得益于和谐的校园人文自然环境。

3. 学校大门设计的文化底蕴。

学校大门好像是一个学校的脸面，展现这个学校的外在形象，是认识这个学校的第一印象。大门建设是新校区建设的重点和难点，吴校长为新校区东大门和南大门建设倾注了大量的心血。

新校区东大门由清华大学土木工程学院毕业生李绘设计，典雅端庄，富有诗意。它与校图书馆和远处的旗山融为一体，形成一幅巨型画面。庞大的校门广场中间坐落着一块巨石，自然朴素、威凛霸气，“福州大学”四个金光闪闪、苍劲有力的校名镌刻在中间，像一面飘扬的红旗展现在人们面前。

校名石由大自然馈赠。2005年7月某日午后，福州西郊黑云翻涌，雷电骤作，我校南侧山訇然震落一石，宛若天降凝厚巨硕，通长丈七尺四寸高九尺许，重一十三万二千余斤。吴校长闻讯后指示：将巨石移镇学校东门，作为校名石，将巨石来历书刻在后，让后人了解历史，借示勉学励志之意。我们择日于2007年1月11日吉时动用三部起重机共同配合让校门石安然落座。事后，在巨石背后书刻“惟山有石赞”，以激励福大学子自强不息。

校名石背后是水幕墙，涓涓细流沿着折梯依次而下，形成流动的水幕，溅起微微水花，给人一种清新感觉，灵感不禁由发。水幕两旁用小篆刻成的校训“明德至诚，博学远志”格外醒目。福大学子自迈进校门的一刻就领受到校园文化的核心内容。

著名营造法理专家马士平大师到我校东大门察看完后赞叹不已，望着涓涓细流和远处的图书馆由衷而发：“半亩方塘一鉴开，天光云影共徘徊。问渠那得清如许，为有源头活水来。”这幅画面不正是朱熹《观书有感》这首诗的真实写照吗？图书馆是知识的源泉！

东大门是一幅画，是一首诗，更是励志勉学篇！

新校区南大门由多个古文化元素组成。高高矗立的是琮，由清华大学规划设计研究院院长尹稚教授提议建造并亲自设计，富有浓厚的古文化色彩。琮内圆外方表示地和天，中间的圆孔表示天地之间的沟通。从孔中穿过的圆柱就是天地柱，即天梯。在古代，琮是权力和富贵的象征。南门之所以建琮，寓意着福大学子完成学业跨出南门就像穿过了天梯，由门内的一条虫变成一条龙，将为国家和人民作出更大贡献。

南门景墙浮雕是祥云和朱雀，由福州大学厦门工艺美术学院时任院长庄南鹏教授设计，现场指导施工。朱雀是上古四大神兽之一，神话中的南方之神。琮、祥云和朱雀彰显了福州大学厚重的文化底蕴。

在吴校长的领导和倾力关注下，旗山校区从2002年底破土动工到2009年9月，仅用将近7年时间就完成了主体建设任务。校园总建筑面积929924平方米，其中教学区466732平方米、生活区348633平方米、科技园区114557平方米。建成两个标准的田径运动场、一个25×50米的标准游泳池及室内体育馆等一大批配套完善的体育运动设施，这些都是老校区不可比拟的。

四、艰难而成功地化债解困

新校区建设给福大发展提供了广阔的空间和崭新的平台，同时也带来了巨额债务。从二期建设开始，福大就进入了负债运行期，经测算，在全部基建任务完成后，负债总额接近或超过16亿元，这个数字同省内和周边省份规模相当的地方院校负债额大体相同。这意味着，学校在进入还本付息高峰期之后，每年偿还的贷款利息就要高达8000万元左右。而福大当年全部收益不足以偿还当年利息，更谈不上偿还巨额本金，形成了巨大的财务危机，这将成为制约福大发展的重大障碍，教职工的基本利益也将受到重大影响。如何化债解困成了学校首要急迫的任务，这是对校领导的智慧和魄力的考验。

吴校长参照外省的经验，提出利用近年来校园区域扩大的机会，划出一部分具备较高商业价值的老校区地产，在当地政府支持下进行商业置换，利用地价级差获取的收益大部分或全部偿还贷款。这一想法提出后在校园内引起了极大的震动，有不理解的、有误解的，还有好心劝阻的，一时间教职工的思想比较混乱。

吴校长组织学校各级领导和教职工对化债解困进行了认真讨论，着重探讨三个问题：一是有没有必要，二是有没有可能，三是如有可能怎么着手实施。在深入讨论的基础上全校上下达成四点共识：1. 如果得不到学校广大教职员工的支持，决不贸然动作。2. 如果得不到省、市两级政府的强力支持，决不可能动作。3. 如果置换收益不能最大限度用于学校还贷，决不动作。4. 如果置换收益不高，不能达到大部分还贷的预期效果，决不轻易动作。

根据化债解困方案的三个问题和四点共识，吴校长在教代会上向与会代表逐一讲解陈述，分析利弊，力推土地置换方案，最终获得大多数代表的理解和支持，并用民主的方法由全体代表无记名投票通过。在各级政府的支持下，福大以82亩的土地获取了8亿元的地价级差，加上政府化债奖补贴5.41亿元，总共13.41亿元，偿还了当时我校的实际贷款额13.267亿元。债务化解使福大轻装上阵，为快速发展增添了动力。如今的福大已经发展为7个校区，占地面积约7000亩。82亩与7000亩简直不可比拟，舍一指，不，是舍根毫毛，盘活了全局，摆脱了财务困境。想当初吴校长作出这一决定时，需要有多大的勇气和魄力啊！

按常理，公办学校的化债解困问题理应是政府的事。吴校长作为从清华大学引进的校长，本来完全可以不去操心这件事，不去冒这一风险。但他凭着对党对人民的一颗忠心，凭着对事业的热爱、对福大师生员工的负责，艰难地作出了人生最重要的抉择，并与领导班子一起迈出了坚实的步伐，终于使福州大学走出了困境，迈入了发展的快车道，从而加快了“东南强校”建设的速度，在短时间内把福州大学带出地方院校，步入国内知名大学行列。吴校长这种敢于负责和敢于担当的精神深为福大人所敬佩，所折服。

（作者系福州大学党委原副书记、研究员）

相知难忘两件事，忘年痛饮一世情

尹稚

吴敏生校长去世前半个月，原本相约几位师长、同仁、好友在他70岁生日那天共赴云南畅聊几日，一来祝福他七十大寿的快乐，二来聊聊百年未有之国事大局。临行前我在京有重要会议未能成行，所以2018年8月我在福州开会时与吴校长的匆匆一晤竟成永诀，深夜中的痛饮也成最后的晚餐，这是终身的遗憾。

相识相知清华园

1999年9月我结束富布赖特（Fulbright scholarship）为期一年的访学项目回国，在建筑学院任副院长，分管科研、生产工作，因时任副院长的朱文一教授也要出国访学一年，故其间他分管的教学工作由我临时代管。时逢清华大学第20次教学改革研讨会召开，会后吴校长（时任清华大学教务长）负责联系建筑学院的教改工作，自然由我去对接。

建筑学院虽号称清华大学“第一系”（Architecture是“A”

打头的，各类报表中永远排在第一行），但同时也常被看成是工科中的另类。被关注不少，真金白银的支持不多；知名度不小，真正理解此学科的领导不多。各类大工科背景下的办学指导思想、考核标准对建筑学院常有水土不服。虽我们的意见时有上传，但正向反馈不多，鸡对鸭讲的事时有发生，对我们这个学科非驴非马的议论颇多。时任建筑学院院长秦佑国先生倡导的“科学与艺术相结合、理工与人文相结合的建筑专业帅才教育”的设想正在计划落实之中，迫切需要校领导层面的理解和支持。

说实话，虽然我回国后已参加校园规划和基建的一些管理咨询工作，和吴校长算是相识，但那天我去接他来参加座谈会时心里是忐忑的。毕竟学科背景相隔甚远，资历相差甚大，但正是这第一天的全天座谈成了相识的开始。留下最深印象的

吴敏生校长（右）与作者（中）和马老师（左一）研究福大新校区建设规划（照片来自《魂系东南强校》一书）

是这样几个词：倾听。吴校长几乎没有带任何成见，没有打断过任何在座教师代表的讲话，耐心让每一个人把认识、建议甚至是抱怨讲完讲透。广博。他的提问、短暂的小结乃至十分有限的插话点评反映出非常优秀的文理工兼融的学术素养，甚至对艺术思潮的评论也颇为到位。宽容。尤其是对多元意见的尊重和商量着做事的态度，受到与会者的一致好评。创新。不拘泥于已有的规章制度和机制，鼓励学院走上一条结合大建筑学（当时建筑学是一级学科，规划、风景园林和建筑技术还都是二级学科）特点的全新的办学道路。

这次深度研讨会后催生了建筑学院职称评聘标准、学术刊物自主认定、教学理论环节和实践环节学分认定方式等一系列的重大变革，并在建筑领域高校的“老八路”和“新四军”［“老八路”指清华大学、东南大学、天津大学、同济大学、原哈尔滨建筑大学（已并入哈尔滨工业大学）、华南理工大学、原重庆建筑大学（已并入重庆大学）和西安建筑科技大学。“新四军”指南京大学、浙江大学、湖南大学、沈阳建筑大学］中不断扩散，成为共识，使这个学科文理兼容、理工融合、科学与艺术融贯的特点得以发扬光大，走上科学求真、人文求善、艺术求美，理论密切结合实践，既跟踪国际学术前沿，又担当国民经济社会发展主战场上主力军的角色。

这是我与吴敏生相知的开始。这种相知是双重含义的，一是从此建筑学院的学科建设得到了校领导的高度重视和支持，并一直走到率先完成国际一流学科建设，学科世界排名率先进入前10名（5~8名之间）。二是人与人的相知。这是我和吴校长忘年之交的真正起点，共同的博闻强识的嗜好，共同的多学科知识涉猎喜好，对技术哲学和人文哲学的追逐，达成了越来越多的广泛共识，心之交一生一世。他永远是我的校长，我也成了他的“尹兄”，这种文人之间的戏谈让我在公众场合如芒在背，在私下场合甘之如饴。

忘年知己在福大

2006年5月17日，台风在福州登陆的前夜，深夜之中我在福州大学科技处、人事处的领导陪同下，在狂风暴雨中降落在长乐机场。应吴校长之约并征得清华大学校领导同意后受命组建福州大学建筑学院，在没有合适院长人选的情况下以学术委员会主任的身份开始建院工作。午夜时分见到了彻夜值守的吴校长，他刚把福大著名的荷兰籍汉学家施舟人教授从台风中的山区转移回校园，于是大家团聚畅聊到凌晨，我记得那天只在黎明时分小睡片刻就直奔会场，开启了福州大学建筑学院第一天的成立大会。此时，清华大学建筑学院的教学改革已十分成熟，各种办学理念、教学计划、产学研结合的方式方法均在福大建筑学院的建设中与福建当地实践结合，有了快速的对接和落实。秦佑国先生随后也应邀担任名誉院长，全面参与了新学院的建立过程并直至去年他老人家病逝于北京。

吴校长在福大任校长期间和他卸任之后，直到病逝前的10多年中，参加了每一次我在福大主持的学院工作会议，支持福大建筑学院每一次政策制定和每一项措施提升和变革，解决了大量新学院成长中遇到的外部障碍，这也是推动福建省高校教育制度与时代接轨的一系列举措。

2021年我又一次主持福大建筑学院本科生和研究生毕业典礼时，再次感受到建筑学院师生对吴校长由衷的钦佩和永久的怀念。这10多年的兼职办学经历也成为我人生经历中最快乐的一段时光。这是一种和老领导、老师长相知奋斗的快乐。

吴校长善饮且量大，而我属酒胆大于酒量的饮者。

20多年的相知相交之路，不仅有公务的繁忙，也有每一次相聚的快乐，这种相聚每一次都有群贤毕至的感动，都是一次思想、资源、信息的聚合，吴校长的豪爽、自信、博学、刚毅、正直的人格魅力在此时得以充分的展现。我把这称之为“加油站”，每次欢聚后都会开启一段新的事业里程，而相聚补充的“正能量”，又会支撑大家去克服人生中的坡坎。

这是一个人格和人品不断塑造的过程，近朱者赤，吴校长的举止言谈对我的激励和影响会终其一生。成熟中的低调，逆境中的坚守，终身学习的榜样，乐观豁达的人生，痛饮淋漓，人生得一知己足矣。

惊闻吴校长仙去是在家中半夜时分，无法入眠，就地铺一张宣纸，寻一支秃笔，赤膊而立，写下两副挽联，凄然泪下。

“失师长哀国运肝肠寸断，叹贵国失雄才野鹤高飞。”

“思评两校学子痛失良师春晖未报；忘年相知清福双重领导德泽犹存。”

叹人生难得知己，愿归来仍是少年！

（作者系清华大学建筑学院教授，博士生导师。清华大学中国新型城镇化研究院执行副院长，清华大学城市治理与可持续发展研究院执行院长，清华大学国家治理与全球治理研究院首席专家，中国城市规划学会副理事长）

深切缅怀吴敏生老校长

林 键

2002年8月，吴敏生出任福州大学校长。在任校长期间，他以高度的站位、恢宏的视野、远见的卓识和先进的理念，适时提出创建“东南强校”的宏伟目标和“两个阶段四步走”的战略步骤，将福州大学带入了国内知名高水平大学行列；他推动提炼的福州大学校训和“三种精神”，成为福州大学最为宝贵的精神财富之一。

吴敏生老校长虽然离开了我们，但他的办学理念和所创造的事业已经成为福州大学历史的重要组成部分，其卓越的贡献必将与学校同辉，永远镌刻在师生心中！

与人为善，助人成功

吴敏生老校长刚到学校任职时，学校正准备建设旗山新校区，面临各种具体、紧迫的实际问题与困难，他坚持一边解决实际问题，一边理顺关系、稳定秩序、消除矛盾、振奋精神。

吴敏生老校长一直倡导：走创业型强校之路，需要我们团结、团结、再团结。科学发展，开拓舞台，与人为善，助人成功，应该成为建设福州大学新时期创业文化、和谐文化的主旋律。

他常讲："同德则同心，同心则同志"，反之，不琢磨事，光琢磨人，必然是离心离德。古人说："君子和而不同，小人同而不和。"

他认为，校领导班子作为一个联系非常紧密的群体，在平时的工作过程中产生一些分歧、意见和矛盾是很正常的，这些矛盾又是动态发展，处理得当，就可以化解矛盾，消除隔阂，维护团结；处理不当，则容易激化，闹不团结，影响事业。他说过，我们作为全心全意为人民服务的党员领导干部，作为人类灵魂工程师的高校中的一名知识分子，作为负有教书育人、管理育人、服务育人的神圣职责的教育工作者，我们更应该自觉加强党性修养、加强文化修养，坚持大事讲原则，小事讲风格，努力做到大是大非不含糊，细枝末节不纠缠，珍惜在一起工作的缘分，体贴关心在一起工作的同志，不争名，多让利，不笑人之无、不气人之有，从而提高威信，增进团结。他一直强调：面对新形势、新要求，面对各种机遇和挑战，我们要自觉维护领导班子的团结，团结、和谐是做好一切工作的前提，前提不存，其余免谈。学校的各项事业，需要我们带领、团结、组织广大教职员工去完成，因此，助人成功就是我们的成功。如果我们能够保持这样的心态，形成团结向上、自强不息的风气，经过一代又一代福大人的不懈努力，福州大学就一定会从成功走向新的更大的成功，实现东南强校的夙愿。

老校长"与人为善、助人成功"的理念，凝聚了人心，形成了发展合力，为福州大学持续健康发展奠定了良好的基础。

以人为本，关爱师生

吴敏生校长在福州大学期间，始终把尊重教师、关心和爱护学生，切实为师生排忧解难，引导他们全面发展、成长成才作为自己最重要的职责。凡是和他有过接触的师生，都不约而同地交口称赞老校长平易近人、和蔼可亲的人格魅力和有担当、送温暖、办实事却又爱憎分明、坚持原则的工作作风。

他刚到福大，就深入教室、实验室、图书馆、食堂和学生宿舍，走访基层师生，倾听师生意见建议，针对师生们反映的学校工作、学习、生活等条件欠账过多、环境太差等实际问

2008年10月3日吴敏生（左）与本文作者于福大新校区办公室合影（照片由黄家林提供）

题，立刻大刀阔斧地着手解决和改进，切实为师生解难事办实事。

吴敏生校长在新老校区设立了学生工作意见箱，建立学生工作接待日制度，广泛听取学生意见；购置一批电动蒸饭设备，解决了学生反映的米饭干硬的问题；选任有能力、善管理的干部，负责改善、提高食堂饭菜质量，改善学生就餐环境和餐饮人员服务态度并取得明显效果。他还经常拿着饭盒到学生食堂买饭菜，与学生一起就餐，了解大家的意见……吴敏生校长到学校后这一桩桩、一件件大大小小的往事，许多年之后，学校师生都还记忆犹新、津津乐道。

针对学生违纪处理不够规范，学生意见较多的情况，学校成立了学生违纪处分委员会，负责对学生违纪行为进行调查，提出处理意见；对学生违纪处分工作规程进行了修订，进一步规范了学生违纪处理办法；成立了学生申诉处理委员会，负责受理学生对处理或者处分决定不服提起的申诉，听取多方意见，切实维护学生合法权益。

弘扬传统，尊师重教

办好学校的关键在于教师。吴敏生老校长多次强调：“教师是建设人类文明的工程师”，“尊师重教是天经地义的”。不论是老教授、老学者，还是中青年教职工，他都坦诚相见，经常深入广大教职工中虚心倾听意见和建议。

他常说：“在改革中，人们的思想异常活跃。我们完全不必要回避或者害怕不同意见的争论，而是要设法给这些不同意见提供充分表达和互相沟通的机会和渠道。要采取多层次、多渠道、多形式的沟通，并逐渐使之常态化、制度化。”

在他的倡导下，学校建立健全了校情通报制度，完善了教代会制度、专家咨询和评估制度以及决策听证和公示制度等，进一步提高了学校的民主决策和科学决策水平，保证了师生员工对学校工作的知情权、发言权。

吴敏生老校长非常关心教职工生活，切实为广大教职工办好事、办实事，不断健全和完善“送温暖”“五必访”长效机制，建立困难职工档案，坚持日常帮扶与集中救济相结合。有一名老师，是老革命后代，平时学校工作任务非常繁重，但夫妻长期两地分居，年迈的母亲和幼小的孩子无法照顾，吴敏生老校长得知情况后，亲自过问，亲自协调，终于将这名老师的爱人调到福州工作，解决了这名老师的后顾之忧。

“大学校长是一所大学的灵魂，好大学总是和好校长连在一起的，所以在一定意义上可以说，没有好校长就没有好大学。”在学校历史上，每一位好校长，都是学校的一面旗帜、一个榜样、一座丰碑，将永远得到师生们的崇敬，甚至会作为一种无形的标杆和尺度。学高为师，身正为范，吴敏生老校长教育理念和为人处世必将永远被一代代福大师生所铭记，成为学校长盛不衰、砥砺前行的精神动力。

我们永远怀念他！

（作者系福州大学党委常委、副校长）

福大=大福

——福州大学校训校徽诞生记

黄维

创办一所高校最直接的目的是为了培养社会所需的专业人才，然而，在每一个有情怀、有抱负的高校领导者眼里，办学目的远不止这个层面，他们总是梦想着在自己的任内，为筑造一个百年不衰的教育品牌而夯基垒台或强基固本。而成就百年品牌的奥秘则在于积累百年品牌资产。按照品牌专家大卫·艾克（David A.Aaker）提出的品牌资产五星结构的概念界定，品牌资产则是由知名度、认知度、联想度、忠诚度以及品牌专有资产组成的。培育品牌资产的核心要素是品牌核心价值诉求，即品牌基因，它犹如一颗种子，决定着长什么树，开什么花，结什么果的根本大事。因此，具有远见卓识、情怀担当的高校领导者都十分注重自身品牌文化的建设，尤其是重视校训、校徽的凝练与传播。从这个战略层面上看，吴敏生校长正是这样一位高明睿智的领导者。

2002年8月，时任清华大学教务长、清华大学深圳研究生院首任院长的吴敏生教授奉命调任福州大学校长。上任伊始，恰逢是福州大学建校45周年。吴校长敏锐地发现，福州大学自建校以来，尚未正式确定校训和校徽！他立马将这件事关学校文化灵魂与形象塑造的大事列入了校庆活动的议事日程，于2003年3月初正式启动征集校训和校徽工作。校长办公室作为承办单位，对此项工作十分重视，本着“广泛发动，积极宣传，重点突破，质量并重”的原则，以文件通知、网络公告、校园新闻、张贴通告等形式在学校主页、校园各学生网站、校报、南门公告栏等媒体上进行了广泛的宣传发动，东区时空等校园网站还专门开辟了校训校徽论坛，欢迎广大师生参与讨论。这些举措，特别是在互联网络上发布公告，不仅吸引了校内师生广泛参与，在社会上也引起一些反响，取得很好的宣传效果。校长办公室还开展了向校内重点单位和个人的征集工作，主要有原校领导、重点校友、工艺美术学院、工程技术学院、法学院、轻工学院等，校离退休处、学生处在广泛发动离退休教职工、学生方面也给予很大的支持和帮助。

经过近两个月的征集，共收到了校训稿件135条，校徽图案98个。经校庆筹委会同意，组建了校训、校徽两个评审专家组，对这些应征作品进行评审。校训、校徽评审专家组先后经过2轮评审投票，分别评选出校训入围作品15条、校徽入围作品10件。根据征集通知的要求，按照有关程序，将这些入围作品在校园网和南门校务公开栏上进行为期15天的公开展示，并制作了校训校徽网络投票系统，征求广大师生、校友的意见。在参考师生校友投票情况的基础上，再次召集评审专家组会议，最终评选出优秀校训作品5条，优秀校徽方案3件：

确定校训、校徽最后方案的讨论非常热烈，大家各抒己

优秀校训方案		优秀校徽设计方案
1	明德至诚，博学远志	1　2　3
2	尚德睿智，唯实创新	
3	知行诚毅，拓新不息	
4	博学诚信，求索笃行	
5	诚信，博学	

福州大学校训、校徽征集评审出的优秀设计方案

见，见仁见智，意见一时难以统一。这时，吴敏生校长语调缓缓地说：

1931年12月，梅贻琦在就职清华大学校长的演讲中提出“所谓大学者，非谓有大楼之谓也，有大师之谓也”。在演讲中他还声明，“学术的造诣，是不能以数量计较的”“一个大学之所以为大学，全在于有没有好教授”。那么，时至今日，所谓“大师”或者“好教授”的评价标准又是什么呢？我看不应该只是有好学问。作为一名教师，教书育人是第一天职。教书是职业，育人才是目的，而只有师德高尚、师风端正的教师才能以德树人，以爱育人，爱是德的具体体现。因此，“大德”应是当代高校大师的首要衡量标准，“大德”也应是一所名校的首要标配。清华大学的校训就是“自强不息，厚德载物”。价值塑造、能力培养和知识传授是高校办学理念的三个层面，“价值塑造”就是要做到教师德以配位，学生立德成才。因此，应该把“立德”作为我校立校之本和文化基因。如果从这个层面上看，这五条备选校训中，“明德至诚，博学远志”把“明德”放在首位，是比较准确地表达出我校文化基因定位的，你们觉得呢？

大家纷纷表示吴校长言之有理，精确地凝练出了福州大学的文化核心价值诉求。于是，在评审专家组的最后投票中，“明德至诚，博学远志”的校训获全票通过。

福大校训的主要含义是：学校办学要以德在先，要发扬人们天赋的善良美德，以达到才德完美无缺的最高境界；培养人要以人为本，只有天下至诚之人才能治理天下的人伦纲常，树立天下的根本事业，懂得天地的变化繁育。莘莘学子要勤奋、广博地学习，要树立远大的理想和志向，掌握知识报效祖国。

校徽是校训的视觉形象载体。“大德”已确定为福州大学的文化基因，那么校徽应与之相匹配。从目前三件备选方案中看，有两件是以英文字母“F”作为视觉元素来表现台阶和大楼，还有一件是变体的“福大”两字，这三件方案与“大德”的定位似乎还差点距离。那么，要采用什么形象才能够准确生动地表现出学校的核心价值定位呢？在校徽评审组工作出现困难时，吴敏生校长来到校徽评审组参加讨论。他在认真听取了各位评审专家意见后说：

> 学校教育教学的出发点和归宿点都应该是“以生为本”，因此，学校办学的好坏不在于社会上专业评估机构所发布的排行榜上，而在于学生的切身体验感和社会的口碑上。学校以德立校，老师以德育人，学生就能够切身体验到幸福感，这是一所好大学办学的因果逻辑关系。由此可见，德是源头，福是结果。德乃福之因，福乃德之果。况且福州大学地处有福之州——福州，是全国高校中唯一以福州命名的大学，名称独特且寓意吉祥，具有唯一性，好认好记。那么为什么不用“福”字来作为校徽的主体形象呢？

大家听后茅塞顿开，拍手称绝，觉得非常在理。但备选的三件方案中都没有以单独“福”字作为主体的方案，于是决定将此创意委托专家设计。

2003年8月的一天，我接到福州大学校长办公室主任林志凯老师打来的电话，特邀我为福州大学设计校徽，这是一个令人激动的电话，作为福州人和福大校友能有机会为家乡和母校设计校徽是件莫大的幸事。但也纳闷，为什么会邀我设计呢？

细想之下，之所以邀我设计或许是基于以下两个因缘吧。一是我从1977年考入福建省工艺美术学校（现福州大学厦门工艺美术学院）学的就是平面设计专业，之后又陆续就读于福建师范大学美术系、中央工艺美术学院装潢艺术设计系（硕士）和史论系（博士），一直到留校任教，都是从事标志、包装设计等领域的学术研究、教学和设计实践，也曾先后设计过中国少年儿童活动中心、福建师大、海峡之声广播电台、希望工程、兴业银行、王致和、北京城建集团、第八届全运会等百多个知名机构的标志，积累了一定的设计经验。二是1999年底，中央工艺美术学院并入清华大学，吴老师时任清华大学教务长，我时任中央工艺美术学院教务处处长，在院校两个教务部门的工作对接中我经常要请示吴老师。那时他正担任教育部“面向21世纪高等工程教育教学内容和课程体系改革计划”工作指导小组组长，每天思考的是将什么样的高等教育带进21世纪，因此，他对高校教育改革很有见地，每次听他侃侃而谈教改思路，如沐春风，如饮甘露。我深感清华领导高屋建瓴，远见卓识，同时还平易近人，和蔼可亲。我从中深受启迪，获益良多。吴敏生对科学与艺术的融合非常支持，由于他的指导和协调，我们的对接工作进行得非常顺利。这期间，或是因为同乡的缘故，说到忘情处，我们便情不自禁地用福州话交谈起来，那温馨的情景至今犹在眼前。在这过程中，吴敏生对我也有较多的了解，2001年他成为清华大学深圳研究生院首任院长，2003年我也应他召唤南下筹建该院设计艺术研究所。

福大校方已确定了以“福”字作为校徽设计的形象元素，我要考虑的事就是如何在视觉上将“福”字与吴校长提出的“把福大建成我国东南强校”的目标定位相连接。于是，我开始寻找象征高水平教育的视觉符号元素。思考中我突然想到在毕业典礼上的一个常见仪式——拨穗，即毕业授予学位时，学校领导或系主任把学生学位帽上的帽穗，从右边拨到左边，再授予毕业证书。拨穗代表稻穗或麦穗成熟，毕业拨穗象征毕业生已学有所成，顺利毕业，可以走上社会建功立业了。这是人生中一个非常幸福的时刻！

况且“福”字右上方的一横可以与学位帽形象形成同构，帽穗正好在右边（学生的左边），以此形象地表达出福大培养的学生，个个合格，人人成才！他们将为国家和福建省地方经济建设、社会发展和科技进步作出自己的贡献！如此人才济济且又勠力同心，那么，福大实现我国东南强校的夙愿指日可待！这创意实乃天意所赐，妙不可言！真是有福之校，有神相助！

校徽方案稿很快设计好提交给校方，大家对此创意均表示赞赏，吴校长也表示满意。只见他面带笑容地仔细端详着这个标志，许久，若有所思地说：

> 有一个现象你们注意到没有？学生一般会在参加学校举办的一些正式活动场合时佩戴校徽，而平时少有佩戴，为什么呢？我想可能是因为戴校徽表明你是某校学生的身份，而平时在校内无须互相证明，在校外也不宜过多表白。那么，怎样才能做到让学生愿意在更多的时候佩戴校徽呢？靠制定相关条例是行不通的，只有让学生出自内心的喜爱才行。我们能否将具有专属功能的校徽转化为美观吉祥的胸饰呢？这样学生不就喜欢戴了吗？

真不愧是教育家的睿智，艺术家的敏锐！一席话听得我茅塞顿开，心领神会。于是，我马上将校徽中的“福”字的比例加大，超过一般校徽图案的正常比例，远看就是一个大的“福”字！上福大=得大福，既美观又吉祥！

就这样，在吴校长亲自指导下，校训、校徽方案经福州大学第六届教代会审议通过，正式诞生了！

初稿　　终稿

校徽释义：“福”字吉庆祥和，为人所喜闻乐见，学位帽为高等教育之象征，二者结合巧妙，构思巧妙，属性鲜明，寓意深邃，形象独特。

以“福”字为主体的校徽图案阴阳和谐，疏密得宜，端庄典雅，醒目大方，宛如一位明德至诚、博学远志的饱学之士。

黄维设计的福州航空和福道的logo

时光荏苒，岁月如梭。如今，福州大学的校训早已深入人心并努力践行；校徽也已家喻户晓且人见人爱。18年来全体福大人坚守立德树人初心，牢记为党育人、为国育才使命，锐意进取、勇毅前行，各项工作取得新进展、新突破。开启新一轮国家“双一流”建设新征程，朝着“建成具有若干世界一流学科的国际知名高水平大学，早日成为世界一流的东南强校”的宏伟目标奋勇前进，福大的品牌资产得以极大的提升。吴敏生校长若在天有灵，看到这盛世，所愿皆得，一定倍感欣慰！

斯人已逝，音容犹在。往事在目，幽思绵长。吴校长对我的关爱和指导是深切而全面的，不仅亲自指导我设计福大校徽，而且在我后来设计福州航空logo、福道logo等项目设计中都给予了热情的指导。从他亲切而睿智的话语中，我不仅获得设计方法论上的启迪，更增添了我对教育事业的热爱以及对家乡发展的认识。此外，他20多年如一日地支持指导我做好教学工

2018年9月14日，吴敏生校长（前排右二）应邀在清华深圳研究生院做“漫谈科学和艺术教育”讲座（本文中照片均由本文作者提供）

作，每次来深研院，他都不忘邀我来谈谈近况。例如，他鼓励我把清华研究生课程的教学与福建省安溪的藤铁工艺产业相结合，建立课程实验教学基地，开展艺匠融合、协同创新教学活动。这门课很受学生和当地政府及企业的欢迎，2019年还荣获清华大学精品课的称号。

在中国，如果要找一个字来表达人们对一生最大期盼的话，非“福”字莫属。我很庆幸生在有福之州，学在有福之校，遇上有福之师，设计有福之徽，成为有福之人。

福大=大福。

（作者系清华大学深圳国际研究生院教授、博士生导师、人文社会科学部副主任、设计艺术研究所所长）

紫金花开

刘羽

紫金矿业学院是2007年在吴敏生校长任内福州大学与紫金矿业集团合作创办的。目前设有资源勘查工程、采矿工程、矿物加工工程三个本科专业和地质资源与地质工程、矿业工程两个一级学科硕士点。

紫金矿业集团是以黄金及基本金属矿产资源勘查和开发为主的矿业集团。2003年和2008年分别在香港H股和上海A股上市。2005年和2013年分别实现了国内黄金行业领先、国内金属矿业行业领先的战略目标。2020年《财富》中国500强中排名第77位。2020福布斯全球企业2000强中排名第778位。2020年营业额为1360.98亿元。2019年员工数为18072人。

作为校企合作联合办学的紫金矿业学院，它的办学模式突出体现了“企业支持办学建设、企业参与办学过程、企业检验办学成效”的鲜明特点，被总结称为“紫金模式”。12年的办学实践表明，紫金矿业学院的诞生和“紫金模式”的成功，离不开吴校长办学思想的引领、办学管理思路的顶层设计和办学运行的全力支持。

“紫金模式”的形成

紫金矿业学院的成立，是吴敏生校长办学思想的具体体现。

2006年底，时任紫金集团总裁的罗映南校友回到母校参加校庆活动并代表陈景河董事长提出：集团希望和母校以合作创办紫金矿业学院的形式，复办福州大学原有的地矿专业。在场的吴校长得悉后，立即要求有关部门抓住机遇，积极联系、洽谈。

2007年1月17日，吴校长亲赴厦门与陈景河董事长正式签订了福州大学与紫金矿业集团合作建立紫金矿业学院的合作备忘录。吴敏生校长具有独特的个人魅力，渊博的知识、广阔的视

2007年6月6日，吴敏生（前左）与陈景河董事长共同为紫金矿业学院揭牌（照片由“丽人影楼”提供）

野、豪爽的性格感染了紫金集团的领导。吴校长第一次与陈景河董事长见面，就一见如故，一拍即合。在此之后，福大成立了紫金矿业学院筹建工作小组，由时任至诚学院副院长黄培明任工作小组组长，开始了紫金矿业学院基本框架的构建。

在春节前夕的2月15日，吴校长约见了回福州探亲的我，其独特的办学理念和人格魅力使我辞去已担任12年的大学副校长职务，回到家乡、回到母校，参与紫金矿业学院的建设。

3月16日，福州大学与紫金矿业集团合作创办紫金矿业学院的协议正式签订，吴敏生校长和陈景河董事长代表校企双方在协议书上签字。

5月9日，紫金矿业学院首届理事会成立，陈景河董事长担任理事长，房贞政副校长担任副理事长，理事会成员还有罗映南、万亿、汤德平、刘羽和黄培明。

6月6日，福州大学举行紫金矿业学院的揭牌仪式。仪式结束后，举办了新闻发布会，吴敏生校长、陈景河董事长和我在会上分别对紫金矿业学院成立的背景、校企双方合作办学的优势和学院建设的远景构想做了介绍。吴校长在会上明确表示，福州大学有信心把紫金矿业学院办好，他说："在我的任期内，一定要将恢复的地矿专业作为福州大学的一项大事来抓，充分发挥大学和企业各自的优势。"这个发布会的视频上了中央电视台等多个媒体，在国内同行中引发了巨大的反响。

后来，紫金矿业集团总裁罗映南披露，当年如果不是吴校长敏锐的眼光和及时把握机会的能力，亲自出马，快马加鞭，福州大学只用6个月时间就成立了紫金矿业学院，否则紫金就有可能花落他乡了。

管理思路和顶层设计

紫金矿业学院成立之后，在吴校长亲力亲为的推动下，学院的管理思路和顶层设计不断完善和成熟。

紫金矿业学院初创阶段，百废待兴，面临着师资队伍、学科平台、实验用房和实验标本、设备、实习基地落实以及新模式运行下的全新管理制度建设等诸多困难和问题。吴校长不但对学院基础建设中的这些困难十分了解，而且还多次召集、组织校内有关部门听取汇报、进行研究并及时帮助解决。

2007年6月10日，福州大学与福建省地矿局签订了合作协议书，双方同意在人才培养、科学研究和技术开发等领域开展广泛的合作，实现产学研的紧密结合。

2007年9月7日上午，吴校长主持召开了紫金矿业学院建设工作协调会，范副校长、陈副校长和校办、人事、教务、研究生院、后勤等几个职能部门和学院的负责人参加。会上研究了校内有关学科硕士点整合、依托紫金矿业集团申报工程硕士、实验室建设、引进高层次人才、博士生招生、过渡性住房安置及其子女就学、配偶安排等多个需要校内各部门协调解决的问题。吴校长在会上指定专人负责解决相关问题，最终大部分问题都得到了合理的解决。

2007年12月6日，吴校长又再次和陈笃彬书记共同主持召开了紫金矿业学院建设工作协调会，林副书记、房副校长和校办、人事、教务、发展规划、后勤、财务等各职能部门和学院的负责人参加，在听取紫金矿业学院建设阶段性进展汇报的基础上，会议研究了在紫金矿业集团进一步捐款的基础上，紫金矿业学院办学场所的置换，以及矿物加工工程专业的申办和招生时间等问题。

除了这些校内的协调和决策之外，吴校长对于紫金矿业学院的学科建设、科研项目的争取以及国际合作的开展也给予了充分的关注和具体的帮助，多次在百忙之中出面接待到紫金矿业学院讲学的院士和海外专家。

2007年11月20日，吴校长代表学校参加了在厦门举行的第二次紫金矿业学院理事会。他就紫金矿业学院的发展建设明确提出：学院的骨干人才可以采用灵活的引进方式，新进的博士可先到集团做博士后研究；学科专业布局上可以采取将地矿三个专业进行整合并行的模式；学院除了完成集团的项目外，也应积极争取纵向科研项目；学院的实验室仪器的装备既要注重成本效能，又要考虑培养的实际需要，同时应重视面向海外的培养，招收一部分海外的生源以扩大影响等。在这次理事会上，吴敏生校长与陈景河董事长共同确定了福州大学申办矿物加工工程本科专业和紫金矿业学院办学场所置换等几个重大事项。

而吴校长的这些管理思路和顶层设计，构成了“紫金模式”的办学基本特征，为学院的发展奠定了坚实基础。

咬定青山不放松

“紫金模式”成功的关键是校企双方在师资队伍、实习基地建设和科研上的全面合作，吴校长为此倾注了大量心血，狠抓落实，咬定青山不放松。

2008年10月，吴校长亲自前往到上杭，参加了紫金集团的年度科技大会，并到建设中的紫金矿业学院上杭实习基地工地、紫金山矿区和冶炼厂等处实地考察。

2010年2月23日，由紫金集团投资1.5亿元的教学基地建成并入住首批本科学生，吴敏生校长和陈笃彬书记、房贞政副校长一起，专程前往上杭参加教学基地落成启用典礼。吴校长在典礼上发表了热情洋溢的致辞，并参加了揭牌仪式以及首批学生和紫金集团的预就业协议签订仪式，还兴致勃勃地和这些三年级的大学生合影。

紫金矿业学院上杭教学基地是国家首个由校企联办的高级矿业人才教育培养基地，建成不久后，即在2012年获批成为首批国家级工程实践教育中心，成为校企合作的典型范例，众多国内地矿高校纷纷前来参观学习它的建设和管理经验。

2013年5月，中国地质学会地质教育研究分会的年会就在紫金矿业上杭教学基地举办，会议以“地学产学研结合教学基地建设与卓越工程师培养”为主题，推介了以“紫金模式”进行基地建设和管理的成功经验。

2010年5月12日以后，吴校长不再担任校长职务，但对紫金矿业学院的建设依然萦绕在心，多次作为嘉宾受邀参加学院的教职工的年终聚会和学院举办的各种大型庆典活动。

2011年6月26日是紫金矿业学院首届学生的毕业典礼，吴校长专程前来参加典礼并致辞。

2016年6月19日是新紫金楼的启用典礼，吴校长不但前来参加仪式，还接受了《中国教育报》记者的专题采访。

2017年6月10日是紫金学院成立十周年庆典的日子，敏生校长再次前来参加。庆典后举行了紫金矿业集团继续捐助紫金矿业学院2000万办学经费的签字仪式。

欣慰和骄傲

正如吴校长曾经对我说过的那样：他在校长任内做了几件大事，其中有些事的成败要由历史来评判，而现在就可以确定是成功的一件大事就是成立了紫金矿业学院。看着紫金矿业学院一步一步地健康成长，吴校长有理由为他当年做出的办紫金矿业学院的决定感到欣慰和骄傲。经过12年的持续建设，紫金矿业学院正在不断变大变强：

2007年12月，刚刚首届招生的资源勘查工程专业就被列为福建省特色本科专业，第二年又被列为国家教育部本科特色专业加以重点建设。

2009年，“地质工程”领域的工程硕士点获批。

2011年，“地质资源与地质工程”“矿业工程”两个一级学科硕士点获批。2011年12月，学院的三个本科专业均获批为教育部“卓越工程师计划”试行专业。

2012年，资源勘查工程和采矿工程被列为省级“高等学校专业综合改革试点专业”。

以“紫金模式”为核心内容的教学改革成果，先后获全国教育改革创新优秀案例和省级教学成果特等奖、国家级教学成果二等奖。

2017年，学院成功地入选福建省示范性产业学院。

校企合作办学的“紫金模式”得到教育部、国土资源部等有关领导部门和社会各界的高度评价和认可。

……

吴敏生校长，紫金花开，硕果累累，您可以欣慰地安息了。

（作者时任福州大学紫金矿业学院院长、教授、博士生导师）

吴校长在福大构建
高质量人才培养的长效机制

许德泓

1999年5月，教育部宣布大幅度扩大高等教育招生规模，并且在今后几年将继续扩招。随着扩招政策的施行，高校师资队伍一时跟不上，生师比提高过快，教师负担加重，教学质量无法得到保障。如何破解这一棘手的问题？是对高校校长的一个考验。

2002年8月，福州大学从清华大学引进了吴敏生校长。这时加强师资队伍建设已成为亟待解决的问题。从中央到地方都要求“采取有效措施，大力加强教师队伍建设，不断优化队伍结构和提高队伍素质”。福大面临的情况更加严峻，从1999年至2002年出现一个退休高峰，老教师退休了200多人，而招生规模连年大幅扩张，师资队伍不得不大量扩充，新教师未经助教等培训环节的训练就匆忙上岗，导致教学质量参差不齐，有滑坡的趋势。

吴敏生校长于1993年起任清华大学教务长，对本科教学情有独钟，致力于推动教育教学的改革。他担任福大校长后，工作千头万绪，依然非常关注教学工作。他对教学工作有着独到的见解，认为“快速发展有个巩固的问题”，如何保证学生的培养质量？他提议成立教学研究与师资培训中心。

2003年9月1日，福州大学教学研究与师资培训中心正式成立。该中心作为教师教学培训基地开展教学评价、教学质量调查、教学评估、教学技术服务、教学观摩研讨等多种功能。在成立大会上，吴敏生校长就中心定位和今后工作作了明示：中心的任务应该紧密结合学校的教学改革工作，帮助学校领导把办学理念落实到人才培养和教学过程中。希望中心针对福大目前师资紧缺的实际情况：一是更新观念。树立正确的人才观，抓紧青年教师的培养，为提高教学质量作出应有的贡献。二是为广大教师提供服务。为教师教学水平的提高提供个性化的服务，把中心建设成为教师之家。

在成立大会吴校长还邀请了清华大学教学研究与培训中心的宋烈侠教授、李艳梅教授出席，她们在会上介绍了清华大学教学研究与培训中心的主要工作和运作情况。清华大学教学研究与培训中心是在吴校长任教务长期间的1998年成立的，到2003年清华大学教学研究与培训中心已是国内高校具有示范意义、运行最为良好的教学培训中心。

由于站在巨人的肩膀上，福大教学研究与师资培训中心成立之时，就把建设性研究、导向性评价、服务性培训作为自己的工作目标，很快就进入提高教学质量的实质性培训工作。经中心培训的青年教师很快成长，许多成为教学骨干，在校内外的教学竞赛中屡获佳绩。

2003年首届培训的新上岗教师王志玮，在2004年学校最佳一节课比赛中摘取桂冠。2004年培训的新教师吴英杰、薛美秀在2005年最佳一节课的比赛中脱颖而出，分别获得理科组、文科组第一名的好成绩。2012年受校工会委托，经中心培训的教师参加福建省首届青年教师讲课比赛，获得工科组特等奖并代表福建省工科组参加全国大赛，其他参赛教师也有很出色的表现。至今，中心举办了18期新教师培训，实现了中心创办的初衷。

2003年底至2004年3月，福州大学召开了全校教学工作会议，围绕中心议题，先后组织了重要的专题讨论和交流，内容丰富，形式多样，很有成效。其间受吴校长的委托，中心邀请了清华大学范钦珊教授、华基美教授、黄维通教授为我校师生做更新教学理念的报告和上示范课。这在师生中反响很大，讲座和报告场场爆满，座谈会也给师生有益的启迪，很快在学校掀起了重视教学工作、倾心教学改革的浪潮。

教学研究与师资培训中心很快就成为福州大学与清华大学联系的桥梁和纽带。2005年，吴校长邀请清华大学信息学院戴琼海教授介绍如何结合科研做好教学工作，为教学模式由教学主导型向教学研究型转变提供思想和方法。戴教授做了《知识与科学》的讲座，同时针对国际投稿需要的LETAX语言向教学培训中心的老师做了介绍，随后中心举办了现代教育技术培训LETAX语言，提高了我校教师投稿的国际化水平。

此后，根据福州大学发展的需要，在每一个关键的节点上，清华大学都毫无保留地给予福大无私的帮助，从思想上、理念上、方法上给予指导，使福大进入跨越式发展的快车道。

2007年为迎接本科教学评估，清华大学李艳梅教授作为预评估专家帮助我校查找工作中的弱点。2008年清华大学副校长余寿文教授应邀来我校做了卓越工程师培养理念的专题讲座，从此，福大在全国卓越项目建设上一直名列前茅。2009年清华大学现代教育技术中心主任程建刚教授应邀举办了现代教育技术讲座，将最新的现代教育技术教授给我校教师。2003年清华大学现代教育技术中心赠送网络教学平台给福州大学，并赠送网络课程43门。从那以后，清华每年无偿派管理和技术人员来福大培训管理人员，2008年无偿为网络教学平台升级，2012年再次为网络教学平台升级。2010年10月清华大学教育研究院林健教授为福大申报卓越工程师项目进行辅导，使福大卓越项目获多项立项。2011年9月福州大学教学工作大会又邀请了清华大学余寿文教授和林健教授，分别就工程专业认证和教育部质量工程二期项目做了辅导，使福州大学工程专业认证工作始终走在全国的前列。

吴校长在福大校长岗位上工作了8年，用先进的人才培养理念，不图虚名，重在务实，通过不懈努力，构建了高质量人才培养的长效机制。福大的教学研究与师资培训机构建立起正确的人才培训机制，不断努力培养出一流的教师，只有一流的教师，才能造就出一流的学生，才能建成一流的大学。

（作者时任福州大学教务处副处长，分管教学研究与师资培训中心。现任实验室建设与设备管理处副处长，研究员）

吴校长与嘉锡讲坛的不解之缘

刘敏榕

福州大学的嘉锡讲坛，是在吴校长的亲自指导下，砥砺前行，行走在正确的道路上。

福大的一张名片

嘉锡讲坛是福州大学为了提升校园文化内涵，推进校园文化建设，而邀请知名专家教授、政界及企业精英、文化名人、知名校友等到校举办讲座，搭建集人文、学术、科技为一体的综合性交流平台，属校级层面的精品讲坛。

讲坛多年来始终以倡导人文精神为目标，推动中华优秀传统文化为己任，以体现人文关怀为主色，使其在众多公益讲坛中脱颖而出，在业内和广大师生中间建立了良好而广泛的影响。

莅临讲坛的名家荟萃，如外交部前部长李肇星，全国政协副主席王钦敏院士，著名地质学家、最先登上南极大陆的中国人位梦华教授，原科技部副部长、国务院参事刘燕华，文学家罗振亚教授，航天技术专家黄春平教授，中国工程院院士、华中科技大学校长李培根教授，国际友人大山，当代画家郑百重教授，中国月球探测工程首席科学家，被誉为“嫦娥之父”的欧阳自远院士等，先后做客嘉锡讲坛。

讲坛为广大师生开阔视野、增长见闻、提高综合素质提供了稳固的教育平台，深受前来聆听的领导、师生以及社会各界的广泛好评。在讲座的策划、组织和宣传等工作中，嘉锡讲坛不断创新，精心打造了系列精品讲座、名家讲座和移动讲座等板块。系列化讲座中，先后推出了“寻美福建”“中华优秀传统文化的传承与发展”“八闽名人堂”“保护地球”“福大人”“阅读与欣赏”“环球视野”等。这些不同的板块和内容多样组合的讲座，极大地丰富了讲坛的结构层次，使得整个讲坛体系立体化、系统化。

近几年，嘉锡讲坛与国内多间高校及社会研究机构合作，使海内外优质的人文资源和研究成果得到了更广泛的传播。如2014年与福建省图书馆东南周末讲坛合作邀请到复旦大学知名专家葛剑雄教授莅临讲坛对“一带一路”详细解读，2016年同国家图书馆合作邀请到知名书法家、学者罗杨对新时期中国优秀传统文化的传承发展进行解读。同时，也有效地扩大了讲坛的知名度，形成了“三位一体”的高校阅读推广平台、校园文化的魅力窗口。

目前，嘉锡讲坛已成为福州大学的一张名片。2015年嘉锡讲坛荣获福建省社科联颁发的“福建省十佳优秀科普论坛”荣誉称号。2016年嘉锡讲坛作为参赛案例荣获全国高校图书馆阅读推广创新案例大赛三等奖。

嘉锡讲坛的往事

嘉锡讲坛的历程，是福大人追求人文精神提升的历史。嘉锡讲坛其前身为福州大学图书馆1998年创办的新知讲坛和校团委2010年创办的嘉锡讲坛。2012年4月23日，在吴敏生老校长的关怀下，学校领导决定将新知讲坛和嘉锡讲坛合并成为福州大学嘉锡讲坛，合并之后的嘉锡讲坛由校图书馆负责策划和日常管理。

图书馆的新知讲坛。新知讲坛的历史比较久远，从《福州大学图书馆志》第76页内容的描述可详细得知：为了全面贯彻《中共中央国务院关于深化教育改革全面推进素质教育的决定》（1999年6月13日）精神，根据《教育部高等教育司关于加强大学生文化素质教育的若干意见》（教高司〔1998〕2号文件，1998年4月10日）和《关于批准建立国家大学生文化素质教育基地的通知》精神，在总结福州大学多年文化素质教育工作经验特别是在1998年开始立项并经两年多实践的基础上，经中共福州大学委员会研究决定，2000年3月正式建立福州大学文化素质教育基地。基地下设5个中心，即讲座中心、导读中心、艺术中心、社团中心和心理咨询中心。导读中心设在福州大学图书馆内，中心主任是当时的馆长郑惠生馆长，我是具体负责人，中心隶属福州大学文化素质教育基地直接管理，并被定为学校的选修课。导读中心开展导读讲座、知识讲座、影视鉴赏、网上导读指导、读书节、文化沙龙等活动，同时建设了导读中心网站，对进一步深化大学生素质教育起推动作用。

新知讲坛是在导读中心下属开设的人文学术讲坛，新知讲坛于2012年4月合并前共计举办了345场讲座，场地主要设在怡山校区的科报厅、逸夫馆和旗山校区的明德厅、博学厅。

校团委的嘉锡讲坛。当时学校讲坛成立如雨后春笋，每个部门纷纷成立，校团委以卢嘉锡先生名字命名的嘉锡讲坛成立于2010年。场地设在校团委素质拓展中心的多功能厅，每场容纳150人左右，不定期举办讲座，多是我校社团干部或社团学生前来听讲，讲座内容主要是围绕青春校园、青春福大、励志及心理人文历史类。

吴校长三次莅临讲坛

第一次，吴校长作为听众参加。2012年的4月23日上午，清华大学马克思主义学院、博士生导师吴倬教授应邀做客福州大学第311期嘉锡讲坛，作题为《宗教与人的精神世界》的学术报告，这也是原嘉锡讲坛和新知讲坛合并后成立的福州大学嘉锡讲坛举办的第一场讲座。

福州大学党委书记陈永正、老校长吴敏生以及来自全校的师生300多人现场聆听了报告。吴校长全程认真听至报告结束，与广大师生坐在一起享受学术的盛宴。

第二次，吴校长作为主讲嘉宾莅临嘉锡讲坛，与大学生面对面，在知识的海洋中畅聊。2012年9月27日晚7点，福州大学第325期嘉锡讲坛在博学厅开讲。吴校长为福大学子讲述他对于“钱学森之问”的思考，从科学和哲学两方面对话福大学子。

在讲座中他谈道：钱老在弥留之际曾经提出这样的问题，

"为什么中国还没有一所大学能够按照培养科学技术发明创造人才的模式去办学？"他结合当时的时代背景，从科学和哲学之间的关系出发，以加州理工学院的办学模式为例，鼓励科学、哲学、文化和艺术之间的交叉，并且介绍了钱学森的学术观和人生观。

此外，在讲座中吴校长通过对"蝴蝶效应"和《风赋》的解释，强调了科学与文化之间的交叉。他说："我们不要当一个被动的知识接受者，要进得去也能跳出来"，要在哲学与文化母体中构建未来。

讲座的最后，吴校长针对中国的教育改革指出，中国的大学要试着把自主权交给学生，要提倡自由的学术风气，并且要把教学模式从自上而下渐渐地向自下而上转变。

讲座结束后，吴教授为嘉锡讲坛题字：哲学。吴教授希望以科学、文化的交融构筑福州大学人才培养新模式。这场讲座给在场的听讲学子留下了深刻的记忆。相关记载里还有当时的一些读者感言记录，我们翻查到其中有一篇写道：

"今天下午学院通知去图书馆听福州大学原校长吴敏生作报告。题目是《对钱学森之问的思考——在哲学与文化母体中构建未来的科学教育》。通知中说的是通识教育。这个题目让我很感兴趣，决定参加。吴校长对钱学森很熟悉，翻阅了大量的钱学森的书籍，特别是十卷本的《钱学森书信》，发现很多关于钱学森的人才观，理、工、文、艺"四合一"的思想等等，让我了解了一个全新的钱学森，不一样的钱学森。吴校长还讲了科学与艺术、科学与哲学、科学与文化之间的对话。他讲的科学很普及，很科普，很通俗。比如他讲了混沌理论，从中国古代哲学中虚无与混沌，到西方古代与现代混沌与虚空。从科学讲到中国古代的宇宙观，把中国古代哲学关于宇宙万物与科学的发展和研究联系起来，进行讲解。”

从这位同学的听讲记录中可以感受到他听完讲座以后感触良多，也侧面反映了在场诸多学子对于吴校长谆谆教诲的积极响应。

第三次，2018年的12月28日下午，吴敏生老校长为福大师生作主题为“嘉锡精神与一流学科建设”的报告。老校长借福州大学创始人卢嘉锡先生筚路蓝缕的创校历程，带着大家对卢老先生的敬意和对嘉锡精神的再认识，让师生深切体会到卢老一生就是对校训“明德至诚，博学远志”最好的诠释。几十年薪火相传的嘉锡精神，已浸润于每个福大人心中，成为日用而不觉的价值观。老校长通过这次讲座，也对一流学科建设提出真知灼见，指出了学科育人、嘉锡精神是我们育人之魂。

深切的怀念

2019年12月2日，福州大学嘉锡讲坛第547期正在进行，座无虚席的报告厅，演讲嘉宾清华大学副校长薛其坤院士以沉重的心情，缓慢的语速，说出了他的心声。

“首先，我想借这个机会，对吴敏生校长的离世，表示深切的哀悼。我们在北京，住在同一个小区，也是好朋友。在2002年，由于我们清华大学和福州大学的重要合作，他来到了福州，来到了他的故乡，成了福州大学的校长。我认为，吴校长在2002年到2010年担任校长的时间段里，为福州大学的发展，作出了重要的贡献。十分不幸的是，由于突发的疾病，他去世了。在这里，我同时也代表学校，对吴校长的离世，表示深切的怀念。”

从薛院士的阐述中，学子们知道了吴敏生校长从研执教40多年来，师表天下，诲人不倦，躬耕教书育人一线，培育英才无数，桃李满天下。他把毕生精力都奉献给他热爱的高等教育事业，为清华大学和福州大学的发展呕心沥血。在场的学子无不潸然泪下，十分感动。

吴敏生19岁那年的8月21日，他考上清华去北京时路过福州，看望住在西禅寺附近的叔叔后，前往清华上学。吴敏生56岁那年的8月21日，他来到西禅寺旁的福州大学出任校长。命运随意画了一个圆圈，而时光却淌过了37年。这37年时光的积淀，在福大的一片热土上绿树成荫，充满了勃勃生机，将长成一棵棵的参天大树，就如同嘉锡精神的传承，一代又一代人的学术发展、科学创新和努力实践。

难以忘却的几件往事

1. 校图书馆里有一部索尼照相机，现已鲜为使用了。这部相机是吴校长私人物品，他非常喜欢，当得知嘉锡讲坛还没有携带方便的小型相机时，吴校长就把它送给了我们。我们把它留下来做个留念，今后赠送给学校校史博物馆。

2. 2002年吴校长来到福大担任校长，提出建设“东南强校”目标时，曾托人购买了《创造未来》《哈佛走向现代》

《创建冷战大学》《令人骄傲的传统与充满挑战的未来》《麻省理工学院与创业科学的兴起》等5种共25册书籍送到图书馆。图书馆组织学习班，由吴校长导学，我负责领学，学习效果非常好。学习结束后大家都写了学习心得，我还将学习笔记整理成《试论区域特色创业型强校理念的深刻内涵》的论文发表在福州大学学报2008年第6期上。

3. 记得一则新闻里，记者采访吴校长时有这样一段对话：

记者："如果您给自己的校长生涯打分，您能打几分？"

吴校长："我希望能让福大的师生给我打个及格分。"

记者："您最想对福大的学生们说的一句话是什么？"

吴校长："我们在力所能及的范围内追求完美。我们学过极限值，永远不可能达到完美，但是可以逼近。追求的过程本身就体现一种完美。我送给学生们的还是那句话——谋事在人，成事在天！"

我想，所有的师生都愿意为您打满分，致敬您平凡而伟大，坚守教育初心的这一生。

吴敏生老校长，嘉锡讲坛的今天，离不开您的支持，谢谢您！

（作者系福州大学图书馆馆长）

安得广厦千万间

——吴校长解决教职工住房问题记实

林 翔

2002年12月，吴敏生同志出任福州大学校长不久就提出了在建校六十周年时，把福州大学建设成“东南强校”的发展战略目标。建设“东南强校”是一个庞大的系统工程，其中最关键的是人才。人才与住房息息相关，没有住房，高端人才引不进，本校人才留不住。

21世纪初，房地产市场尚未发育，教职工住房基本是靠单位解决。福州大学始建于1958年，经过40多年的发展已成为地方“211”院校，但住房问题欠账太多，一直困扰并阻碍着学校各项事业的进一步发展。建设“东南强校”更面临着这一严峻问题。为了破解这一难题，吴校长煞费心机，经过广泛深入调研和认真研究，得出对内改造、对外拓展房源的两条基本思路。即对校内旧房进行改造，在改善职工住房条件的同时扩大居住总面积，作为引进人才储备房；同时，积极寻找新房源，争取得到地方政府支持。

旧房改造主要是在福大怡园教工宿舍楼。怡园宿舍建于20

世纪七八十年代，砖混结构、空心板隔层，宿舍区共有1124套（含公有）住房，面积66190平方米。许多楼房已开裂下沉，职工要求旧房改造的呼声很高。可是旧房改造的面积大，范围广，涉及住户多，难度非常大，福大历届领导班子都想解决这一问题，但由于种种原因都没能办成。

群众的呼声促使吴校长决心努力促成这件事。他一方面积极向福州市委、市政府反映，力求得到地方政府的支持，另一方面要求我们在调研的基础上提出可行性方案。他曾多次面会福州市领导，说明情况，提出要求，表明学校对旧房改造的态度。市领导告诫吴校长，拆迁改造工作会遇到很多麻烦，吃力不讨好。但吴校长对可能遇到的麻烦全然于不顾。在他的一再坚持下，福州市最后同意并提出两条原则意见：1. 经济上自求平衡；2. 维护学校的安定稳定，涉及动迁的教职工的思想工作由学校负责。怡园旧房改造方案最终得到了福州市委、市政府的支持。学校所在地鼓楼区时任领导还到学校向动迁户讲解拆迁政策。

根据当时国家的有关政策，旧房改造需净地挂牌。这意味着怡园旧房改造一开始，就要同时搬迁1000多住户，这势必给教职工带来生活上的暂时困难和麻烦。为了教职员工的长远利益，吴校长又多次向市里说明学校旧房改造地块的特殊性，毛地开发的可行性和必要性，要求由净地挂牌改为毛地挂牌，分片分期滚动开发，以良性滚动开发带动整体开发。时任市长特批了这一要求。

正当旧房改造前期准备工作紧张进行时，一些有不同利益要求的教职工不断写信告状，个别人甚至造谣惑众，污蔑校领导。为了校园内的稳定，福州市政府叫停了福大旧房改造工作，并要求先做好不同意见的教职工的思想工作。这一耽搁，国家政策发生了变化，政府相关部门明确规定，旧房改造是政府的职责，不再由学校负责。学校想为教职员工做的好事突然就办不成了。吴校长虽已尽职尽责，但谋事在人，成事在天。

有心栽花花不成，随心插柳柳成荫。旧房改造不成意味着在校内解决住房问题已不可能，打破了我们美好的设想，使我们一度陷入困境，只好另找房源。吴校长带着我们到福大校园周边尤其是新开辟的金山地块进行考察调研，调研中一致认为金山地块与其他地块相比更适合福州大学教职员工和引进人员居住。金山地块居于福州大学怡山老校区和旗山新校区之间，交通便利，是块新开发的生活区，很有发展潜力。福州市政府正准备在此建立一大批经济适用房。这对我们来说是一件利好的消息，明确了拓展房源的方向。

福州大学是一所省属地方院校，财政不归地方政府负责。福州市政府没有责任也没先例向省属地方院校提供经济适用房。与福州市政府沟通并征得支持对我们来说是一个难题，我校虽地处福州市，但以往与政府部门联系甚少。吴校长凭着与地方政府打交道的丰富经验，满怀信心地找到福州市领导，就福大办学与地方经济发展关系及校地合作等问题阐述了自己的意见，晓之以理动之以情，终于打动了福州市领导并取得了共识。福州市政府开会研究决定：在金山新开发生活区无偿向福州大学提供1000套经济适用房以支持福州大学“211工程”建设。这是福州市政府首次向省属地方高校提供的大批量的经济适用房，充分表明了福州市政府重视教育、支持教育的决心和行动。1000套经济适用房，这与福大拟改造的旧房套数几乎相等，在校园内引起极大反响，激发了教职工的工作热情，促进了福州大学与地方政府的关系，增强了为地方经济发展服务的决心。依靠和支持地方政府，为地方社会和经济发展服务，这正是吴校长办学的重要思想之一。吴校长引领我们从旧思想和旧观念束缚中解放出来，就像吹来一股清新的风，给人焕然一新的感觉。

2005年元月，福州市政府在金山生活区四期给福大提供了1000套经济适用房，符合条件的教职员工申购了将近400套，学校出资2200多万元订购107套作为引进人才的过渡房和储备用房。从根本上解决了当时教职员工住房难和引进人才住房的问题，特别是吴校长本人及亲属没有在福大拥有一平方米住房。如此德政，福大的教职员工至今仍念念不忘，心存感激。

（作者时任福州大学党委副书记、研究员）

致信、初识与追随

——怀念吴校长的几朵浪花

关瑞明

我与吴敏生校长的认识，要从与房贞政副校长的认识说起……

1992年，福建省土木建筑学会召开一次青年委员会会议，我是第一次正式参加行业的学术活动，那一年是我在华侨大学任教的第10个年头。会后，时任福州大学校长助理房贞政教授对我说，福州大学土木建筑系需要像我这样的老师，当时的建筑学专业缺一个“领头人”。我的诉求是把建筑学从土建系剥离出来，创办独立的建筑系，未果。

1998年，已经升任副校长的房贞政教授正好在华侨大学开会，他委托吴炎海老师找到我，再次邀请我到福州大学来。此时，福州大学土建系已经改称土建学院，下设的建筑系需要有人“打理”。我的诉求仍然是把建筑学从土建学院剥离出来，创办独立的建筑学院，再次没有结果。

对我而言，1992年我的职称是讲师，职务是建筑系（独立系）秘书兼建筑设计教研室主任。到了1998年我的职称是副教授，职务是建筑系副主任，并在1996年作为分管教学的系副主任，完成了华侨大学建筑学专业教育评估工作，对来福州大学办好建筑学已有把握。可惜当时福州大学的需求还停留在建筑学要为土木工程学科服务的定位上。

致信吴校长

吴敏生校长是2002年8月经福建省委与清华大学会商，出任福州大学校长。而我是2002年9月，天津大学博士研究生毕业，2003年9月获得工学博士学位，2004年5月出任华侨大学建筑学院副院长，2004年7月升任教授。我选择2005年3月5日这一天给吴校长写了一封“自荐信”，信中提出4点意见：一是把土建学院的建筑系独立出来，成立建筑学院；二是引进学科带头人担任院长，在省内关瑞明是最佳人选；三是积极准备参加全国建筑学专业教育评估工作；四是积极参与建筑学博士学位授予权申请的竞争。

给吴校长写信是基于以下几点考虑：首先，清华大学的建筑学是全国名列前茅的学科，吴校长曾是清华大学的教务长，深知成立建筑学院和参加全国建筑学专业教育评估的重要性。其次，华侨大学作为最早创办建筑学专业的学校，需要一个与之竞争的兄弟学校，否则就会出现“懈怠”。第三，福州大学作为福建省实施国家“211工程”建设的大学，相比之下，厦门大学是以文理经管法为主，华侨大学主要面向港澳台侨，两所学校都在闽南。福州大学强调“以工为主，理工结合”，最适合办建筑学专业，且在省会城市福州。第四，源自1992年初识房贞政教授时的邀请和1998年房贞政副校长的再次邀请，我身上留下了一个“福大情结”。

初识吴校长

成立福州大学建筑学院和参加全国建筑学专业教育评估，显然是吴校长想做的两件与建筑学学科相关的事情。院长的人选，我在自荐信中也只说我是省内最佳人选。因此，福州大学就有了建筑学院的筹备组，其中包括聘请清华大学建筑学院原院长秦佑国教授担任名誉院长，聘请清华大学建筑学院原副院长尹稚教授担任院长，后者并没有得到清华大学方面的同意，是因为尹稚教授还有一个更重要的职务——清华大学规划设计研究院院长。因此，他只是在福州大学建筑学院担任学术委员会主任，为福州大学建筑学院的创建出谋划策。网络上至今还能查到“清华大学建筑学院副院长尹稚博导出任福州大学建筑学院首任院长”的信息。

吴校长认为：建筑学院的成立大会一定要有“仪式感”，要同时举办一个国际性的学术会议。就这样，2006年5月18日，在福州大学召开中德城市规划学术研讨会暨建筑学院成立大会。我应邀参加了此次活动，见证了建筑学院的成立。

会议期间，我与吴校长之间有一个简短的约见和对话。吴校长告诉我：华侨大学吴承业校长对他说：“福州大学不能到华侨大学‘挖人’。”我回答道：“您没有‘挖人’，是我主动送上门的。”

接下来流程开启了：福州大学人事处在网络上发布招聘公

告；建筑学院张鹰副院长打电话给我让我报名应聘；学校党政联席会议讨论，吴校长“力排众议”，坚持引进“毛遂自荐”的关瑞明。

追随吴校长

2004年至2008年，我在华侨大学建筑学院副院长岗位的“一届”任满，华侨大学终于“放行”。我于2008年11月30日离开华侨大学，12月1日到福州大学人事处报到，12月2日在福州大学城买下一套商品房，办好手续，带着房产证，直奔吴校长办公室，表达了我是“永久”牌的意愿。吴校长给我的任务是3年内完成建筑学专业教育评估工作，我的回答是：“只要2年。”吴校长听了很高兴，接着说了许多激励的话。实际上，我的院长任命还要走“流程”，一直到2009年1月8日。我在任命之前已经着手摸底工作和构想建筑学院的蓝图，成为吴校长麾下的一员“小将”。

在建筑学院开展工作，因为福州大学建筑学专业与华侨大学、厦门大学相比落后太多了：两所学校的建筑学专业都通过评估，都拥有硕士点。所以，我们必须只争朝夕。两个星期后，我再次去找吴校长，提出把教育评估工作再提前一年的想法，也就是当年5月提交申请报告，准备次年5月迎接评估委员入校视察。吴校长提醒我“不要操之过急”。

按照我的推算，2009年分管教学的房贞政副校长和建筑学院聂德贤书记都将年满60岁而退居二线，我必须在他们“退居”之前提交申请。同时也担心已经62岁的吴校长随时可能

“换届”，我对吴校长说出了我的担心。此外，我还对吴校长说：我们除了做好教育评估工作外，还要申请两个硕士点（指建筑学的两个二级学科硕士点：建筑设计及其理论、建筑历史与理论），这也是写在“自荐信”中的目标，属于“主动请缨”的内容。

怀念吴校长

在建筑学院与聂德贤书记的合作不到一年时间，感谢聂书记像兄长一般的包容和支持我。接任的是具有丰富行政经验和企业管理经验的张星书记。有感于建筑学院张红副书记与张星书记名字巧合组合成“红星”两字。我倡议在每年年终“尾牙”聚会时，学院领导班子要齐唱《红星照我去战斗》。即使后来张星书记调离建筑学院，我们也会邀请他回来参会，齐唱这首歌。

吴校长2019年9月7日离开我们，建筑学院曾经是吴校长最关心的基层单位之一，官网显示“2019年学院更名为建筑与城乡规划学院”。今天我应邀写下这篇怀念吴校长的文章，诉说我与吴校长交集的点滴片段，这与吴校长立志要把福州大学建成“东南强校”的宏愿相比，只是几朵浪花。

1. 爱说大话与会说大话

吴校长在听完我计划提前做教育评估和想申报两个二级硕士点的构想后说：积极的态度要鼓励，但不要说大话。我回答：“我是向吴校长学习的，吴校长要把福州大学建成‘东南强校’才是‘说大话’。”吴校长会心地笑一笑，然后拍了拍我的肩膀。我接着说：说到做不到叫作“爱说大话”，说到做到叫作“会说大话”。

2. 你们是基层班子的最佳搭档

我曾经向吴校长提出，要安排一位能力强的书记与我搭档。实际上，派张星到建筑学院当书记，学校是有所担心的，强强联手难免擦枪走火。在后来的两年多的合作中，我们两人就像乒乓球的双打队员，配合默契。我从一开始唱“红星照我去战斗”就表明“听党的话”的态度，因为我不是党员，是九三社员。张星书记也提出要“用党的资源来实现院长的理想”。吴校长当着我和张书记的面说：你们是国内我见过的基层班子的最佳搭档。

3. 哲学、文化与未来的科学教育

福州大学在新生开学典礼的日程中，有一个“开学第一课”的演讲。在我的院长任职期间，我都会邀请一位业内的著名学者来做“开学第一课”。有一年邀请吴校长来做演讲，吴校长欣然同意，演讲的题目就是“在哲学与文化母体中构建未来的科学教育”。吴校长认为：哲学、科学和艺术本来就应该融为一体，而建筑学就是一个把哲学、科学和艺术融为一体的综合性学科，建筑也是文化的一种展示方式，吴校长无愧于“教育家”这个称号。我也不知道，在福州大学，建筑学院是否独享了这份殊荣？

2010年和2011年，福州大学先后获得建筑学、城乡规划学一级学科硕士授予权，2012年自主设立了“历史建筑修复工程及其保护研究”二级博士点。感谢吴校长曾经的厚爱，关瑞明说到的都做到了！2012年，教育部的第三轮学科排名，福州大学建筑学位居18。中国建筑学会给我颁发了建筑教育的最高荣誉“建筑教育奖”，我以后不再在福州大学说大话了，我会到别的地方去说大话，发挥我的余热。

希望以上几朵浪花，汇入福大学人对吴校长追思的海洋中。

（作者系福州大学建筑与文化研究所所长，教授、博导，福州大学建筑学院原院长）

吴校长带回百万现金

王巧萍

2003年9月一个平常的工作日，金秋的太阳正准备下山，忙碌了一天的我们还在处理当日的收尾工作。分管领导林翔副书记突然来到了我们的办公室，激动地说："吴校长要从泉州带100万元的现金回来。"他指示我们计财处安排人员留下迎接吴校长。

晚上7点多，风尘仆仆的吴校长从泉州赶回学校。林翔副书记带领唐莺处长、我以及两名科长去迎接，从吴校长手中接过了沉甸甸的装满现金的黑色皮包，我们都感到十分激动和震撼。作为计财处的工作人员，现金业务是常常接触的，但经手100万元的现金却是很少遇见的。由于学校的保险箱无法存放这么多的现金，且超过工作时间银行无法办理入账业务，我们只能联系学校合作银行的工作人员，让银行金库保管员留下来配合我们，把这100万元人民币的现金暂时封存在银行的金库中，第二天进行清点并办理存款手续。

这是我校收到的第一笔无指定用途的现金捐款。事后吴校长细说来龙去脉：吴校长应邀去华侨大学开讲座的时候，接到了泉州籍的学校合作伙伴的电话，确认吴校长还未离开泉州后，他请吴校长等他见面。待见到吴校长时，他从车的后备厢里取出了一个黑皮包对吴校长说："为了庆祝即将到来的福州大学45周年校庆，特地向学校捐赠100万元现金，支持学校的建设发展。因为不知道福州大学的银行账号，就直接取了100万元现金，请吴校长帮忙带回福州大学。"听完吴校长的讲述，我们都为这位捐赠者心系教育、情系福大的高尚情怀而感动，这也是捐赠者对吴校长莫大的信任与托付。优秀的人之间总是惺惺相惜，充满信任。

在建设"东南强校"的艰辛而辉煌的历程中，吴敏生校长以他的个人魅力感染了很多人。他推动提炼的福州大学校训和"三种精神"，影响了一代又一代的福大人。我们应当传承其优秀品质，赓续使命，尽我们绵薄之力，为福州大学的发展作出自己的贡献。

（作者于1984年从中南政法财经大学毕业分配到福州大学工作，时任福州大学计财处副处长）

与人为善　助人成功

——记吴校长关爱福大校友的二三事

程玉敏

清华大学的教务长吴敏生是2002年到福州大学担任校长的。他到任后，经过调研和分析，制定了把福州大学建设成为创业型东南强校的奋斗目标。这些年，大家都在谈创业型高校建设，而吴校长早在20年前就深刻地预见性提出：福州大学作为以工为主的高校，必须把创新创业型人才培养作为我们的培养目标。

他在福大担任校长8年时间中，对福州大学人才培养、学科建设、科学研究、教育管理等方面都进行了不少创新和改革，学校师生员工充满了积极奋斗的精气神，各项事业不断向前，福大的排名不断提前。

吴校长对校友会工作高度重视，将其作为学校全面工作的重要一环，将校友工作作为高等教育向社会延伸的重要举措和人才培养的延续。2007年，吴校长提出要建立学校校友会，我当时在校招生办工作，经过竞聘，担任了学校校友会秘书长。在吴校长的关心指导下，校友会完成了省民政厅的注册和制度化建设，从此走上了名正言顺的规范化建设发展道路。

吴校长是个大爱之人，他提出“与人为善，助人成功”的理念。在这一理念的指导下，他对校友非常关心和爱护，校友有困难就会去找他。吴校长知识渊博，待人诚恳，总能为校友指点迷津，出谋划策。

例如，上市公司的董事长李良光校友想转型进军新能源汽车行业，吴校长主动为他牵线搭桥，从北京等地及清华大学请来专家，举行咨询会，解决企业发展遇到的难题。

再如，吴校长对校友企业——福大自动化公司一直关心关怀。企业发展规划方向，他亲自指导；企业遇到技术难题，他帮助找专业人士；企业要更上一层楼，他请来北京的领导和专家。

吴校长对校友像对待亲人一样，他帮助过的校友数不胜

2006年2月，吴敏生校长拜访香港福大校友会，并在建设东南强校论坛上演讲（照片由林健提供）

数。吴校长离任后，经常在各地出席各种活动，帮助别人，乐此不疲，只要校友有事找他，他从无二话，总是竭尽全力给予帮助，校友们都非常感动。

校友对吴校长非常热爱。他每次参加校友活动，总是被校友们包围着，要求与他合影，他来者不拒。有一次，他参加广东校友会年会，一拨又一拨校友要与他合影，他总是乐呵呵地答应。活动结束，他几乎啥也没吃，仍然兴高采烈。

吴校长是个善良的人，个别校友求他办事，有时出于一些考虑，并没有把情况如实告诉他，但他从来都是以德报怨，从不指责人，几乎没有听他说过谁的不是。

惊闻吴校长去世的消息，无数校友痛哭失声，彻夜难眠，他们不相信自己的耳朵，不愿意相信这是真的，这么好的校长，怎么说走就走了！他们为失去这样的好校长痛惜，吴校长的追悼会，成百上千的校友从世界各地赶来，为他送行，他们恸哭，他们不舍！吴校长永远都活在我们福大校友心中，他“与人为善，助人成功”的优良品德，永远值得我们学习和传承。

（作者系福州大学校友会会长）

吴校长与福大工程训练中心

林有希

福州大学工程训练中心（机电工程实践中心），是在吴校长亲自谋划、指挥、推动下，抓住学校旗山新校区建设良机于2003年通过整合机械学院、机械厂（金工实习基地）和电气学院等相关单位力量成立的二级建制机构，体现老校长吴敏生对工程实践教育的高度重视，在学科布局方面的敏锐性和超前性。当然，这也是清华大学重视工科学生工程训练的推广。2006年工程训练中心被评为第一批国家级实验教学示范中心，也是福建省迄今唯一的综合性工程训练类国家级实验教学示范中心，成为学校教学质量工程的显著标志。

秉承福州大学三种精神，历经十几年快速发展，工程训练中心立足实践教学，深化改革、优化团队、完善建设、拓展功能，教学面积达2万平方米，教学仪器设备2000多台套（资产3000多万元）。承担的工程训练课程涵盖通识教育、专业教育、创造教育三大属性，构建多学科、多层次、多模块的交叉融合实践教学体系，满足全校本科生和相关学科研究生的实践需要，成为我校和周边大学的工程训练共享基地、学生创新实践基地、教师产学研合作基地，也是我校全国大学生创业示范园、国家级众创空间的主要支撑。建设思路和教学理念为全国同行肯定、借鉴和推广，在同行中具有较大影响力。

在工程训练中心的发展过程中，吴校长多次到中心实地视察并指导工作，他非常重视学生的工程实践能力和工程素质培养。吴校长是从事焊接学科的，就以容器焊接为例说明实践的重要性，他说工程实践具有高度复杂性和境遇性，焊接引弧看起来很简单，但是只有动手做了才能体会到什么是“光说不练假把式”。工程实践教育，能够在出力流汗中达到知行合一，在造物训练中，学谋事之法、育为人之道。在他从校长岗位退下来后，我有次出差途中偶遇老校长，他还殷殷嘱咐，期许机电工程实践中心要让我校学子植入工程基因，在实践育人方面为创业型大学作出更大贡献。

站在新时代，面对新机遇，更加深切缅怀吴校长，需要把他的先进理念落实在发展之中，“面向工程、立足实践、着力创造、潜心育人”，为“卓越工程师教育计划”提供坚实平台，为文理学科融合人才提供工程素质拓展空间，为培养符合时代要求的创新、创造、创业型人才作出积极贡献。

（作者系福州大学机械工程及自动化学院教授、博士生导师，工程训练中心主任）

吴校长的体育情结

彭雪涵 罗涛

福州大学的师生都知道，吴校长热爱体育锻炼。他刚到福州大学工作时以打篮球为主，随着年纪增长，他退休前后主要是以跑步为主。每天早上5点钟准时起床，围绕住所附近快跑3.5公里，一年365天，天天坚持。

关于吴校长坚持的跑步，有几则趣事。

第一件事：福建省一位老领导讲，他们退休的老同志早上基本以散步为主，每天都看到吴校长快速从身边跑过，速度不亚于年轻人，可就是没办法打招呼，怕吴校长突然听到招呼停下来，一是打扰了运动的兴致，二是快速运动中突然“刹车”，恐有意外。

第二件事：吴校长刚到福州大学时，校园规划建设刚刚开始，有时晚上忙得太晚，就住在新校区。于是，他早上就“自由自在”地在校园附近跑步了。他有时穿着印有“清华大学”字样的运动衫跑过村庄、农田，总听到有人窃窃私语“这个人从清华跑到这里来了”。

第三件事：有一年在开学典礼上看到吴校长胳膊上有大片

擦伤，问及原因，他只说是不小心摔了一下。过几天才得知，吴校长当天早上跑步时被车撞了，肇事的是一位车技不熟的女司机。他被车撞飞时身体腾空，落地后还滑出两三米远。吴校长讲到这里还开玩笑地说，在空中腾飞时还在判断方位，决定手朝哪个方向支撑。吴校长被撞倒起身后想到要参加学校的公务活动，就直接对肇事司机说："我没事，你走吧"。

吴校长的体育情结，大概是在清华形成的。在"无体育，不清华"的清华大学，他逐渐把健康的身体看成是从事学习和工作的物质基础，立志"为祖国健康工作五十年"。除了常年坚持体育运动以外，他还坚持常年洗冷水浴。对于吴校长来说，体育锻炼不仅是加强体质和增进健康，更是培养坚强的意

2009年4月15日彭雪涵（右一）向吴敏生校长（左中）汇报工作（照片由本文作者提供）

志和宏大的格局。每当说到跑步的快乐时，他总是说，感觉自己跑着跑着，就像飘浮在宇宙中的一粒尘埃，只不过是历史大潮中的匆匆过客，能为这个时代做一点个人微薄的贡献就很满足了。

吴校长把体育情结带到了福州大学。在校园规划建设时，在当时建设经费非常紧张的情况下，风雨操场（室内体育场）、田径场等体育活动场馆和设施是建设规划中必须考虑的事项。在福州大学的体育事业中，有三件比较重要的事情是和吴校长分不开的。

一、为了提高福州大学高水平运动队招生质量，在吴校长的努力下，福州大学跟清华大学高水平运动队招生的实现成绩互认。

二、2005年福州大学充分发挥多学科优势和雄厚的科研实力，与福建省体育局合作成立了福建省运动研究中心，极大促进了福州大学体育事业从教学型向研究型的转变。

三、2008年在学校50周年校庆之际，吴校长邀请了中国举重队走进福州大学，举办了一场“托起明天的太阳”的校庆活动，在福州大学的历史上还从未有过这么多的奥运冠军同时来到校园与学生交流，极大激发了全体师生的运动热情。

总之，吴校长对于体育锻炼的理解不仅是强身健体，还要培养坚韧不拔的精神和良好的品格，在对身体的磨炼中学会磨炼意志的坚强与无畏。因此他所参加和推崇的体育锻炼更像是一种“修行”，不仅升华了自己，更加感染了别人！

（作者彭雪涵系教授、福大体育部原主任。作者罗涛系副研究员、福大发展规划与学科建设处副处长、党政办原秘书）

总有很多话想说给您听

白丽英

校长，您离开这个世界已经一年半了。敲下这行字，还是忍不住一阵喉头发紧，泪湿眼眶。自那本缅怀您的文集——《魂系东南强校》在2020年出版后，我也无数次想静下心来好好整理一下和您相识的十年中您所给予我的，那些对我产生莫大影响的，所学所思所感所得。

阳光积极，诙谐幽默

每每坐在电脑前，总是会深深鄙视自己的文字驾驭能力。这样的时刻，总是会想，如果您还在，会如何妙语连珠地善意调侃我这个文科出身的心理学教授。还记得那年赴美访学前夕，有一次在电话中向您抱怨事情杂乱，心情不好。当天晚上就收到您的信息：“有一年，一个美国运动员获得200米自由泳世界冠军，队员们在欢呼声中把教练扔进泳池，才发现这个老师不会游泳。等到大家把他捞上来，喝够了的老师气喘吁吁地说，我是教心理学的，positive...”是的，您一直都是心态阳光积极，诙谐幽默的。回国后有一次与您分享我女儿的一篇作文，您回复我：“看了暄的作文，感觉是坐在牛车上体验呼啸而过的动车，天哪，今天一个初中生的智商情商？我不害怕Alpha Go，但我害怕中学生。”其实，我心里明白，哪里是女儿作文写得好？无非是您感受到那段时间我对女儿学业的焦虑，用这样的方式来宽慰和鼓励。如今看着这条信息，耳边仿佛又听到了您爽朗的笑声。回忆十年中那些谈天说地谈古论今品诗填词的美好时光，“当时只道是寻常”。

初见您的人，很难一下子判断出您的职业，高大魁梧，英姿挺拔，全然不是刻板印象中文弱书生的样子。这大概得益于幼时平潭海岛的风沙锤炼，以及后来“无体育，不清华”的理念，您一直注重锻炼，坚持每天跑步和俯卧撑。因为我的父母和先生都是医生，您常常半开玩笑地说“对于医生，要广交朋友，少打交道”。也许恰恰如此，给大家造成一种错觉，都觉得您身强体健，而忽略了您已然是年过七十需要休息和关照身体的人。因此在您猝然离开后，每念及此，您的很多亲人和朋友都常常会有深深的自责和歉疚感。

腹有诗书气自华

再接触，会明白您真正是“腹有诗书气自华”，您一生勤奋好学，一直保持着对世界的好奇和探索，思维敏捷，博学多才。福州大学的很多教师都曾感慨，吴校长讲话从来不用发言稿。吃饭或者聚会，有您在的场合，气氛从来都是热烈的。您的心态包容，涉猎广泛，听您的讲座，古今中外，典故轶事，信手拈来，出口成章，贯穿自然科学、人文科学和哲学，涉及东西方文明史、天文、地理、生物、心理、物理，直至最新的量子力学，兼具宽度和深度，使人产生一种在整个人类的学科知识体系中激荡的感觉。作为一个工科的博士，诗词功底更是让文科教授都不得不佩服，您多次在讲座中提到王国维先生《人间词话》中的“三境界”，“有境界则自成高格”，您是少有的把人生和学问都做到第三境的人。

清华百年校庆的时候，邮箱里收到您发来的《贺新郎》，十年前的文字，读来依然可以感受到您非凡的文采，同时也有感人的教育意义。我把这阕词分享在这里，想来您应该也是会同意的吧。

贺新郎·清华百年感怀

辛卯三月清华百年校庆日

梦萦故园路，穿越了痛史烟尘，寻踪水木。蒙难方知报国心，几度书剑同仇，数不尽风流人物。自强厚德乘长风，兴华夏后学多砥柱。众星灿，烁今古。

新元开启云飞渡，看四海百舸争流，群雄逐鹿。筚路冲顶山外山，峰回摩崖云雾，知多少艰难险阻。应学前贤流誉后，愿新秀励志展宏图。荷塘月，听新赋。

与人为善，助人成功

《菜根谭》里有句话“使人有乍交之欢，不若使人无久处之厌”，您是使人既有乍交之欢，更无久处之厌，对您的了解越多，敬意越多。因此，更深入靠近您的人，都知道您的价值观是与人为善，助人成功。这样说的人不少，但真正能够这样做的人，不多。您用一生践行了自己的价值观，无数人得到过您的帮助，对您心怀感恩。我常常笑称您是个有“上帝情结”的人，这大概和您在家中排行老大有一定的关系，家国情怀深重，勇于担当，古道热肠，极少为自己争取什么，但常常托举别人。有一次收到您发来的一阕《南乡子》，就是您应邀到广州参加项目鉴定，为学生们的成长高兴，信手写来表达喜悦的：

南乡子·羊城感怀

细雨绿珠江，无意游春点华章。喜见后学才方显，无憾，谈笑之间忆荷塘。华发伴春光，曾欲闭关悟道禅。方知前世缘未尽，有感，冥思过后读五羊。

于我而言，您是我心理意义上的“重要他人”和“后天亲人”。至今回忆起来，最尴尬的一次经历是，开车去见您，匆忙中忘记带钱包，到了您楼下竟无法支付停车费，硬着头皮给您打电话，您一边哈哈大笑着飞奔过来帮忙支付，一边还不忘揶揄我“不错不错，有进步，有点悟性了，不会迂腐到再跑回家取钱包”……您就是这样，喜欢照顾人，喜欢被需要。70岁以后，尽管您还是坚持读书和锻炼，但明显感觉到您的疲惫和力不从心，所以也屡屡劝您多爱惜自己的身体，少承担一些事情，别太辛苦。但是没办法，大概每个人都是为自己的价值观所累吧，如果不这么做，您，大概也就不是您了。

几次去您安息的地方，看到那么多人泪洒墓园，常常想，为什么有这么多人敬您，爱您，对您念念不忘，也许还有最难得的一点是您的赤子之心，淳朴自然。罗曼·罗兰曾说过：“世上只有一种真正的英雄主义，就是看透生活的本质之后依然热爱生活。”从这个意义上来说，您是真正的英雄。因为人生常常有太多无奈，慢慢消耗着我们对生活的热爱。但您却常说：“苦难是一种财富”，“永远不可能达到完美，但是可以逼近。追求的过程本身就体现一种完美”。在我的眼中，您是一个历经世事，但依然内心简单干净的人，待人真诚善意，眼里没有贫富贵贱。这在物欲横流的今天，实在是难能可贵，记得苏东坡曾说自己“上可陪玉皇大帝，下可以陪卑田院乞儿，眼前见天下无一个不好人”，我常常觉得这句话用来说您也是再合适不过的。

您常说，做人要有悟性，要务实，但不要拘泥，“心静神怡寻自在，于无声处听有声”。还记得几年前您曾说：“人要哭着来，笑着走，免俗套，图清静，但愿我自己未来某日能如己愿。”您走得突然，让大家难以接受，但现在静下心来想想，尽管不舍，但那恰恰是您所希望的离开方式：工作到生命最后一天，没有被病痛和衰老折磨，不用麻烦别人，您留给大家的印象，永远是一个温暖宽厚的兄长，是一个照顾别人帮助别人的角色。您认为人有三态：物质态、信息态、能量态。当年母亲去世时，您时常劝慰我：“离开的只是母亲的物质态，她的信息态还在，只要你活着，关于她的信息都在你脑中；你想到她，觉得温暖，这就是她对你产生的能量，所以，她的能量态也还在。”您离开后，我越来越接受您的观点，我坚信，只要我们这些爱您的人活着，您的信息态和能量态，就永远都在，明亮而温暖。

（作者系福州大学人文社会科学学院应用心理学系副主任，教授）

润物无声 春泥护花

——忆吴校长二三事

黄文峰

2002年8月，吴敏生先生出任福州大学校长。因缘际会，我有幸成为吴校长的第一任联络秘书，那是我参加工作的第二年。

听说吴校长毕业于清华大学，后留校任职……对大多数学子来说，清华大学那是个遥远的梦想。来自清华的校长，自带光环，让人肃然起敬。我从踏进办公室的那一刻起，便“战战兢兢”“如履薄冰”，即便吴校长对我是和蔼可亲面带微笑，我对工作也不敢有丝毫懈怠。

“东南强校”的提出

2003年教代会上，吴校长首提要把福州大学建设成为我国“东南强校”的概念。

在校庆45周年的新闻发布会上，吴校长提出了福州大学的发展蓝图：“到2018年，即建校60周年时，把福州大学建设成为具有较强学科相对优势、体现教学研究型办学特色和开放式办学格局的我国东南强校。”

其中关于“东南片域”的提出，其建设标准已不仅仅局限在省属大学间的单纯比较，而是紧跟国家与区域经济发展形势，重建竞争坐标轴，拔高考量维度，知耻而后勇，以求在后工业时代里更加务实地发展壮大。

为此，吴校长不但提出了“两个阶段四步走”的战略步骤，还推动提炼了福州大学的校训和“三种精神”。教代会上吴校长所做的“东南强校”的主题报告，让人耳目一新，非常振奋。

后来，我根据吴校长的思路在PPT上制作了一张图：那是一幅福建省的地图，地图两侧被我加了一副飞翼，表现“两个阶段四步走”和“三种精神”，宛如福大腾飞的双翼。我在地图中间画了两个圆圈，以配合校长对校地合作“两翼两圈”的提法。

这张图得到了吴校长的肯定和表扬。我感觉有点“受宠若惊”，也备受鼓舞。虽说只有一页，萤火虫的微亮亦是光。

在2002年，福州大学科研经费还不到2000万元，而2007年已突破一亿元大关。也就是说，不到5年，翻了几个跟头，似筋斗云。

当了一回校长的“孩子”

2006年，我准备结婚了。那是一个中午，我把结婚请柬送呈吴校长。校长一脸慈祥，询问了具体日期，可惜他因事不能参加。我心里正千回百转，不知如何应答时，校长又问在哪儿办呀，我说了地点。他说很好，我认识他们老总，我给你打个电话。

吴校长按下了电话上的免提键打电话，听通话中的语气是一位老朋友。没有寒暄，没有客套，没有婉约，直接进入了正题，一切都是那么自然。吴校长说，老总啊，有一个事，你给帮一下。我的联络员小黄，小伙子在你们那里办婚礼，麻烦你就当是我的孩子结婚，把你手头可以给的优惠都给他……就这样，没有多少家底的我，硬是在老婆面前赚足了面子。回想吴校长当时的贴心帮助，那种对年轻人的关爱，至今心里还是暖暖的。

“化缘”的人

学校和人一样，都有缺钱的时候。在被问到大学最缺的是什么时，吴校长总说：“最缺的还是钱，没钱就请不到人。大学论坛上的校长都有自己的苦恼，比如债务问题。”他笑言：大学校长都是化缘的僧人。当时，学校面临大学城建设巨额债务问题，每年仅还银行贷款的利息，就得花掉学校几乎全部的收入。当年的福大真是困难，作为一校之长的压力可想而知。

吴校长在一次征求意见会上说：“让大家勒紧裤腰带继续饿着肚子往前冲，这样不行。”是呀，勒紧裤腰带绝不是办法。当然，“苦，是人们所不愿意的，但是回头看看，苦也是一种财富。”这是吴校长对贫困大学生说的话。他曾设立过一个专项基金，每年由他个人出资一万元，资助品学兼优的贫困生。

就这样，吴校长一如当年向企业老总为小小联络秘书争取优惠一样，为学校量身定制“最佳算法”。参照浙江、广东等省的做法，提请省委省政府支持，推动了通过土地置换方式，实现校企地三赢，化解债务危机。

从某种意义上说，如果没有当年的化债之举，就没有如今福大的轻装上阵，快速前进。

半截厕门

吴校长上任后的第二个月，经校长办公会研究决定，拨专款进行行政楼厕所改造工程。真抓实干，马上就办，这是吴校长的工作作风。15天后，工程顺利完工。

然而，新厕所投入使用后却出现了一个尴尬的场景：厕所坑位是半截门，人有内急，进进出出，都是同事，是打招呼还是不打招呼？吴校长说了一句话，管理水平见细节。是的，改造厕所的事说大不大，说小不小，但每个细节都是重要的，细节之处见真章。这个经历，成了一面镜子，我经常自为观照，不断提醒自己，注重细节。

丢包糗事

这个糗事是我差点把吴校长的文件包弄丢了。虽然吴校长总是一笑了之，但我印象深刻，因发生在异国他乡，就更加难忘了。

2007年3月21日，菲律宾总统阿罗约在总统府会见以清华大学校务委员会主任陈希为团长、福州大学校长吴敏生为副团长的清华大学和福州大学联合访菲代表团，时任中国驻菲大使李进军参加了会见。

在此前一天，我们一行拜访了菲律宾国会的时任议长。拜访结束后我把由我携带和保管的文件包忘在了议长家里。文件包里面有我们出访的护照等重要文件。

菲总统会见结束后，我们直奔机场。猛然发现文件包遗忘时已在飞驰的汽车上，倘若返回取包一定耽误原定行程。好在福大香港校友会陈聪聪会长电请施爵士帮忙，才得以把文件包在机场“顺利交接”给我。其间虽然只有短短的50分钟车程，我却觉得过了漫长的50年。用蔫了的黄瓜来形容我，都算是客气的了。用手足无措、面红耳赤等词语不足以形容我的窘状。此时，吴校长开讲了一则关于他在清华粗心的小故事。故事的高低起伏及细节已无印象，只记得车里的气氛似乎瞬间由僵硬变得柔软，我也渐渐缓解了紧张情绪。以后，我经常想起吴校长讲的故事，脑海里总是浮现吴校长温和的目光。经此教训，我做事更加细心了。

文采飞扬

吴校长的口才十分了得。在访问菲律宾东方大学时，吴校长用“根深”和“叶茂”为主线，作了即兴演讲，真是神采飞扬，光芒四射，正能量爆棚。这也是他一贯的风格，一般演讲不用讲话稿，即兴讲话，张口就来，缘事而发，缘事析理。当然，这侃侃而谈的背后是使命在肩的责任感，深厚的真才实学与不凡的才情禀赋。

记得有一次在漳州召开校企战略发展研讨会，有众多校友参会，吴校长登台作学校发展情况介绍。台下有一名工作人员负责配合吴校长的发言进度给PPT翻页。讲着讲着，吴校长开始跳越着讲重点。工作人员有点蒙圈了，因为有的内容在PPT上的后几页，到底翻还是不翻？连续翻，然后再翻回来，又似乎有点不妥，于是PPT跟着蒙圈，有点定格。其时吴校长讲到“科技成果转化”相关内容，大屏上显示还滞留在“人才队伍建设”。吴校长瞄了一眼大屏，对台下的工作人员说，没关系，我按我的讲，你按正常速度翻，然后笑着对台下说道，大家应该没有意见吧？台下顿时有人鼓掌。成竹在胸，才能如此思维活跃，不囿于条条框框。吴校长的发言总是策马而行，却又掌控有度，言之有物。

吴校长的文笔也非常好。在给时任教育部部长陈至立的亲笔信中，吴校长力陈要将福州大学列入省部共建高校的重要性。他写道：“到福州大学两年多来，时常窗含西禅晓月，耳闻晨钟暮鼓，心感国殇之痛。”诗词对仗，独具韵味，表达深切，对福大的殷殷之情跃然于上。

最后岁月

我与吴校长最后一次见面是在内蒙古。那是2019年7月。在清华大学、内蒙古工业大学和福州大学联合召开的研究生教育与学科建设工作研讨会上，吴校长深情回顾了三校合作办学的历史，勉励三校不忘初心探索新的历史使命。与会前，略显憔悴的吴校长站在酒店大厅问，小黄来了吗？我一路小跑到校长面前报到。吴校长依然温和的目光，点头示意。我问校长，您还每天跑5公里吗？校长笑着说，还跑。

我时常想，能遇见一位格局远大、善作善为的领导，一位懂换位思考、有共情之心的领导，对刚参加工作的年轻人是何其有幸。润物无声，春泥护花，用在作为优秀教育工作者吴校长对晚辈对学生的爱护上十分恰当，用在吴校长对像我这样的年轻人的关爱也非常合适。

从2002年到2008年，作为一名“不太合格”的联络秘书，我或多或少地目睹和参与了福州大学重要历史发展节点上的大事小情，见证了吴敏生校长的远瞩高瞻、亲力亲为和不辞辛劳，感受到了吴校长春风般的人格魅力。很多时候，他是在践行“与人为善，助人成功”和“谋事在人，成事在天”的一件件不起眼的小事，但对很多人来说，那是一次次足以穿越漫长岁月至今仍觉温暖的心灵触动，比如我。

2019年9月，吴敏生校长因病去世。秋风起兮，草木黄落。背影远去，精神长存。他为之努力工作辛苦付出及寄予厚望的福大在蓬勃发展中，越来越好。

旗山苍苍，闽水泱泱，音容宛在，思念绵长。

（作者系福州大学研究生院副研究员，博士后综合管理办公室主任）

体制创新带来的大发展

陈新楚

吴敏生校长是2002年从清华大学深圳研究生院院长任上受命担任福州大学校长的，然而，福州大学自动化工程的发展与吴校长的渊源早在2000年就开始了。

机缘巧遇

记得当年华能福州电厂联手福大自动化系改造企业的控制系统，我带领年轻的技术团队入驻攻关，研制成功世界上第一套完全采用PLC（可编程序控制器）作为控制站的分布式控制系统，攻克了在不同厂家的PLC之间运行相同控制组态软件这一难题，并逐步建立与此相关的IAP（在应用编程）技术体系。当时吴校长正是专家评审团一员。以后每当提起当年的机缘巧遇，吴校长依然对当时我们这支大胆创新、朝气蓬勃的技术团队抱有深刻印象和好评，这也是后来福大自动化技术团队在改制中能够得到吴校长认可和支持的一个重要因素。吴校长爱才如命，对有创新有才华有干劲的年轻人总是不遗余力地提携与支持。

体制创新

1992年，我创办了福建省福大自动化工程服务中心，属于校办企业。2001年至2005年，企业进入快速发展阶段，但由于校企性质的诸多局限性，使企业的进一步发展受到制约，由此我们向福州大学提出企业改制的方案，即将原来的校办企业改制为民营企业。

在当时的大环境下，公职教师办企业面临着许多质疑和批评。在反对声中，以吴校长为代表的校领导基于对企业的认可与对未来发展的准确判断，认可了企业所提出的改制方案对企业发展的重要性。吴校长坚信，知识技术和市场结合才能产生更高的价值，面向社会转化技术成果才能得到更好地促进企业的发展，才能保证企业对科研激励机制的正常持续发挥。

吴校长深知“产学研”结合的关键在于，一项新的技术发明或科研成果，不能只囿于论文发表，要投入社会应用和生产领域才能得到检验、修正、改造和再创新，才能取得最大的社会价值和经济价值。大学实验室搞成的科研成果，经过一个成果转化的“孵化器”，进入生产领域，最终要接受商品经济的验收。吴校长多次明确表示，大学的优势和发展在于教学和科研，经营和管理科研成果转化的企业不是大学的强项，也缺乏相应的市场经营管理人才。积极鼓励“产学研”的紧密结合，面向社会，面向市场经济的发展。

在吴校长等校领导支持推动下，按照国家当时规定的企业股权转让政策，完成了企业资产评估等流程，并以“招拍挂”

的形式进行福大自动化工程服务中心校方持有股权的转让，以现金形式完成了从校办企业到民营企业的转型，成立了福大自动化科技有限公司。这是当时福建省第一家工业产权股份转让的案例。

吴校长的思路是，先放水养鱼，后反哺母校。这一思路与我们从事科研成果市场化经营的科技人员的思路不谋而合。

企业成长

2000年，改制后的福大自动化科技有限公司焕发全新发展活力，当年营业额突破1亿元人民币，并进入高速发展期。2007年企业营业额突破20亿元人民币，成为国内自动化领域最大的

2017年12月18日，福州大学原校长吴敏生（左四）到中海创集团研究院调研。福州大学副校长黄志刚（左五）、中海创研究院院长郑松（左二）等陪同（照片由马翔提供）

系统集成与服务商之一。

2009年公司成立福建中海创集团，年营业额均超30亿元。截至目前，福大自动化已在华东、华北、华中、华南等区域建立四大业务区，建设遍布全国分支机构超过80家，并在厦门、北京、上海、武汉等各区域中心城市建立自有仓储物流中心30多个，形成了具有强大市场竞争实力的仓储物流管理体系和完善的技术销售服务网络。2014年集团业务规模突破60亿元。目前，集团旗下有47家全资子公司，分支机构90多个遍布全国，现有员工5000多人，现服务于全国3万多家客户，是国内规模最大的自动化与信息化技术提供商之一。

2018年现有企业剥离重组为福大自动化与中海创科技两个集团，全速执行“工业互联网+”的发展战略，全面涉及智慧工厂、智慧城市、智慧交通、智慧环保、智慧物流等领域，提供世界领先的智能化产品和解决方案。进一步推动工业互联网与各行业的深度融合，用创新重塑传统工业，与广大行业龙头企业携手开启工业互联网新时代。

反哺母校

我是福大这片土地上成长起来的一棵树，受到了来自学校、老师、朋友等多方面的帮助，可以说是福大孕育了我，我很感谢学校和老师对我的关爱，我一如既往地尽我所能支持学校发展。

福大自动化科技有限公司成立以后，无偿承担了福州大学电气工程系学生实践基地的任务，公司每年还为福州大学贫困生、优秀生提供助学金、奖学金。2009年5月，我们向福州大学捐赠500万元，支持学校的建设和发展。

我们还出资1000万元，建立学生创业投资资金，每年支持35名（个）有创业意向与创业潜质的学生或学生团队创业；在公司内为我校设立创业实训基地，选派经营管理、技术等人员指导各创业团队或个人创业前的模拟运作。

退休后的吴校长，身兼数职并有大量的社会活动，但依然不遗余力地关心和支持福大自动化工程的发展，为我们创新企业的发展出谋划策，尽心竭力，对接社会资源，优势互补，共同发展。他直到去世前两个月，还专门陪同工信部领导以及中海创团队共同调研清华大学深圳研究生院，促成优势学科负责人与中海创技术团队进行深度交流，为深度合作打下良好基础。同时，吴校长提出技术成果应当应用于国家重要领域，为中海创积极对接拓展军队装备科研的资源，促进企业发展更上一层楼。

遇到了一位好校长

回顾20多年企业发展的风风雨雨，我们深深感到：我们赶上了改革开放大环境下工科高校科研成果市场转化的最好时期，我们有幸遇到了一位具有前瞻性和大格局的好校长——吴敏生，他不仅不遗余力地帮助我们创新创业和帮助企业向前发展，而且在企业初创阶段就帮助我们理顺和明晰了产权关系，避免了企业发展做大后的产权纠纷和磕磕碰碰甚至两败俱伤，使我们这群以工科生为主体的志同道合科技创新报国的科研人才，通过企业改制，落实了长效激励机制，更有用武之地，用聪明才智为社会创造出巨大的财富。可以说，没有吴校长为代表的校领导的见识、胸怀和格局，就没有后来福大自动化系教学和科研的长足进步与发展，也没有改制后的福大自动化科技有限公司以及福建中海创集团的快速发展。

（作者系中海创集团董事局主席。1983年毕业于福州大学电机系电机电器专业。1992年创办福州大学自动化工程服务中心，2000年改制成立福州大学自动化科技有限公司）

永远怀念我们的好校长

陈宜言

吴校长离开我们仿佛就在昨天。对于他的离去，悲恸之情难以释怀！这样一位德高望重如兄如友的好校长的离去，我无法相信，万般不舍，悲恸欲绝！

相识结缘

与吴校长的相识还要从2004年夏天说起。那年香港闽籍同乡会开年会，福州大学香港校友会邀请新上任的吴校长到香港参会，同时香港福大校友很想跟新任校长一起聚聚。可是就在吴校长出发前三天，发现之前办的港澳通行证的签证时间已经过期了，他心里十分着急，眼看要错失一场重要的会议以及与香港校友见面的机会。福大校办和香港校友会想到1997年4月校领导到港的通行证是我在深圳协助办理的，就立刻联系我，请我帮忙解决这一困难。当时我的心理压力很大，真不敢说能否办好，便硬着头皮找关系，从外省“抢”来一个赴港签证的指标。办好证件之后，我到清华大学深圳研究生院，把它当面交给了吴校长。校长笑着说了一句："校友也是生产力"，从此我与校长认识结缘。

双重背景下的大爱

吴校长到福大任职后，就有了清华大学和福州大学的双重背景，他一直致力于将福州大学打造成南方清华。被委以重任的他，倾尽心力地调动一切社会资源和力量，助力于福大的强校之路。

吴校长2010年卸任福大校长后担任了福大校友总会会长，仍然不惜余力地发挥他的能量继续帮助福大，维系各界校友，将校友会的各地分会组织空前地活跃并凝聚在一起，在全国高校校友贡献榜上福大荣登榜首，吴校长功不可没！更为感动的

2005年吴敏生（左）与陈宜言在深圳市市政工程设计院合影（照片由本文作者提供）

是，吴校长的帮助从来都是无私大爱的，对广大校友倾力倾听，主动赐教。但凡接触过他的人，无不钦佩他的大爱品格和助人情怀；他鲜活饱满的人格魅力，给各界校友们留下深刻印象，吴校长就像福大的招牌，他在，母校在！

对深圳校友会的特别关怀

深圳对于吴校长是个特别的“故乡”，他是清华大学深圳研究生院的首任院长，这里有他多年倾心经营的研究生院和一群追随他爱戴他的学生。

我和吴校长同是福州人，我1982年来到深圳工作，2003年起担任深圳市政院院长，又于2008年起担任福大深圳校友会长。我们都经历了深圳改革开放的特殊时期，改革开放的思路和务实高效的行事作风不谋而合。当年的深圳校友会换届还是在吴校长关注和支持下完成的。

我出任会长，吴校长给予了高度肯定和支持，对深圳校友会更是关爱有加，自此我与吴校长更是有了各个领域更广泛的交集。在吴校长的引荐下，深圳校友会成为一个校友福地，我们许多校友都说在校时候都难得见到的校领导，在深圳校友会一一见齐了，钱匡武校长、魏可镁校长、施祖美书记、吴敏生校长、付贤智校长、陈永正书记、陈笃彬书记等等各校级院级领导，都和深圳校友会有着常态化的沟通与交流，在促进学校就业发展和校友事业发展方面着实作出了不俗贡献。

我深深记得在2014年粤港深三地福大校友联谊会上，吴校长亲自捧场，给三地校友带来的零距离面对面的问候与鼓舞，在台上他直接对现场500多名的各界校友们说：“各位校友如有需要我帮助出谋划策的，尽管来找我，我定尽力而为！”在台下还耐心地满足每一群校友的合影邀请，那些平实又豪气的谈笑风度以及亲切互动的场景，至今历历在目！

对我工作的帮助

吴校长的清华福大双重背景中，福大更使他念兹在兹。作为福大校友的我，很早就承蒙他的关爱，身为企业管理者和校友会会长双重身份的我，相似的理念不谋而合，投缘的话题越聊越多。对于我们深圳市政院，他也是“高看一眼，厚爱三分”，屡屡支高招，促成了我院高新技术企业名号以及各种校企战略合作事宜，更对我院博士人才群体提出了很好的思路与建议。

吴校长一直非常重视人才培养和创新，每每促膝长谈，我们的思想火花层出不穷！我向他请教许多难题，他都毫不保留地传授给我许多宝贵的经验，甚至不惜余力地借助他的资源替我解决难题。我打心底地仰仗和钦佩吴校长，他是师长，更是知己！

2007年底，我们深圳市政院意向在福建办分院。吴校长非常提倡创业型大学，对我的校企合作的思路非常支持，我个人也开始在福大土木学院设立“陈宜言奖学金”，奖励品学兼优的学子。同时福建分院在吴校长的大力支持下，顺利地开启校企合作的先例，还得到福大老校区原行政楼二层作为办公场地的支持！

在吴校长和我的共同理念下，引领了校企合作的先行示范效应。在此期间，吴校长不时地给我牵线搭桥，作为在清华“造福他人，帮人无数”的他，自然有许多追随者和好资源。对我厚爱三分的他，在深圳的各种场合，总是叫上我，还引荐清华研究生院的同仁们与我认识，增加了我们交流与学习的机会。2010年我有幸成为清华大学深圳研究生院的兼职教授。我和我的企业得到了吴校长和清华大学的许多帮助，企业的一些重要发展节点，都得到了清华深圳研究生院的支持。2019年4月，我在福建南平的大师工作室举行揭牌仪式和论坛，得到了吴校长以及清华等各界大咖的鼎力支持，云集现场。

2012年，福州大学与深圳市政院签署战略合作协议，这一历史事件同样是在吴校长的牵线搭桥下促成的。合作事宜得到了福大时任书记陈永正、校长付贤智院士以及清华大学深圳研究生院院长康飞宇的大力支持与见证。吴校长每次来到深圳，只要有机会，都会邀约我出席各种活动。在吴校长的主场上，他总把我尊为贵客，在他的众多大咖宾客和师生中，总是待我亲切有加。承蒙吴校长对我的厚爱，无论是校企合作还是校友会活动，为我“站台”、替我“撑腰”之事不胜枚举。

对我个人的深远影响

有幸在吴校长的引荐和肯定下，我荣幸地被福州大学聘为兼职教授并评为“福大杰出校友”，让我有更多的机会和平台，为社会和母校尽自己的一臂之力，作出些许贡献，为母校争光。

吴校长的无私和热忱，真心实意的大爱，是一种大格局，更是一种大胸怀，这是我仰望的境界，也给了我很多的启发，这些年鼓舞着我一直践行着为母校争光、回馈母校的理念。在吴校长的感召下，我的母校情怀和初心更加地坚定不移，更加前行有力！吴校长博学多才，博古通今，尤其对历史有很多独到又客观公正的见解；他正气凌然，又人情温暖，总是用满满的正能量感染我们！他渊博儒雅，自律风趣，智慧果敢，大气洒脱！

我与吴校长这20多年的情缘，非三言两语能叙尽。何等的厚爱，得之我幸，大恩大爱，终身感激！我失去了我生命中一个如此重要的“贵人”！于我而言，他是德高望重的老校长，引领我的恩师，是益友，是知己，是兄台；愿今后的人生旅途中，做好人，行好事，有胸怀，行大爱，以此纪念，永远的吴校长！

（作者系教授级高级工程师，享受国务院政府特殊津贴专家，全国工程勘察设计大师。福州大学特聘教授、博导。深圳市政设计研究院有限公司原党委书记、董事长。1982年7月毕业于福州大学道路与桥梁专业）

四 造福桑梓

2010年5月12日，吴敏生在64岁之际卸下担任8年之久的福州大学校长职务，回到清华，担任清华大学深圳研究生院高级顾问、清华大学港澳研究中心名誉主任、中国科学院先进技术研究院高级顾问等职。同时在家乡福建，继续担任福建省人民政府顾问、福建省高等教育发展咨询委员会暨福建省高等学校设置评议委员会主任、福建省高科技产业发展促进会理事长，还担任清华大学福建校友会会长和福州大学校友会会长等职。

从卸任福大校长之职到2019年去世，9年的时间里，吴敏生以社会贤达的身份，活跃在福建、深圳和北京等地。他身兼数职，努力帮助家乡福建发展高等教育事业。他积极争取社会资金资源，组建清华大学港澳研究中心，研究和帮助“一国两制”在港澳的实施。他争取民间资金投入清华大学医院管理研究院，旨在提高国家的公共卫生和医疗管理水平。他经常到各地学校、机构开讲，宣传最新的教育理念。他热情帮助清华、福大毕业的校友创业和就业，解决他们遇到的实际困难和问题，造福桑梓。后面的数十年内，吴敏生继续亲身实践在福大任上提出的八字方针——与人为善，助人成功，吴敏生把生命最后的时间都奉献给了社会、故乡和亲朋好友。

吴敏生在生命的最后10来年里，花大量的时间在看书学习，研究和思考。除了科学发展前沿理论和知识，他还花了不少时间从哲学方向探讨他最感兴趣的黑洞、暗物质、量子纠缠、平行宇宙等问题，从自在到自为，从自由到自觉，人生得到进一步的升华。

吴敏生一生践行着中国传统文化中的人生三不朽：立德、立功、立言，也就是做好人、做好事、做好学问。他为人处世，大爱无疆、诚恳厚道、宽容待人、没有敌人、与人为善、助人成功。他充满了正义感，勇于担当，极具人格魅力。他一辈子学而不厌，诲人不倦，道高德重，传道授业解惑，达到了学为人师行为世范的境界。

武夷山水（照片由黄海陵提供）

想念平潭

——纪念吴敏生

陈筱昕
戴琼海

清晨，烟波浩渺的薄雾从海平面婀娜升起，淡蓝色的海浪拍打着海岸线，海鸟不时掠过头顶。我们陪着吴敏生校长漫步在平潭的海边，吟诵着纳兰性德的《浪淘沙·望海》：

蜃阙半模糊，踏浪惊呼。任将蠡测笑江湖。沐日光华还浴月，我欲乘桴。

钓得六鳌无，竿拂珊瑚。桑田清浅问麻姑。水气浮天天接水，那是蓬壶。

平潭岛东临台湾海峡，西隔海坛海峡，常年平均温度17—24℃。这是2013年，我们踏上了平潭的土地。在这个充满故事、美丽又古老的县城，在吴校长的出生地国彩村，我们和吴校长的亲人们（也是我们的亲人）一起欢度春节。除夕的鞭炮声、歌声、欢笑声和把幸福传递给亲朋好友的电话声此起彼伏。时隔9年，这些场景一直历历在目。尤其让人不能接受的是吴校长竟这么早的离开我们，与我们天人相隔。我们更是怀念那个春节，更加思念吴校长。

平潭的大海每天沐浴着光芒万丈的阳光，于是生长在海边的吴敏生校长浑身充满了阳光的味道。2000年6月我们因工作相识，那时吴敏生是清华大学的教务长。对一个人到中年，生活、事业从零开始的下属，吴敏生教务长的温暖，消融了对新环境的寒意，破解了对工作、对生活的迷茫，激发了对未来、对新生活的憧憬。人心暖了，那么我的世界都是春天。

因为吴校长，让我们知道了在祖国福建省，离台湾最近的一个岛“平潭”，并走进了她。只有生活在海的身边，才能知道大海是多么的博大和深沉。古人云：“海纳百川，有容乃大”，我们就像一条条奔腾不息的河流一样，汇集到吴敏生校长身边，感受大海的气息和洗涤。吴敏生校长从来都是敞开胸怀拥抱每一条溪流。集溪成川，成就未来。

有朋友问我：你到了平潭，看到那么边远的小渔村，能出一个吴敏生这样的人，是不是感到诧异？我说：我觉得平潭是一个人杰地灵的地方。“面朝大海，春暖花开。”吴敏生校长集平潭天地之灵气，基因之精华，带着大海的激情，从海边到首都，又从首都回故乡，一路不停地吟唱他的理想。波峰涛谷的歌声里也荡漾着许多人的和声。君子谋道不谋食贯穿了一生。

“诚知汲善心长在，争奈干时迹转穷。”善良的画卷从来都是需要勇气和担当来绘制成的。吴敏生校长常常回忆并讲述他母亲的善良。善良是一颗种子，它会生根发芽、开花结果。善良是黑暗的星火，指路的明灯。吴敏生校长继承了平潭家族的善良，在潮起潮落的岁月里，持之以恒地手捧善良的清泉一路浇灌下去，救赎和成就了很多的人。

端粒决定人的衰老程度，我相信吴敏生校长一定是端粒最长的人。他的专业知识、哲学思想、政治理念、生活态度都和平潭的山水一样，飞扬着青春的气息。

“天下没有不散的宴席”，但是这个宴席散得有点早，我们多想再与吴校长的欢宴中得到更多的“滋养”。

任何一个与我们亲密的人，最终都会离我们远去。但是，吴敏生校长让我们永远记住了平潭！“青山一道同云雨，明月何曾是两乡。”

我们想念平潭！

（作者陈筱昕系清华大学教务处工作人员。作者戴琼海系中国工程院院士，国务院参事，清华大学信息科学技术学院院长，清华大学自动化系教授，中国自动控制学家。先后获得国家技术发明一等奖和二等奖各一项，国家科技进步二等奖一项，发明专利百余项）

吴校长对重建镇海楼的贡献

郑松岩

福州镇海楼为江南三大镇海楼之一，曾与黄鹤楼、岳阳楼、烟雨楼等并称为中国九大名楼。它始建于明洪武四年（1371年），是福州古城的最高楼，也是城正北的标志，又作为海船夜幕入城的航标，曾是福州西湖外八景之一。楼前右侧有七星罡按北斗七星方位排列，此寓保佑全城平安。长久以来被福州百姓作为抵御自然灾害太平盛世的象征。然而，历史上福州镇海楼屡建屡毁，屡毁屡建，最近一次是在1970年因战备原因被人为拆毁。

2005年10月“龙王”台风肆虐福建，造成福州持续数小时的强降雨，加上恰逢天文大潮，出现了历史罕见的内涝灾情，福州市区8平方公里受淹，最深达1.9米，36个居民小区停电，21条公交线路停运。市区内不少街道水深至腰部，随处可见泡在水中熄火的汽车，不少地方还出现了泥石流、决堤等险情。特别是武警福州指挥学校某部驻地遭受山洪袭击，造成重大人员伤亡。

台风灾后，世界福州十邑同乡会发起倡议并捐资重建镇海

镇海楼远眺。明清时期，福州每年都要经受多次台风袭击，百姓将镇海楼当作一座风水楼，镇妖辟邪，保佑海上船只的安全和福州城的安定（照片由黄海凌提供）

楼。重建工程在2006年11月18日开工，于2008年4月28日竣工，结束了福州镇海楼长达38年有名无楼的历史，重现了福州三山两塔一座楼的古代城市建筑景观。

重建镇海楼的头号功臣

福州镇海楼，坐北朝南，坐壬向丙兼亥己二分，是福州城南北中轴线的起点。镇海楼占得一方风水宝地，其所占的山峰，因山上茂密森林如屏风般挡住了北面的煞气，故后称其为屏山。作为主山风水宝地，屏山在闽越国之时被称为越王山。真是“八闽雄都一楼镇海，千秋福地万树屏山。”

福州镇海楼在过去600年间13次建13次毁。我在担任福州市长的任期内进行了镇海楼的第十四次重建。在福州镇海楼重建后的十几年中，我进一步认识到：在重建镇海楼的策划、施工中，吴敏生校长是头号功臣，起到了不可或缺的作用。没有吴校长的积极参与和贡献，重建后的镇海楼不可能起到现在超出常人想象的作用。将造福桑梓的荣誉送给吴敏生，绝不是夸张溢美之词，而是实至名归。

从事中国古建筑重建的建筑专家们都认识到，只有充分了解古代的环境生态，对中国几千年建筑史中的风水堪舆了如指掌，才能从事这一行业。当年这些古建筑的修建，遵循了道家“人法地、地法天、天法道、道法自然”的敬畏自然和天人合一的理念，结合了地理、建筑和伦理等诸多中国古代哲学思想和理论以及实践经验，根据当地实际情况，采取切实有效的方法，使人和建筑物与自然充分和谐。

在重建镇海楼的合作配合中，我常与吴校长谈及福州历史名城和古迹修复保护的话题，他反复叮嘱要尊重先人智慧，尊崇自然法则，尤其是天地人一体的和谐相处。历史上，镇海楼每次重建都具有独特的历史渊源和社会需求。

在重建镇海楼过程中，我们非常需要一位精通古建筑风水堪舆和地理知识的大师指点迷津。吴校长主动引荐了清华大学规划设计研究院营造法理研究所所长马士平大师为重建镇海楼的顾问，关注工程的每一步进展，帮助我们做了许多具体工作。通过马大师的精准测绘和定位，在一大片杂草丛生的废墟下，找到了镇海楼的原址，反复校对了重建的镇海楼的经纬度和高度，寻回北斗七星罡的物件，在重建的镇海楼右侧按北斗七星方位重新排列了北斗七星罡。

重建镇海楼需要福建八闽大地的水土样本，吴校长组织福大

镇海楼近景（照片由黄海凌提供）

镇海楼设置了一些道教文化信仰的物件，例如七星罡卦阵（照片由黄海凌提供）

学生利用假期返乡收集省内各县市乡镇60多份纯净水样和土样。

可以说，若无吴校长之用心良苦，即使修复了镇海楼也未必能达其功绩。

让百姓有一些美好的想象和寄托

从现代科学的角度来考察，修建镇海楼与防台风袭扰没有必然的联系，没有理论依据。镇海楼重建后，确实出现多次台风来袭临登陆时突然改变路径使福州免遭天灾，可是坊间就把数次台风突然改变路径与镇海楼的重建挂上了钩，议论说镇海楼挡住了多次台风，甚至有民众幽默的调侃：尽快拆除镇海楼，还福州一个凉爽的夏天。

我以为，对于民间的不同议论，不要有意点“破”，让百姓有一些美好的想象和寄托。百姓口口相传的历史事件、良好的主观愿望，甚至以讹传讹，不要都把它指责为是“迷信”。我们在城市古建筑的修复上，尽量给老百姓一个心理上的满足。

当年有家媒体登了一篇文章，振振有词地说近年台风之所以没造成损失，跟修建镇海楼没有任何关系。这种跟百姓美好愿望和想象较劲的做法，实在没有必要。老百姓怎么传说，只要无伤大雅，姑且听之，最起码他们的心理得到安慰，这没有坏处，让老百姓有一些美好的想象和寄托。最重要的是，过去修建镇海楼，表明政府注意海洋生态对民生的影响；现在重建镇海楼，同样也是彰显政府重视海洋生态。我们在城市管理中要去研究自然界对社会和民众心理的影响，而不必去与百姓较劲，只准这样，不准那样。在可能的情况下，尽量体谅和照顾到百姓的感受。

镇海楼中藏有林则徐的书法："海纳百川有容乃大，壁立千仞无欲则刚。"这代表了福州人的精神高地，当然也体现在吴敏生校长的身上。

造福桑梓　回馈乡亲

我与吴校长相识于"非典"期间。当时"非典"肆虐，各地都缺少检疫设备，甚至连水银体温计都缺乏，各级政府的压力十分巨大。恰逢省委黄瑞霖副书记拜访了时任清华大学深圳研究生院院长的吴敏生，吴心中一直牵挂家乡的抗疫斗争，介绍了清华最新研究成果——红外体温检测仪，并立刻支援福建省30支。瑞霖书记即让我派人去深圳领取，这30支先进设备解决了我省防疫大难。我与吴校长初识即感受到他心系桑梓的大爱之心。

我是福大校友，与吴敏生校长相识相交相知近20年。我在工作中与他多有交集，深刻理解他的家国情怀，敬佩他造福桑梓回馈乡亲的抱负，学习他与人为善，助人成功的优秀本质。吴敏生校长是我最为珍惜的一位好朋友。

（作者曾任福建省省长助理。2005—2009年任福州市市长，其任内重建镇海楼）

严复翰墨馆的新生

郑志宇

福州的三坊七巷，是靠林则徐、左宗棠、陈宝琛、严复、林觉民、冰心等近现代历史文化名人故居而起家的旅游胜地。在熙熙攘攘的商业区里，人们可以从严复翰墨馆里的文创产品或者DIY中，感悟福州乡贤和中国西学第一人——严复博大精深的思想。这里藏有近300件严复书法真迹，一定程度上是严复精神的栖居地。

死而复生

严复对中国近代史的巨大影响力成为我创办严复翰墨馆的内在动力。当严复翰墨馆与当地政府的分管机构产生矛盾将被迫搬迁之时，吴敏生校长拍案而起，写信给省市领导，不遗余力帮助我们，希望将严复翰墨馆保留在三坊七巷内。吴校长反复宣讲“一片福州三坊七巷，半部中国近现代史”的典故，认为如果没有了历史文化名人的踪迹，人造古迹最终将沦落为美食购物广场。因此，在各级政府支持和关注下，在吴校长去世

福州三坊七巷中的严复翰墨馆外景（照片由本文作者提供）

百日后不久，严复翰墨馆与当地政府的管理部门签订了新的合约，以文化创意产业的身份留在了三坊七巷。

刻骨铭记

在严复翰墨馆重开之日的2020年2月28日，即吴校长辞世的174日，我写了以下文字明志：“云山苍苍，江水泱泱，先生之风，山高水长。”对吴校长的知遇之恩，没齿难忘，溢于言表。

铭记2020年2月28日，严复翰墨馆重开之日，是吴校长受聘严复翰墨馆名誉馆长的第979天，也是吴校长忌日的第174天。在未来漫长的时光里，我们都将铭记、感恩在过去的日日夜夜里，吴校长为严复翰墨馆所做的一切。

铭记2017年6月24日上午，吴校长首次走进严复翰墨馆，有感于我倾力兴办严馆，传承发扬严复“科学与爱国”之精神，当即同意担任名誉馆长，缘分自此开始。吴校长说：“倾尽家财，只为严复，只为文化，这不是一般人能做到的。”

铭记2017年12月，在严复翰墨馆即将进入北京故宫办展前夕，吴校长多次来馆，对福州先贤真迹即将进入国家最高文化殿堂展览感慨不已，他说：“严复终于要回到他一生魂牵梦萦的京城了”。

铭记2018年6—12月，在福州大学建校60周年校庆前后，在这所吴校长耕耘近十年的家乡高校，全力推动先贤之思想成为汇聚福大不断前行的精神动力和思想营养，让严复科学与爱国的精神在福大学子的心中根植与传承。吴校长说：“严复先生应该成为福州大学的精神标杆，他是福州人永远的骄傲。”

铭记2018—2019年的两年时光，吴校长不计报酬、无求回报，在严复翰墨馆遇到种种困难，甚至面临闭馆的危机之时，无私地为翰墨馆四处奔走呼号。吴校长说：“严复翰墨馆馆藏真迹及其所折射出的‘科学与爱国’精神，应该成为福州历史文化名城的精髓予以重点保护。”

大师归来

正如严复首任北大校长时，力挽狂澜，挽救北大于被停办的命运时一样，吴敏生和严复都深刻认知到，文化与教育才能让这个民族长存，他们也为此付出了一切。

我深深感受到穿越时空的灵魂相通。吴敏生与严复有着太多的相似之处，皆考入名校，留学欧洲；皆精通西学，中学深厚；皆躬耕教书于育人一线，师表天下、诲人不倦；皆为福州人，回归家乡，建设故里，鞠躬尽瘁。在他们身上，我们可以看到中华千百年来志于“为天地立心，为生民立命，为往圣继绝学，为万世开太平”的贤者与君子的影子。

时空对话

无垠宇宙，辽阔世界，广博思想，相遇都是亿万分之一的概率。每每在馆内聆听吴校长阐述关于思想、文化、科学、艺术等的观点，都觉得他是在与严复进行一场穿越时空的对话：

严复：“言自强于今日，以开民智为第一义。”

吴敏生：“知识和智能的关系：防止有知识，没智能。”

严复：“是以讲教育者，其事常分三宗：曰体育，曰智育，曰德育。”

吴敏生：“科学和艺术的创作灵动以及二者追求人文精神的和谐，体现了德智体美教育价值观的整体性和持续性，是不应该被割裂的。”

严复：“照古腾今，不朽之业；穷理尽性，载道为文。”

吴敏生：“以人的内心世界为主体，排斥以‘心外之物’为主体，突出心智启迪，这就是中华文化特有的人文精神，是大学文化的灵魂，也是教育初心所在。”

吴敏生与严复，他们目光之所及，广袤世界，思想之光，可能便是这个民族文化的未来。

人生哲理

吴校长生前常说，人的一生不能是“人”字形，一撇一捺，生时遭受希望的无限煎熬，老时遭受病痛的无限折磨。人应该是如“门”字形，快速到达巅峰，快速的归零，无论巅峰“一”的长度有多长，这样的人生都是幸福的有质量的人生。

我永远不会遗忘吴校长为严复翰墨馆所做的点点滴滴。我永远记住这一天：严复翰墨馆浴火重生的日子。我带着吴校长关于文化与教育的期许和梦想，继续向前奔跑，让更多的优秀思想在这里碰撞、激荡，让非凡的中华文化在这里永续传承。

吴校长不曾离开，他永远关注着我们。

（作者系严复翰墨馆馆长）

附：吴敏生在严复逝世八十周年纪念暨学术研讨会上的讲话

尊敬的主席先生、各位领导、各位嘉宾、各位学者：

在新世纪第一个年头，回福州参加这样一个学术盛会，纪念故乡先贤严复先生，我感到非常荣幸。我谨代表清华大学，预祝大会圆满成功！

众所周知，严复是近代中国思想、政治、文化史上占有十分重要地位的科学家、教育家、翻译家、爱国主义思想家和具有世界眼光的政治家。19世纪末20世纪初，积贫积弱的中国，在国际化大潮中面临着被列强瓜分的危险。严复奔走呼喊，要求变法图强，挽救危亡，振兴祖国。他先后与友人合办了《国闻报》等报纸，发表了《原强》《救亡决论》等一系列具有鼓动性、理论性也极强的政论文章，翻译出版了《天演论》《群学肄言》《群己权界论》《法意》《原富》《穆勒名学》《名学浅说》《社会通诠》等十余部理论著作，是近代中国第一位根据中国国情，系统输入西方人文社会科学理论的思想家。他的学术文化活动，特别是对西方文化的译介以及对中西文化关系的系统理论思考，为中华民族的凝聚与统一，为中国走向近代和现代化，产生了重要影响。在进入21世纪的今天，面对日益汹涌的全球化浪潮，充分开展严复思想研究，无疑将大有助于我们民族的振兴和走向世界、屹立于世界民族之林。

清华大学有着长期研究严复思想与生平的学术传统，从20世纪20—30年代开始，历史系的张荫麟先生、哲学系的贺麟先生、冯友兰先生等都曾从不同的角度对严复这位思想家进行过研究，高度评价他在译介近代西方名著、促进中国文化发展方面所做的贡献。他们培养出的著名学者王栻、张恒寿等先生均对严复研究作出过重要贡献。近年来，清华大学在加紧建设的过程中，恢复和发展人文学科，专门建立了历史系等单位，循守“中西融汇、古今贯通”的学术传统，组织和培植研究力量，对严复思想进行了专题研究，取得了一定成就。同时，经过多年努力，我们已与台湾、香港、美国、欧洲（包括俄罗斯）等地区和国家研究严复的专家学者建立起了密切的学术合作网络。我们希望，在今后的研究中，继续与各相关学术机构，特别是严复家乡福建的学术机构及学者合作，进一步把严复思想研究推向深入。谢谢！

难忘学长

郭挺

在2014年的一次清华同学聚会上，我初次遇见了吴敏生学长。这位老学长的言谈举止间所透露出的那份儒雅与从容，就像磁石般始终吸引着我的目光。他的眼神是那么的慈祥，一种油然而生的亲近感，仿佛他能包容这个世间的一切。席间，他侃侃而谈，一旁聆听的人虽然很难领会到他思想的高度，但都被他的深邃与博学所折服。上知天文、下知地理、博古通今，所说内容包罗万象，世间所有大大小小的书籍似乎早已烂熟于心。从那以后的时光里，这位学长渐渐地成了我人生的指引者，成了我精神的摆渡人。

了解西东　提升自己

吴敏生学长的思想格局是常人难以企及的。他的思维方式至今深深地影响着我。例如在谈到东西方文化的差异时，吴学长曾有过一段精辟的论述。他说，西方的文明注重研究具体事物的运动规律。这些具体事物必须是能够感知到的，比如看到、听到、闻到或者用仪器测试到。例如西方的科学思维，它就是通过客观地观测事物的运动，采集运动数据，然后将这些数据整理出来进行分析，找出其中的运动规律，从而形成科学原理。他们看待这个世界都是在研究可观测的事物和现象，也就是所谓的具体存在的东西。他们的这种看待和探究世界的方式被称为形而下学。但你要明白，这种科学思维只是我们人类思维的一种而不是全部。我们中华文明更加注重去研究和观察很多观测不到的东西，即使用仪器也检测不到，只能通过内心感知到。比如我们常说的“气”，“金木水火土”五行，还有易经八卦。这些思维方式都是用于探索万事万物更加深层、更加内在的性质和规律。因此，我们的文明看待和研究世界的方式被称为形而上学。你去过西北，在那里接触过藏传佛教，也了解到藏传佛教研究和看待这个世界的思维方式，它与我们中原地区的文化又不一样。所以我希望你要尝试去接触各方面的知识，而不仅仅只是科学知识。这就是眼界和格局，一定要把自己的格局提升上去，否则我们的世界就变得狭隘了。

树立正确的世界观

吴敏生学长曾经说过，我们生活的宇宙是一个全息的世界，任何一部分甚至是一个尘埃里面都包含着一个宇宙，蕴含着宇宙的所有规律。这世间的万事万物都是相互联系、相互影响着的。我们要尝试着去观察和思索它们之间的普遍联系。如果眼界只停留在关注地球上的事物，那格局就会被限制在地球这个二维平面空间上，所需要观察的万事万物也包括地球以外的事物。去关注地球以外那个更广阔的空间能够将你的思维格局提升到三维立体空间。地球上发生的事情跟宇宙万物之间似乎存在着某种联系。比如宇宙中曾经发生过的一些天文现象的时间跟地球上发生的很多历史事件的时间非常的吻合。说到这里吴学长解释道："我说这些不是在崇尚什么天人感应，而是想说这个世界比我们想象的要奇妙得多，我们对世间万物要存有敬畏之心。这个世界还有太多我们无法掌握和理解的东西。所以我希望你在以后的人生中要多去观察和思考这个世界，用更广阔的视野看待这个世界，提升自己的思想维度。"

吴学长深邃的思想犹如一道阳光，指引着我们去探索事物的本质，例如他对于物质与灵魂之间关系的思考。他说这个世界除了由物质和能量构成之外还有信息。信息的存在需要载体，任何事物都可以成为存储信息的载体，信息在各种载体之间传递和复制。比如我现在跟你交流，就是将存储在我这里的信息复制到你那里。但有一个问题需要我们去思考，当存储信息的载体被销毁了，那么储存在载体上的信息是否还存在？比如我们将一些信息用笔记录在一张纸上，那么这张纸就是存储信息的载体，当纸张被销毁了，那么信息看起来似乎也不存在了。但是如果我们利用打孔的方式（打上空位）在一张纸上打上摩尔斯码，那么这些空位就是存储信息的载体而不是这张纸，本质上就是用一个个空位的排列方式存储着信息。当有一天这纸张被销毁了，而这些空位却是没法被销毁的，那么信息是否还存在？如果还存在，那么信息会转移到哪里去？这个宇宙可能存在一种不可见的物质叫暗物质，它可能是宇宙物质的主要组成部分。对于暗物质，我们人类目前还不是很清楚它是否真的存在和它的运动规律。如果存在，暗物质也可能成为存储信息的载体，当看得见的信息载体被销毁了，信息可能就会转移到暗物质中储存起来。以此为基础也许就可以解释灵魂和各种灵异现象。当一个人去世了，他的身体消亡了，但他大脑中的信息可能不会就此消失而是转移到了暗物质中。在化学分子中，我们知道有势能等位点这一概念，官能团可以在这些等位点上自由的转移跳动。那么我们可以假设，对于信息的转移是否也会存在这样的等位点，信息可以在这些等位点上来回跳动。如果这个假设成立，就可以解释藏传佛教中提到的转世现象。一个去世了的人的信息转移到了暗物质中，然后这个信息将在这个世界中的各个等位点上穿越。当一个婴儿正好在某个等位点的位置出生了，那么这个信息可能就会从暗物质中转移到他的大脑中，从而使这个婴儿拥有了前一个人的记忆。

清华情结 关爱校友

吴学长对清华有着极其深厚的感情，他对清华学生的发展也格外的关心。吴学长最后一次与我交谈时，谈到了如何将所学的知识更好地使用起来。他说道：“清华的学生一般都是聪明的，有比较强的逻辑思维能力和丰富的知识储备。正因为有了这个优势，所以在平日的工作和生活中，习惯于依赖自己的这个优势去分析问题和解决问题，比如规划自己的人生、处理遇到的困难、推进具体的工作。但要知道，逻辑思维和知识理论都属于理性范畴，它们都受我们的左脑支配。如果只依靠它，虽然可以解决常规性问题，但不容易形成思维突破。世界上很多重大的发明和历史上很多影响深远的决策往往需要感觉，或者说叫灵感的助力。比如历史上的一些伟大的发明和科学发现，不是靠科学家的逻辑推理出来的，而是在那一刻所激发出来的灵感，让意识直到跳跃到结果。你再多读读一些伟人的回忆录，他们在描述自己面对问题，尤其是重大问题时，其决策的过程虽然需要知识、阅历、逻辑，但最后总需要那么一些感觉，这么一些感觉就是你做这件事情的天赋，它受我们的右脑支配。希望你意识到右脑的价值和潜力，学会使用和开发自己的右脑，它能给我们无穷的灵感。”

在与吴学长的交往中，我时常拿自己刚完成的一些文章请他批评指点。吴学长总能高屋建瓴地指出文章的不足之处，并委婉地指导我接下来如何改进。比如他在批注我的一篇文章时有过这样的一段话：“小郭，论文初稿已阅，提几点看法和你讨论。除了对摘要做了修改之外，建议正文分为三部分，初步罗列每部分的要点。第二部分关于熊彼特的参考文章是从百度上下载的，附后。由于时间仓促，见识有限，我的浅见仅供参考。总体希望论文能把握大势，又能多接地气，减少学术论文的味道。”与吴学长的每一次交流都是一次课堂，这个课堂包括万象，让你能看到这个世间的奇妙，感受知识海洋的广博。

对我从事扶贫工作的指导

2017年我被派往甘肃省定西市参与扶贫攻坚战。在西北扶贫期间，我与吴学长时常保持着联系，也经常将自己在西北的所见所闻与他分享。刚到甘肃时，他对我说：“古人有句话‘苦其心志、劳其筋骨、饿其体肤、空乏其身’，革命年代走过来的党员干部几乎都体会过这些感觉。但在今天的社会环境下，你们这些年轻干部很难再有机会去体会饿其体肤、空乏其身的感觉了，不过这次去扶贫，让你有机会体会一把苦其心志、劳其筋骨的感觉。”他还说道：“既然已经到了中国最贫困的地区，你何不好好住在那里最穷的山沟，深入到每一个贫困户的家里去，深入到他们的生活中去，用眼睛去观察贫困，用心去体会贫困。你可以接触到关于贫困的第一手的资料，比如贫困究竟是什么样子，为什么这些地区的人会贫困，同时再好好调研一下这些贫困群众的生活幸福感如何。最后可以将自己搜集来的材料整理起来做一个关于解决贫困的研究报告。”按照吴学长的指点，我在扶贫期间走访了那里50多个贫困村的200多户贫困家庭。每走访一户我都做好记录，去探究他们贫困的真正原因。最后我发现，大部分有能力脱贫而未脱贫的家庭都存在意志消沉的问题，而意志消沉的原因几乎都是因为家庭出现过裂痕，导致人在精神和情感上出现创伤，比如家人重病、丧子、丧偶、婚姻破裂、家庭分裂等等，同时这些家庭的幸福感也都普遍比较低。而比较和睦的家庭幸福感非常高，这样的家庭不是已经脱贫了，就是在马上要脱贫的边界。于是我真正体会到了“家和万事兴”这句话。随后两年的时间里，我用自己整理出来的资料写成了一系列的调研报告，并分别刊登在《中国经济导报》《党的建设》《甘肃日报》《定西日报》上。

寄语从政校友

对于政治家的素养，吴学长曾有过一段精彩的论述。他说，政治家需要具备见微知著，一叶落而知秋的能力。大风往往都是在长有青草的地方聚集然后刮起来。看到海平面的一丝变化，就知道要起风下雨了；看到青萍的一丝扰动，就知道要起大风了；看到一个环境的一丝微扰就能够判断接下来可能产生的效应。

政治家一定是能够看到青萍之末的人。比如毛泽东，当他看到星星之火时就知道将来会发展成燎原之势。任何事情在它形成之前都会有某些迹象发生，我们要善于去捕捉这些迹象，从表象中看到事物的本质，从而看清楚事物的发展规律。这样我们就能够在事情刚出现苗头的时候就加以控制。因为在事情刚出现苗头时是很容易控制的，所要付出的代价也是最低的；而当事情已经成形，大风已经刮起来了，那就不容易控制了，所要付出的代价也很大。

师者，所以传道授业解惑也。吴敏生学长就是这样的传道授业解惑者。每当我走入迷茫和困顿时，他就像一盏明灯始终在前方指引着我。即使在他离开后的岁月中，他的思想和精神依然在指引着我，就像一位长者始终在呵护着我，照亮我前进的道路，让我一路奔跑时不觉得孤独，不觉得害怕。

“人生会有很多的经历和考验，无论受多大的苦和委屈你都要忍。”他生前对我的这句教诲至今言犹在耳。

（作者系清华大学材料科学和工程博士。现任福建省创新研究院合作发展部部长。曾任福州市台江区副区长、罗源县科技副县长、定西市安定区常委副区长等职）

师者如斯

贾娜

德国作家塞缪尔曾说："无论年届花甲，抑或二八芳龄，心中皆有生命之欢乐，奇迹之诱惑，孩童般天真久盛不衰。"

——献给我们最爱的吴敏生老师

"妈妈，吴老师去哪里了？"

"去了天上。"

"吴老师变成星星了吗？"

"是的，变成天空中最亮的那颗星。"

4岁的女儿抬着头在夜空中使劲寻找那颗最亮的星星，而我和爱人早已泪流满面。内心的刺痛感如此锥心，以至于很长时间我们都不愿也不敢提起。正如清华福建校友会林超会长所说："吴敏生老师是我们的精神领袖，他走了，我们好像失去了主心骨。"

但他的人生如蜡烛一般，从顶燃到底，一直都是光明的。

因为懂得，所以慈悲

吴老师是一位博学的长者，上至天文下至地理，古往今来，无所不知。和他在一起会使我们的视野开阔、内心豁达。如果有时间，我们这群80后都很喜欢和他聚聚、聊聊天，工作中遇到什么问题，专业中有什么不解，思想上有什么困惑，他都能娓娓道来、授业解惑。他不仅懂得我们的努力、进取、成绩、荣耀，更理解我们的迷茫、怠惰、挫折和困扰。在吴老师面前，我们没有丝毫的心理负担，不必刻意伪装成一个优秀或完美的人，因为知道他会无条件接纳我们的全部，包括缺点与不足。时至今日，校友们在一起，还是会经常想起他，怀念他的笑容，带着春风化雨般的温暖、安心、平和，饱含着对这个世界的宽容与热爱。

他记性极好，70多岁时给我们讲党史，历史上的每一个时间节点、每一个重要人物，他都记得清清楚楚。但他又是健忘的，曾经的不快、遭遇的恶人，他转身就忘得一干二净，此后不再提。健谈的他说起哲学、科学、教育来总是滔滔不绝，但从未耗费一字一词用来抱怨或指责。他胸怀出世的智慧，却也拥有入世的情怀。找他帮助、求他点拨的晚辈不知凡几，但他从未流露一丝不耐，都会当作自己的事情一样，去为每一个寻求帮助的人分析、谋划、奔走。人生七十余载，泽被何止一代！

和他在一起的日子总是充满欢声笑语。每次聚会，我们都喜欢把他围在中间，这样每个人都能看到他、听到他讲话。他对教育、政治、生命、宇宙都有自己独到且前沿的见解，乐于分享知识和思想，但从不强求别人接受，也不希求外界认可。现在想来，他就像一颗太阳，始终在为身边的人散发光和热。罗曼·罗兰曾说，世界上只有一种英雄主义，那就是认清生活的真相后，依旧热爱生活。对我们来说，吴老师就是这样一位英雄人物。

因为热爱，所以执着

校友们都知道，吴老师有两大爱好——科学和健身。每天早上3000米长跑后再来100个俯卧撑，这是他雷打不动的晨练安排。即便天公不作美，他也会变成室内的等量训练。他身材挺拔、精力充沛，还经常和30多岁的学弟比体力。惭愧的是，不少年轻校友在引体向上、俯卧撑、长跑等项目中只能甘拜下风。或许是受益于数十年如一日的体能锻炼，抑或是知识底蕴和人生阅历早已内化为气质涵养，他看起来总是那么风度翩翩、儒雅倜傥。有时真的会被他的状态所“欺骗”，总会忘记这也是一位年过古稀的老者。因为在我们眼里，他是70岁的年龄、40岁的身体、20岁的心态，还有着孩童般的纯真可爱。每次见他都是一身休闲服加一双运动鞋，走起路来轻盈有力、不露老态。

前几年，他学会了网络购物，自豪地对我们说：“这双鞋子是京东买的，才200块钱，很好穿呢。”网购也让他发现了很多有趣又好用的健身器材。有一次吃饭，赵师姐自嘲减肥失败，一向幽默的吴老师立马回应说：“你这是敦煌美。”赵师姐和在座的校友们旋即大笑。吴老师又补充说“身体健康最重要，倒是可以适当锻炼增肌”，然后就拿出手机给赵师姐网购了一个自动回弹的健腹轮，并颇有耐心地讲解使用要领，可见他已经是一个“熟练工”了。我们和吴老师就是可以如此毫无障碍地交流，谈天说地、尽情欢乐。回首再看，和他相处的每一段回忆都那么亲切、那么生动、那么有温度。

福州本地人常叫他“吴校长”，但清华校友们还是习惯叫他“吴老师”。这一声“老师”，饱含着我们的依恋、亲近、尊崇和信任。30多年前，他就当上了清华教务长，此后又担任院长、校长等职务，退休也有近十年了，但他从未远离过自己深爱的三尺讲台和教育事业。他把每一次授课交流的邀请，都当作传递科学精神和先进知识的好机会，一定会亲自备课、反复推敲。党的十九大后，“文化自信”成了一个热词，青年公务员如何理解新时代下的文化自信，从何而来？为何而有？身处基层政务一线的校友便邀请吴老师围绕“文化自信”讲一堂课，他爽快地答应了。本以为他会像平日聚会时那样，坐下来便侃侃而谈，因为以他的知识积累和授课功底，完全可以做到“信手拈来”。但吴老师对待讲堂，一如三十年前的较真。认真备课之余，他专门申请留出一周的时间做PPT。他说：“即使是自己熟悉的领域，一小时的授课至少也要用七个小时做准备工作。”这就是我们的老师，本就博学却依然严谨，始终坚守对讲堂的责任和敬畏。经常会飞来飞去的吴老师，这一周都窝在家里做课件，还就课件的框架和内容电话沟通了好几次，紧张可爱得像个孩子。谁会相信，这是一个在讲台上站了几十年的资深教授！师者如斯，我辈之幸！

因为信仰，所以坚持

吴老师是一位典型的终身学习信仰者。孔子曰：“学而不已，阖棺而止”，用在他身上再恰当不过。别人眼中的他早已如大师般渊博，但他始终保持着对知识的饥渴状态，遇到任何知识盲点立刻找书看、找专家请教，思维活跃度令吾辈难以企及。70多岁的吴老师不愿为自己的思想设定边界，你永远不知道下次见面，他会带来哪些新知识、新思考，所以每次见面，我们都会习惯性地问“您最近又学了什么？”有段时间他对天体物理感兴趣，书买了一大堆，过了一个月再见，他竟已全部读完，还就其中收获侃侃而谈。在大家的起哄下，他给校友们上了一堂天体物理的课。他把现代物理学理论与中国传统的儒学、道学相联系，用哲学思维解读深奥的科学知识。正如他一直所提倡的：“科学哲学具有纵观古今、横跨中西、融汇文理的特点以及真伪思辨的智慧，借此罗织思维科学的‘文化经纬’。”看着讲台上的吴老师，我们都坚信，他不仅在讲授科学、信仰科学，他也一定在享受科学！

后来，吴老师又迷上了量子力学理论，何谓量子、量子运动特点、量子产生影响等等，他又开启了知识探索之旅。原本，我们都期待着能再听他讲上一课，关于量子纠缠……

吴老师走了，有关他的回忆却成了我们眼中永远风不干的泪水。

听说，逝去的人会化作天上的星。每当我们仰望浩瀚星空时，都会忍不住想到您，依旧笑意盈盈，那么亲切、生动、温暖。

注：感谢赵春荣师姐为本文作出的重要贡献。感谢林超学长委托我撰写此文。

（作者于2005年考入清华大学新闻与传播学院，获文学学士学位，2013年获文学硕士学位。目前在闽工作）

深切缅怀吴敏生老师

林峣峻

追思园子里，桃李芬芳时。泼墨悼恩师，刹那成永恒。

2019年12月15日，是吴敏生老师逝世一百天纪念日。我当天早上叫了滴滴专车赶往将在清华大学深圳国际研究生院C2楼报告厅举行的百日追思会会场，司机大叔竟是一身黑衣黑裤，冥冥之中，顿然泣涕！当晚，我把这张照片发到悼念吴老师的微信群“百家集”里。

记得当天上午9时许，我到达敏生老师百日追思会会场，按捺不住悲恸的心情，用中英文写下100多字，表达了从全国各地赶来参加追思会的吴老师生前的挚爱亲友此时此刻的内心感受，并发到悼念敏生老师的微信群“百家集”里：

正是桃李的芬芳使您的微笑回荡在平行宇宙中，

我们仍感到您的音容犹存。

It is the fragrance of peaches and plums that keep you smiles in parallel universe， and we could feel your shadow left behind.

百日追思 百年哲人

深圳湾畔，晴空一鹤排云上，正是恩师希望看到的朗朗乾坤！

塘朗山下，便引书声到碧霄，正是恩师寄予厚望的泱泱深研！

睹物思人，敏生老师35年来的言传身教跃然电脑屏幕上。

国家使命 清华情怀

2009年10月5日至10日，由海峡两岸清华校友共同发起的首届“清华心·中华情”主题活动暨“两岸清华人·一颗清华

2019年5月11日吴敏生（左一）与林岷崚在清华大学深圳国际研究生院院碑揭牌仪式上

心”主题盛会于福建省泉州市、厦门市和莆田市成功举办。在两位德高望重的老校长王大中院士（清华大学原校长）、刘炯朗院士（新竹清华大学原校长）的共同主礼下，近500位毕业自北京清华大学和台湾新竹清华大学，分别来自我国京、沪、闽、粤、港、澳、台以及美国、加拿大等地的两岸清华校友（其中粤港澳台参会校友200多位），欢聚一堂，共叙百年清华传统，交流同根同源情谊，展望两岸共赢愿景。我们率先提出以厦门为支点，凝聚两岸清华及全球校友的智慧和力量，打造海峡两岸携手发展科技产业的铁三角，为海峡两岸融合发展和实现祖国完全统一贡献清华人的绵薄之力。

2009年11月，新竹清华大学在其官方网站“首页故事”以《2009“两岸清华人·一颗清华心”校友联谊活动》为标题，图文并茂地详尽报道了首届“清华心·中华情”主题活动。

2010年10月22—29日，第二届“清华心·中华情”主题

第一届“清华心·中华情”主题活动暨“两岸清华人·一颗清华心”主题盛会活动组委会成员与嘉宾合影于莆田市湄洲岛，前排左一为吴敏生

第二届“清华心·中华情”主题活动暨迎接母校百年校庆主题盛会组委会成员和嘉宾合影于清华大学深圳研究生院。前排左二为吴老师

活动分别于清华大学深圳研究生院、麒麟山庄贵宾厅、深圳清华大学研究院等地举办。吴敏生老师和胡昭广、张素久、苗日新、程宜荪等多位清华老学长围绕着“清华心·中华情”这一主题分别以切身经历作了十分精彩的演讲。

吴敏生老师作了题为《对百年清华科学人文精神的一点理解》的主旨演讲。他在演讲中指出：“在今天校友报到的时候，崛崚和校友们希望我题个词，我的题词是‘国家使命，清华情怀’。”“我理解的清华精神，也就是胡昭广学长刚才提到的清华校训，取自我们中华民族的优秀经典《易经》——天行健，君子以自强不息；地势坤，君子以厚德载物。”“不管我们毕业于哪一个年代，也不管走到天南海北，在我们的血液里，永远流淌着中华文化的优秀结晶，而正是这样的大学科学人文精髓，使我们在清华接受教育期间就产生了历史的使命感、报效祖国的责任感。”

2011年11月18日上午，时任福建省委常委、副省长、省教

2011年11月18日，由清华心俱乐部和福建省教育厅联合主办的海峡两岸科技与创投研讨会在福州举行，吴敏生主持会议（本文中照片均由本文作者提供）

育工委书记陈桦在福州会见参加第三届“清华心·中华情”主题活动海西行代表团全体成员。

2013年1月，在吴敏生等几十位领导和老师的倡导下，清华心俱乐部决定在“清华心·中华情”主题活动基础上筹建清华心智库。7月26日，我在深圳向吴敏生老师汇报智库筹备工作，吴老师指出：“清华心智库应该把国家安全和全球战略作为一个研究重点。”因此，我们2013年开启的“清华心·中华情”助学·启智·丝路工程，特别把我国藏区和毗邻的南亚、中亚地区作为清华心智库调研的重点地区；后来在清华心智库基础上正式成立清大智库时，我们把“中华文化研究与传播”“一带一路相关国家和地区的研究”等放进了营业执照业务范围里。

高瞻远瞩　鞠躬尽瘁

光阴似箭，日月如梭。一晃又过了数载。2019年5月11日，清华大学建校108周年深圳庆祝活动暨清华大学深圳国际研究生院院碑揭牌仪式成功举办。当晚校友聚餐后我陪吴敏生老师到他入住的公寓喝茶，聆听老师两个多小时的谆谆教诲。吴老师特地叮嘱我们清大智库要集中资源深入研究香港和台湾社会，不要花太多精力在大篇幅的研究报告上面，更要集中精力深挖港台社会各阶层现状，同时跟踪、研究和研判“台独”和“港独”的串联，美国以非政府组织（NGO）和学术交流等渠道对香港社会生态的全面渗透，等等。

提起港澳问题研究，最值得缅怀的是吴敏生老师创办清华大学深圳研究生院港澳研究中心并担任名誉主任，之后将之升级为清华大学港澳研究中心（以下简称“中心”），在此期间我在吴老师领导下十分荣幸地参与了一些重要工作，包括动员施锦珊学长和李然学长伉俪为新成立的清华大学港澳研究中心捐款人民币1000万元，设立“清华大学港澳研究基金”，用于支持和推进清华大学的港澳研究；以及郑列列学长的世纪星源公司将规划建设中的南山区福华厂区城市更新单元项目内建筑面积2500平方米楼面在建成后无偿交给中心使用，作为中心在深圳前海深港合作区的港澳研究总部基地。时任清华大学校长陈吉宁、现任校长邱勇、清华大学港澳研究中心主任王振民、时任清华大学深圳研究生院院长康飞宇、时任清华大学教育基金会秘书长宋军和时任基金会办公室主任林清快等老师都十分支持我们的工作。

吴敏生老师自2012年担任清华大学港澳研究中心名誉主任以来，为中心事务奔波，关心和指导中心工作，出席中心各类学术交流活动，直至他生命的最后一刻。2019年9月10日，吴敏生老师遗体告别仪式在福州举行，我和清华大学港澳研究中心的多位老师赴榕沉痛哀悼敏生老师。9月7日深夜，我把吴老师仙逝的噩耗告诉中心主任王振民老师，王老师特地叮嘱我一定要转告治丧委员会，分别以“清华大学港澳研究中心”和“乔晓阳、卢红生夫妇”的名义敬献花圈。乔老是吴老师生前好友，清华大学港澳研究中心学术委员会名誉主任，全国人大常委会香港特别行政区基本法委员会原主任委员、澳门特别行政区基本法委员会原主任委员。

学贯中西　博闻强记

2018年3月10日，清华大学深圳研究生院首期研究生党员骨干读书班开展了第二周活动，包括主题报告、分组讨论、外出参观和总结汇报环节。吴敏生老师专程从福州赶到深圳，作为特邀嘉宾来到现场，为师生作题为“文明比较与文化自信”的主旨报告。

吴敏生老师学贯中西。他这场报告以中西方文化的发展进程为主线，梳理了两者的差异和特征，通过文化比较阐释了中华民族坚持文化自信的原因和意义。报告结束后，师生们踊跃与吴老师交流互动，并在接下来的分组讨论环节就文化自信的话题进行了热烈讨论。吴老师在与师生讨论时引导大家开拓思路，提升创新性思维能力。

高山仰止　景行行止

2019年9月7日，我和史宗恺老师正在澳门参加清华校友活动，我们晚餐时收到敏生老师逝世的噩耗。我连续几天彻夜难眠，脑海里满是吴老师的往事……

时光倒流，穿梭回20世纪80年代初期清华园的学生年代。

1983年8月，我从福建省晋江县考入清华大学化学与化学工程系。1984年，在京闽籍专家学者和在校大学生、研究生一起发起成立北京福建繁荣促进会，筹备期间我与吴敏生师相识。促进会曾经在小范围研讨过“闽南金三角”和“湄洲湾大开发”等课题，时任福建省委书记项南给予高度赞赏。

吴敏生老师1993年从德国回国后当任清华大学教务长，兼任清华大学研究生院副院长、清华大学深圳研究生院院长。在吴老师来深创建深圳研究生院的那段时间（2001—2002年），我时常从香港过深圳与吴老师小聚，把盏畅叙，受益匪浅。吴老师2002年8月出任福州大学校长后，我每年也会一两次到福州拜会恩师。吴老师在福大校长任期内曾数次到访香港，我们在港聚过两三次。2009年至2019年，我们连续举办了五届“清华心·中华情”主题活动，清大智库也举办了不少学术交流和课题调研活动，这十年我向敏生老师当面请教的机会多了不少。

我记忆犹新的是香港回归祖国怀抱的第二年，我在香港接待吴敏生老师率领的清华大学教务处领导访港的难忘一幕。在风和日丽的香港深水湾，敏生老师谈笑风生，特别提到：香港回归后，特区政府当务之急要肃清港英政府时期遗留在香港教育界和新闻界的殖民意识形态。今日回想起，仍觉老师颇有先见之明！

敏生老师晚年一直担任清华大学福建校友会会长，为校友事务奔忙，也十分关心和帮助在闽工作的清华引进生的成长。据我了解，敏生老师晚年还在积极推动清华大学数据科学等学科助力“数字福建”建设。

2019年2月16日，农历己亥年正月十二，清华大学福建校友会2019年贺新春庆元宵联欢会在福州市仓山区举行。就在这次联欢会上，我和敏生老师相约在“清华心·中华情”主题活动创办十周年的2019年10月一起到新竹清华大学访问，非常痛惜恩师在当年9月与世长辞，我们的新竹清华行之约终未能如愿以偿。

2019年12月27日，“清华心·中华情”主题活动十周年座谈会暨清大智库融合创新基地揭牌仪式在深圳举行。与会领导、校友和嘉宾全体起立默哀三分钟，深切缅怀首届“清华心·中华情”主题活动组委会主任吴敏生老师。清大智库全体同仁将一如既往地致力于促进两岸科技产业与学术人文的交流合作，以告慰敏生老师在天之灵。

2021年9月7日，是敏生老师逝世两周年忌日。当天清晨，我从福州赶往平潭县国彩村瞻仰吴老师故居，随后沿着白青支路驱车前往一处小山坡，拜谒敏生老师墓地，抒慎终追远之情。敏生老师长眠于此，眺望台湾海峡，期待祖国早日统一。

今天，我们沿着“福建—北京—德国—北京—深圳—福建”这一条时空隧道，去追忆和缅怀敏生老师的生平事迹。这不仅是敏生老师既平凡亦伟大的人生轨迹，也是敏生老师从一位福建平潭小渔村孩子成长为杰出科学家、教育家和战略家的时空画像，更是敏生老师为海内外清华人立下“善于思考、精于创新、甘于奉献、敢于担当”榜样的精神财富！

今天，我们一起追寻敏生老师一生始终秉持的“国家使命、清华情怀”理想信念。谨此摘录敏生老师2010年10月23日在第二届“清华心·中华情”主题活动全球校友峰会主题论坛上所作演讲的最后一段话，并与诸位师友共勉：

> “在我们迎接母校百年校庆，送走母校的第一纪，开辟母校第二纪的时候，我们必须有这样一种冷静的精神，既要为我们过去的成绩而骄傲，又要为我们今天所承担的使命而深刻思考，勇敢地面对现实，承担压力。在实现中华民族伟大复兴的艰难曲折道路上，新一代的清华人更要努力回答如何为我们的国家、我们的民族作出更大的贡献这一历史性命题。”

今天，我们缅怀敏生老师，敬仰他，牢记他的教诲，更要践行他的崇高理想信念，坚持不懈地凝聚海内外清华人的智慧和力量，为实现中华民族伟大复兴而共同奋斗！

敬爱的敏生老师永远活在我们心中！

（作者毕业于清华大学化学工程系。现任清大智库理事长，清华大学港澳研究中心特约研究员，创坤集团董事长，香港清华同学会副会长，“清华心·中华情”主题活动主要发起人）

生命到最后总能成诗

黄建雄

骤听吴校长去世的噩耗，先是一阵惊愕，随后内心涌起莫大哀痛。我意识到，我不仅失去了一位关爱我的老乡和德高望重的长者，还失去了一位曾指引我人生道路的导师。

我和吴校长相处的时间并不算长，断断续续，但正是这些零散的时光碎片，拼凑出我和他相处的十几年光景，勾画出他在我脑海中丰满、鲜活的形象。

治学育人　兼容并包

与吴校长交谈中，隐约能从他口中了解到年轻时的风华正茂。从考入清华到获得工学博士学位，再到任清华大学教务长、深圳研究生院院长，除了博闻强识，靠的更是高瞻远瞩的领导力。

“谋事在人，成事在天”，吴校长将这句话作为自己做事的原则。习近平总书记在闽工作期间曾邀请他到福州大学担任校长。在职期间，作为一校之长，他把学术和行政之间的关系处理得恰到好处。多元包容的理念使福州大学成为一个以工为主，理工结合，兼有经、管、文、法、艺等多学科的综合性院校。可以说，他将福大的“东南强校”之梦做到了实处。几十年间，福大涌出了大批优秀青年才俊留榕创业，为福州发展增色不少。每当他和我提起这些福大学子，总难掩喜爱与骄傲之情。

高山仰止 修身正心

吴校长穿着总是很整洁，利落，但在他稳重的外表下，总不乏一股少年英气，嘴角总是微笑，性情很是童心。与他相处久了，才细细品味出，这是历经千帆，举重若轻的沉淀，也是乐观淡然，笑对生活的豁达。比起老乡和长辈，他更像我的导师，只言片语中对我的指导和教诲，让我受用不尽。我对他的人格、品行、操守深感可敬、可佩。

我从省直单位调到福州工作的第一堂课，就是吴校长指导我的。那时，我刚来软件园当副主任，与前一份工作不同，这是在基层一线工作，要真正地把工作落实到实处。初来乍到，我无论是工作能力还是人际交往，经验都有所欠缺。吴校长曾教导我：“要培养年轻人，要有年轻人该有的胆量，放手去做，不要束手束脚，对于出错的地方要多给予包容。”这句话给我极深的印象，让我在工作上有了莫大的底气，乃至在对后辈的提携上，深受吴校长的影响。在软件园工作的那段日子，我学到的不仅仅是基层工作的经验，更在为人处世上收获良多。

后来，我从软件园来到台江区工作，此时他已经离开福大。在得知我的工作情况后，吴校长特地叮嘱我：“台江是码头文化盛行之地，商气浓厚，你要注重自身修养，保持洁身自好。我们的工作是为人民服务，要把工作做细，做到人民的心坎里去。”这是吴校长给我上的第二堂课，我把其当作我的职业操守和工作原则，永远铭记，不负教诲。

“路不是往上走，而是脚踏实地的往前走。”我已经记不清这句话是吴校长在什么样的情形下告诉我的；但这句话已然成了我的座右铭，成为我践行的方向。我与吴校长每一次短暂的交流，都能从中汲取灵感和营养。他在我的人生道路上竖起标杆，无论是工作还是生活，都时时刻刻朝着标杆看齐、前进。

吴校长的人生哲学堪称自然中正，为我、为后人留下了宝贵的人格榜样。他讲求包容，也重学问；他衣食朴素，洗尽铅华，惟以高尚的人格魅力，襟怀抱负，感动世人。从他的身上折射出一代知识分子平凡而神圣的光辉。

赤子其人　平易近人

吴校长有一颗浸透人间烟火的赤子之心，不论是对朋友还是后辈，他永远保持着热情、热忱、热心。

我和吴校长是平潭老乡，常在老乡聚会上碰面，他对我这个后辈常常给予关心、关照，为我遇到的困难出谋划策，解决了不少大大小小的困难。犹记在任市政府副秘书长时，有一次我在为福州市与清华大学合作的大数据科研项目焦头烂额，他主动联系我，帮助我与清华的领导之间搭起沟通桥梁，成功推动了清华大学福州数据研究院落户滨海新城。现在想来仍十分感激、感动和感恩。

他对福大学子给予特别的关怀和照顾。他常对学生们说：“苦是一种财富。”对贫困大学生，他如同亲人一般，嘘寒问暖，关心他们的进步，力所能及地资助他们顺利毕业。滴水之恩，涌泉相报，这些学生们也都很争气，为他争了不少光。

吴校长退休之后，一刻不停地为朋友、为学子、为福州做好事，常常看见他活跃在各个高校的共建活动中的身影。我知道，他热爱事业、热爱脚下这片大地，但同时也肩负着父亲、丈夫的重任。后来每次见到他，我总会对他的身体深感忧虑，劝他年岁已高，还是多多歇息为好，他总是笑着拍我的肩膀，说他还能再做点事。不料他却走得如此突然，如此无声无息。

我曾对我的朋友们说，吴校长是一座高山，是一个必须仰视的巨人。我每次看到吴校长后都会问自己：等我到吴校长这个年龄的时候，能不能有这样的处事、这样的心态？我以为，作为他的老乡，更是他的学生，我们对他最好的纪念和安慰，也许就是青出于蓝而胜于蓝——牢记吴校长的谆谆教诲，发挥自己的才能，在岗位上继续发光发热，为事业，为百姓，为家国作出更多贡献。

吴校长的一生都奉献给了这片土地、这群学子。他走过的每一步，都是一行诗，有些诗句颇为华丽热闹，有些则安安静静、朴实无华地藏在行列之中。它们起起伏伏的编织着一位知识分子的一生，在生命的最后圆满的画上句号，书写出平凡而伟大的篇章。

以此文献给吴校长，并和所有爱戴他的人共勉。

（作者系福州市副市长。曾任福州高新区党工委书记、管委会主任）

助我创业的贵人

王大平

那夜的雨也没能留住你
山谷的风它陪着我哭泣
你的驼铃声仿佛还在我耳边响起
告诉我你曾来过这里
我酿的酒喝不醉我自己
你唱的歌却让我一醉不起
我愿意陪你翻过雪山穿越戈壁
可你不辞而别还断绝了所有的消息……

每次听到近年最红火的歌曲《可可托海的牧羊人》，我的鼻子就一阵阵酸楚，泪欲夺眶，我最敬爱的吴敏生校长和蔼可亲的形象立刻浮现在眼前。

贵人助我去创业

那是2019年8月底的一天，吴校长打电话给我说："大平啊，我9月5日要去云南，你最近来趟福州，我帮你把几个项目梳理一下。”9月2日我坐早上7点多的航班飞往福州。吴校长约我晚上小聚，帮我规划下一步的创业发展方向。9月4日他继续与我讨论创业项目的实施。直到现在我都不能释怀的是，吴校长在这个世界上的最后几天竟然把我喊到福州，为我创业的项目费心操劳；而我是吴校长在这个世界上最后几天伴随在他身旁的人，可我却没能够在他最需要帮助的时刻守护在他的身旁。我幻想有一千种假设，吴校长还在我们身边，他去了他经常说的平行空间。我相信思念也能产生能量纠缠，让我能穿越空间感受他的存在。

童年、少年直到成年，在不同的宗教机缘中，总听人说我命里有贵人相助。原以为这只是一句吉祥话，让我相信自己是幸运的。直到遇到吴校长我才彻底相信这是真的。吴校长是我生命中最珍贵的长辈和亲人，更是指引我创业先做人后做事的贵人，他不但帮助我创业，还把身边靠谱的亲朋好友全都推送给了我，让我到如今都受益匪浅。

我能认识吴校长源自我的岳父，他们二老是同龄人，吴校长比我岳父稍长几个月，我一直叫校长伯伯。他们是同时代在国内顶级高校（清华和科大）求学，他们有聊不完的话题和相同的世界观、人生观、价值观。我岳父经常说，他与吴校长是真正的君子之交，吴校长是大教育家。我第一次见到平易近人的吴校长就有一种亲切感。

后来我牵线福州大学到江苏搞产学研平台合作，往来福州机会多了，就经常与吴校长见面，他那时已从福大校长任上退休，但还肩负着福大校友会会长和清华大学福建校友会会长的工作。我每次到福州，吴校长都关心我们平台的发展，他在全国的朋友、学生众多，经常问我是否需要帮助。

生物气溶胶传感器的研发

我是和几个伙伴选择研发生物气溶胶传感器项目开始了创业生涯。吴校长在“非典”时期曾经了解和推动过光催化消杀设备的应用，很了解我们项目的应用场景。从此，吴校长对我们的关心和关注就更多起来。

2014年，我和几位志同道合的朋友在上海张江科技园成立了一个生物科技公司，参加了科技部举办的2015年全国创新创业大赛上海赛区的角逐，并获得上海赛区生物医药组第一名。虽然全国决赛的时候没能取得很好的名次（当时生物安全远没有今天这样被重视，也没有像现在这样妇孺皆知生物气溶胶可以传播病毒），我们依然决定在这条创业的路上走下去。当时，张江医药园的一些投资公司和一些地方政府都伸出了橄榄枝，最终我们决定依托福州大学的研发团队自筹和争取到地方产业投资进行产业化。自从“非典”以后，中国的传感器曾经短暂火热过，随着“非典”的过去冷了下来。不管哪个领域基本都是依赖进口设备，国产设备很少，大部分存在体积大误报率高的缺点。我们经过迭代研发已经比国内所有的设备轻便、精准。当时需要应用场景，吴校长请来聂建国院士、陈湘生院士、陈宜言大师等，推荐我们跟深圳市公共安全研究院、深圳地铁等机构交流应用场景及方案。我们需要投资时，吴校长找信任的朋友来帮助我们。

我们在产品推广过程中听到很多质疑的声音，大多数人认为中国再发生一次像“非典”这样的疫情是不可能的。吴校长知识渊博，在不断学习中关注关心所有社会发展中出现的热点，当时就跟我们说，随着南极冰川的融化，有很多远古细菌、病毒会跟随候鸟传播，我们的传感器要不断发展，到时候可以派上大用场。不出所料，吴校长逝世后的2020年就发生了新冠病毒的全球疫情，举国上下对生物安全空前重视，第十三届全国人大常务委员会第二十二次会议于2020年10月17日通过《中华人民共和国生物安全法》，习近平主席在讲话中多次提及生物安全的重要性。如今我们与中国电子等公司在不同应用领域展开合作，为智慧城市的食品安全领域提供大数据支持，为市场监管、企业自查、民生食安提供有力保障。

武夷茶啤的诞生

有一次我问孟春教授：茶叶能发酵啤酒吗？孟教授说：可以试试。我们跟吴校长说了想法，作为一个福建人，吴校长不算是会品茶的（跟他常年生活在北京有关），但这个想法还是得到他的鼓励和支持。中国有近五千年的茶文化，苏美尔人初酿啤酒也差不多五千年，茶和酒的融合是什么味道？经过几个月的不同工艺的实验，最终做出了岩茶、红茶、绿茶、普洱茶等工艺的样酒，吴校长最喜欢的是岩茶啤酒，说有当年留学德国亚琛时德国啤酒的厚重口感和幽幽茶香，让我们赶紧去申请几个工艺的专利。

自此以后，校长走到哪里就帮我们宣传到哪里，经常半开玩笑的对聚会的朋友说茶啤不但能喝，里面的茶多酚等物质对皮肤和降血脂、血压都有好处。我经常接到他推荐的朋友找我们合作销售的。鼓励我们好好做，将来能随着“一带一路”让老外尝尝中国的茶啤。

从认识吴校长开始，他就没对我说过重话，都是鼓励。无论我们做何种创业尝试，吴校长都鼓励我们，并把他能提供的一切资源无偿的奉献给我们。吴校长对我岳父说，这小子交给我，你就放心吧。

吴校长帮助我们创业的故事实在太多了，例如化学电子鼻、海藻肥、天然生物化妆品等等，都有他倾注的心血。

吴校长离开我们两年多了，平潭通高铁了，我们去看他更方便了，但我却更想念他了。

（作者系福建省博凯科技有限公司董事长，北京市军民融合协同创新协会常务理事，中关村军民融合创新创业基地执行董事）

秀才遇到兵

王文圣

老话“秀才遇到兵，有理说不清”。这里说一个“秀才遇到兵，相助成知音”的故事。

申佳原是一个由100多名部队转业退伍军人共同创业的年轻企业，专门从事建筑垃圾和城市弃土循环利用以及相关设备和产品研发。2016年深交会上，一次偶然机会申佳原有幸与吴敏生老师结缘。从最初的技术咨询到工地现场考察，吴老师敏锐意识到，申佳原这些有着家国情怀的退役军人，正在从事一件利国利民、破解城市工程弃土处置难题的大好事。

吴老师以一颗“师者仁心”，关心爱护、支持帮助申佳原成长。由于申佳原从事的是建筑垃圾和城市弃土循环利用的绿色环保新兴行业，没有现成模式可以遵循，只能摸着石头过河。由于各种原因造成运行梗阻，常常迫使企业处于停摆状态，独自承受损失和风险而又十分无奈。退役军人艰辛的集体创业深深打动了吴老师，他表示：“支持退役军人集体创业，是贯彻落实习近平主席强国强军战略的实际行动。中国军人不但是战争年代最可爱的人，也是和平年代最可爱的人！”吴老师不计报酬，为把申佳原培育成弃土处理行业里的样板企业，践行“绿水青山就是金山银山”的理念，呕心沥血，绞尽脑汁，力邀数名工程院士和环保专家到申佳原视察和指导工作。申佳原逐渐地将各种创新要素平台整合搭建起来了，在工程弃土的处理利用技术上也取得了突破性成果，2019年获评国家级高新技术企业，该成果被生态环境部评审为“无废城市”建设试点先进适用技术，进入了政府关注和支持的视野。

据统计，吴老师不远千里先后50多次来到申佳原，帮助出主意，找关系，解决困难，就像对待孩子一样无微不至，结下了深厚的情谊。吴老师这位留德博士、教授博导和清华大学的前教务长，不遗余力地鼎力相助一群转业退伍军人在深圳进行绿色环保产业的艰辛创业，真是：秀才遇到兵，相助成知音。

吴敏生老师（左二）深入申佳原的车间与工程技术员沟通交流（照片由申佳原提供）

秀才与兵结下的缘分，令人感动不已。

2019年8月15日至18日，吴老师又一次来到申佳原，参观了企业展厅及文化墙。看到日益成长起来的“孩子”，不由得感叹道：“退役军人不忘初心集体创业，环保行业攻坚克难争当先锋”。在此期间，还多次与申佳原的领导交流谈心，循循善诱，谆谆教诲，给予殷切期许。

2019年8月18日，吴老师离开申佳原返回福州，谁知这竟成永别！

家国情怀人生路，道业丹愫杏坛心。申佳原的今天，离不开吴老师的鼎力支持与殷切关怀。他的这份深情厚谊，申佳原人永远铭记。令公桃李满天下，何用堂前更种花？申佳原人一定不负吴老师的厚爱与重托，紧紧把握粤港澳大湾区和中国特色社会主义先行示范区的“双区驱动”契机，致力于深耕绿色环保事业，努力成为“建筑工程弃土处置问题的解决者”。

（作者系深圳申佳原环保科技有限公司总经理）

附：吴敏生《退役军人集体创业的一面旗帜》

在深圳宝安空港附近福永码头作业区内一处不起眼的工棚，满载工程弃土的载重卡车有序而入。这些来自深圳不同建设工地的工程弃土经过分类、分选、挤压、水循环等工艺流程，变成了标准建筑用砂和不同等级的制砖、制陶黏土。简陋的工棚有块标示牌写着：工程弃土综合利用研发基地。这里就是深圳市一批退役军人集体创业，专门从事工程弃土无害化处理、资源化利用的工程试验和生产基地。

退役军人的创业梦

2014年，武警广东公安边防总队某部的一位正营职干部黄克伟恋恋不舍地脱下军装。20年的军旅生涯，他都在珠三角地区各个口岸和周边海域度过，风雨同舟的往事历历在目，战友之间的深情魂牵梦萦，在这片热土上和退役战友们共同创业的愿望油然而生。

高速发展中的深圳，基础设施建设产生的弃土逐年递增。据粗略测算，“十三五”期间深圳每年产生的工程弃土高达9000多万立方米，弃土堆放一方面不断挤占越来越紧缺的国土资源空间，又不断埋下突发灾难的隐患；另一方面，新设施的建筑用材又在大量消耗新的自然资源，每日都在给自然和生态环境增添新的伤痕。面对强烈的反差，黄克伟下决心要让工程弃土变废为宝，一张创业蓝图天天盘旋脑际。他对深圳从事工程弃土运输和处理的有关企业进行调研，形成了以自主创新另辟蹊径的工程弃土综合利用构思。

创业需要起步资金。亲朋好友伸出援手，慈祥的母亲拿出自己的养老金，合伙创业的战友拿出了部队发放的退役金……他请已经退役的部队老上级出任顾问，出谋划策，组建了深圳申佳原环保科技有限公司（以下简称“申佳原”）。

为了闯出一条以创新带动创业的新路，他们不拘一格延揽真有本事的实干人才，走访从事绿色建材研究的专业机构，经过三年多艰苦探索和实践，逐步形成一系列体现循环经济、绿色环保的工程技术装备及其工艺流程，开展了试验生产运行。

他们按照国家行业标准，对各种工程弃土进行取样分析，建筑用砂，黏土分类和烧结样品，在简陋的实验室里陈列有序。

建设码头临时泊位，组织运输队伍，一批又一批退役军人陆续加盟。他们虽然脱下军装，但举止投足之间依然保持着中国革命军人特有的作风和气质。初步运行的产出令人振奋：从弃土中分选出的建筑用砂完全符合国家标准，分离出的制陶黏土运往山东、河北的陶瓷厂，工程弃土的综合利用率高达99%。从弃土运输装卸，设备运行噪音控制到生产用水全部循环利用，总体上体现了循环、绿色、环保的理念。

没有公开发表的论文，没有线上线下的广告，在高速运转的深圳，这支以退役军人为主体的创业团队几乎不被外界所知。2015年底突发的深圳光明新村“12.20”滑坡灾难，引起社会上下和各界对工程弃土处置的高度重视，也把初创的“申佳原”推到前台。

中国知识分子的良知：支持最可爱的人

2016年夏季的一个偶然机会，“申佳原”的退役军人们和清华大学深圳研究生院的一批教授走到一起。教授们从最初的技术咨询到工地现场考察，敏感意识到，这支队伍正在从事一件利国利民、破解深圳工程弃土处置难题的大好事。清华大学深圳研究生院院长康飞宇教授是材料科学领域专家，又曾担任世界低碳城市联盟首任主席，对“申佳原”绿色、环保和循环经济的创新特色给予高度评价，很快促成双方建立产学研战略合作关系，为“申佳原”搭建各种创新要素的整合平台。

2016年11月，深圳市住建局组织专家对全国征集的11家建筑工程弃土综合利用方案进行评审。“申佳原”提出的“物理多级分离弃土回收利用系统”以其9项发明专利、9项实用新型专利以及工程试运行的翔实数据位列榜首。

2017年初，深圳市委常委杨洪以及市政府主管领导带领相关部门负责人对“申佳原”在福永的弃土综合利用研发基地开展实地考察，确定以混合所有制投入方式加快推进工程弃土综合利用。

此时，“申佳原”作为一家民营企业，已经集中了160多位退役军人，虽然进入政府关注和支持的视野，还不得不继续承受以民企身份创业的各种艰辛。他们为临时泊位的码头建设投入数千万资金，还要到周边的中山、珠海等地自行联系弃土外运的码头泊位，自行组织陆、海运力，等等。人力和设备运行成本特别是投资风险，几乎全额摊在自己头上。而既无技术贡献又没有投资的国企合作方，仅凭他们对国有码头和相关基础设施的监管权利履行各种审批程序，坐收增殖收益。

出于以上各种原因的运行梗阻，常常迫使“申佳原”处于停摆状态，独立承受损失和风险而又十分无奈。退役军人集体创业的艰辛深深触动了中国一批知识分子的良知。

清华大学深圳研究生院发出邀请，中国环保学会、中国建材工业联合会等专业机构的领导和专家先后来到“申佳原”实地考察，为支持“申佳原”可持续发展出谋划策，发声出力。

清华大学材料学院翁端教授等来到深圳，指导“申佳原”编写申报材料，争取国家“十三五”环保科技产业专项支持。

2017年8月1日，由工程院院士、南京大学缪昌文教授和工程院院士、清华大学聂建国教授领衔的国内一批高校和科研机构的专家教授齐集“申佳原”，为“申佳原”的工程弃土综合利用总体方案举行鉴定。这一天，恰逢中国人民解放军建军90周年的盛大阅兵式在朱日和基地举行。专家们激动地表示，支持退役军人集体创业，是贯彻落实习近平主席强国强军战略的实际行动。中国军人不但是战争年代最可爱的人，也是和平年代最可爱的人！

此后，聂建国院士等不断为推动“申佳原”工程弃土综合利用的项目实施奔走呼号，多次向深圳市有关领导和主管部门建言献策，他们的真诚努力让“申佳原”的退役军人们深受感动和鼓舞。

2018年3月初，由陆军工程兵大学王景全教授等11位中国工程院院士联署的一份《关于科学环保解决深圳建设工程弃土处置难题的建议》连同“申佳原”向深圳市政府的请示报告送到深圳市长陈如桂办公室。陈如桂市长当即作出批示，杨洪等市领导再次召开专题会议，为推动“申佳原”的创新创业带来新的转机和希望。

盛世创业，任重道远

“申佳原”作为新时代退役军人集体创业的一个典型案例，具有多方面现实意义和战略意义。

其一，“申佳原”选择了一个重要的实体经济环保产业发展方向，对全国大规模基本建设过程中的工程弃土无害化处置和资源化利用具有普遍意义。多位从事工程勘察和设计的专家指出，只要弃土处置布点合理，就可以降低弃土运输成本，减少交通压力和次生污染，避免弃土大量堆积对国土资源的侵占，有效消除突发性灾害隐患。弃土变废为宝，其社会效益和经济效益毋庸置疑。

其二，“申佳原”以创新带动创业的探索和实践，对新时代退役军人自主创业具有示范意义。随着我军官兵科学文化素质的不断提高，退役军人有能力、有条件为国家经济建设，解决国计民生需求发挥智慧才干，在创造社会财富的同时，为国家分忧，为更多的退役战友开拓创业舞台。

其三，“申佳原”的退役军人集体创业对传承和创新中国优秀传统文化、继承和发扬革命文化、推进社会主义新文化建设具有重要意义。这个集体依然保持着革命军队的优良作风和正气。注重实干，渴望学习，对未来的创业充满激情。他们希望建立相应的党组织，为所在地区的经济建设、社会建设和文化建设等发挥更大作用。

退役军人集体创业毕竟还是新生事物，面临的困难还不少。“申佳原”创建至今的经历表明，退役军人面对相对陌生的社会管理和市场竞争，需要相应的配套政策支持。今年，国家成立了退役军人事务部，这是习主席强军战略的一个重要举措，相信也会对支持退役军人集体创业发挥因势利导的推动作用。这里仅就可能的政策支持空间提出几点建议。

第一，对退役军人集体创业举办的经济实体，在政府管理层面制定有别于一般民营经济体的认定政策。比如，对政府管理的公共基础设施租赁使用等，视同国企对待，为退役军人集体创业减少不必要的公关和中介成本。

第二，制定引导性政策鼓励高校、科研院所和产业界把有助于支持退役军人集体创业的相关项目列入军民融合项目范畴，在公共资源配置方面给予相应支持。

第三，健全和完善退役军人集体创业的党建工作，实施相应的归口管理和指导。

第四，希望退役军人事务部深入第一线对深圳申佳原公司开展实地调研，对本文反映的情况作出评判。

2018年9月

注：这是吴敏生一生中写的最长的一封推荐信。原准备发给《解放军报》

我心中的歌

游海涛

（一）

白露殇

2019年9月8日

敏生校长白露殇，福大哀悼清华怅；海文论坛六一五，吴君文采东湖撼。

七月上旬兄台唤，严复翰墨馆相商；爱我中华文物萃，海峡文化传承扬。

敏生校长健力壮，何故瞬间飞云长；君长德高才华溢，天下无人不敬仰。

君长亲切不论官，平易近人礼八方；海涛痛失君师爱，余生悲切浪花茫。

（二）

海天敏生

2019年9月9日

海天敏生七四载，岚岛鸿雁飞云逮；清华教务长相守，福大校长辈英才。

挚友子和在南开，风雪奔驰初一来；领袖三巡相见晚，老吴在哪福中怀。

南北飞雁东华采，李庄克绵贤淑爱；海涛哀嚎漫天泪，何故仓促上天台。

教育大家民拥戴，学问渊博通四海；德高望重师道亲，众生仰望魁星在。

（三）

擎天唤

2019年9月10日

岚岛敏生驾鹤翔，高教清华福大扬；吴君风趣海天

2019年在福州，游海涛赠画予吴敏生（左）（照片由本文作者提供）

阔，中华文明科技创。

先生功德五岳藏，莘莘学子敬师长；今日恰逢教师节，满园桃李擎天唤。

（四）

百家集：恸天

2019年12月6日

在厦门开往福州的动车上，我在吴敏生校长生前创建的《百家集》微信群中看到漫天泪花，悲恸有感。

其一：

合掌祈苍天，敏生岚岛炫；清华风云录，福大圣人篇。

驾鹤五岳旋，把酒撒人间；丹红桃李醉，珠峰冰雪恋。

其二：

泪洒神州浩宇天，中华飞船出酒泉；科技领先敏生志，清华福大爱君贤。

（五）

慰先师

2020年3月26日

良药苦口救苍生，叶心露珠爱黎民。千万一春百家集，岚岛海天敏生情。

（六）

清明网祭

2020年4月4日清明节

岚岛清明风雨泪，追思敏生校长累；勤耕桃李遍天下，心血染红弟子规。

天公口碑珠峰魁，敏生大爱观音魅；恐龙万古化石载，君师云天聚星奎。

（七）

晓月剑鸣

2019年10月30日

福大法学晓月华，剑鸣长空雷电刹；相遇知己吴校长，专业人士共研法。

往事风云九州霸，品诗千古百万家；钦领兄命一跋作，海涛跌宕心浪花。

注：今天下午，福大肖剑鸣法学教授约我见面，叙说他心中的吴敏生校长。

肖剑鸣教授说：吴校长是位了不起的教育家，有思想、有智慧、有风范！他最难忘的一件事是：吴校长刚调到福大当校长不久，有一天，法学院院长通知，吴校长要肖教授参加一个活动。肖教授一进门，吴校长就问身边的人，是肖教授吗？即和另一位香港警署的警督上前迎接他，把他安排在身边左位坐，他推让，吴校长说，你先坐，这个位子确实是留给另一位的。过一会儿，福建省教育厅的朱之文厅长来了，吴校长说明情况，朱厅长说，肖教授，听吴校长的，就坐在这里啦。

肖教授十分感慨，今天参加活动的都是校院领导，吴校长对他这位法学教授如此尊重，至今难忘。

（八）

师德

2020年6月23日

岚岛大气吴敏生，日月轮回亮星辰;清华福大学子恸，苍天有道德育圣。

（九）

岚岛魂

2020年6月24日

敏生岚岛德育魂，清华福大教鞭抻;贫贱敢为江山恸，勤学智慧海天鲲。

（十）

忆敏生

2020年6月24日

岚岛德育神，清华福大痕;莘莘学子铭，教鞭海天恒。

（作者系福建省海峡文化交流中心主任、民建福建省直第一支部主委、南开大学福建校友会副秘书长）

附录一

吴敏生诗词

（一）

清平乐·答振一

2009年12月15日

乍寒又暖，半袖遮斜阳。冬令时节秋风韵，依旧绿染闽江。

雁归云飞去，新城拔地起。烟波过眼处，人生漂泊地。

【注】是日下午，在福大旗山校区校长办公室接到振一手机传送的一首《鹊仙桥》：

层层云低，沉沉夜寂。辗转竹箦眠滞。长发醉舞魅原畦，可敢问，西施散髻？

萧萧雨止，潺潺水碧，漫步石阶追轶。双雄争霸战车溪。怎知晓，诸侯合璧。

可以想见振一在某个故地重游时的浪漫情趣。

由于暖冬，站在办公室阳台上依然半袖临风，满眼葱绿。阳台下，湖光山影，候鸟嬉戏。斜阳夕照，触景生情。再过半个月，又是新的一年了。从北京到福州，从怡山校区到旗山校区，一路风尘，往事如烟。新校区很美，但毕竟只是我职业生涯中的最后一块漂泊地。

（二）

七律·梦中行

2010年1月12日

深山日暮起云雾，烟波深处闻鹧鸪。
当年分手遗警句，而今独觅不归路。
凄风瑟瑟抛残叶，苦雨萧萧叹古树。
登顶无蹊正彷徨，蓦然灯火不远处。

【注】2010年新年刚过，给教育厅鞠维强厅长写了一张新春贺卡，附上一封短信，再次表明本人年事已高，请求卸任并请他转呈省委教工委和组织部。是夜，似梦非梦，少有的一种孤寂之感。恍然记起2002年8月初，在从珠海回深圳的车上，两位清华同仁力劝我慎重考虑去福建一事，忠告“以现在年龄（这一年我已56岁）离开清华，将会踏上不归路”。白驹过隙，言犹在耳。数日后写下这首《七律·梦中行》，自觉此诗悲观，但没有时间修改。

卸任数月之后，是年9月4日，时任国家副主席习近平视察福州大学，阔别八年之后第一次见到，自然十分高兴。他笑问：当年把你请回来，会不会后悔？我回答：人生无悔，何况是您请我回来为老家尽些微薄之力。此后月余，重新看到先前所写的《七律·梦中行》，遂有改写之意。回首往事，犹如躬耕劳作，从未有过冯唐易老的感慨。东看鼓岭西望旗，目睹福大变迁，无悔八年蒙尘。一个布衣之子在离家几十年之后峰回路转，回归故土图个清静，也是幸事。念及此，犹如柳暗花明，胸臆顿舒。由此，重新写了以下一首《梦独行》。

七律·梦独行

2010年11月6日

远山独行闻鹧鸪，落霞过眼已迟暮。
当年分手粤海边，同窗坦言不归路。
躬耕未曾怨冯唐，歇马偏爱望旗鼓。
平生无悔少年梦，留得心安即归处。

（三）

忆秦娥·旗山夜

庚寅五月拾遗

春雨歇，楼台观水旗山夜。旗山夜，收官伏笔，无声言诀。

当年平川今楼榭，寓意南琮从头越。从头越，关山飞渡，扶摇天阙。

【注】2010年3月25—26日召开福州大学第七次第四届教代会，本人自知是任内最后一次做学校工作报告。3月24日夜宿旗山办公室，重新看看这篇“收官之作”。夜雨已歇，阳台空气格外清新。远看旗山朦胧，近闻池边蛙鸣。几年前，这里一片

村野田园，如今高楼林立，两万多学子入驻。曾请清华建筑学院尹稚教授修改南校门设计方案，取古代祭祀之器“琮”之造型立于南门之外，借音寓意，希望福大今后多出栋梁之材。抒凌云之志寄望后人，当是告别之际的心声。

卸任月余，偶见最后的工作报告文稿，想起当日旗山夜景，草此补遗。

（四）

七律·归隐

2010年6月26日

人问归期未有期，一纸辞令逢春时。
迟暮偏喜风尘少，内外兼修正适宜。
舒筋活络看经纬，释文解字读天地。
归隐何须寻世外，闹市亦可探玄机。

【注】由清华“借调”到福大任职，友人常问何时是归期，难以言明。2007年11月和2010年元月，我曾两次向福建省教育厅递呈辞职报告。第一次，考虑已在福州大学任职满5年，按惯例大学行政领导一任5年，本人已年过60，在召开学校新一届党代会之前自己提出辞呈更为合适，未果。2010年乃“十一五”收官之年，本人已年届64，故借新年贺岁之际，再递辞呈，未得到正面回应。进入3月之后，省内干部调整，高校超龄干部也在调整之列。但上级找我谈话时只字未提本人主动请辞之事，列入“被调整”范围，这也不算什么遗憾了。离任月余，顿觉风尘远去。每日活络筋骨，看报读书。读点古董，

还要借助辞海词典，倒也悟出清净。虽身在闹市，难觅桃花源之幽静，但天地经纬，未知世界，重新激起求知欲望，自寻其乐而别有一番天地。

（五）

相见欢·唱晚

庚寅六月

落霞谢了远山，自逍遥。终可朝花夕拾闻啼鸟。清净心，无为路，方知晓。自当举樽邀月开口笑。

（六）

贺新郎·归途

2010年8月21日

峰回天涯路，恰又是西禅秋日，当年曾住[1]。久别不谙故园事，几度临池欲返[2]，无意间八个寒暑。筚路蓝缕先贤梦[3]，开新局弱旅展宏图。旗山下，尘与土。

行程匆匆闻暮鼓。只留得落子点点，半张棋谱。江山代有新人出，自此闲庭信步，恬淡了多少酸楚。常临东海听涛声，读天地书中觅净土。函谷风，唱归途[4]。

【注】

1. 2002年8月21日上午，在时任清华大学党委书记陈希同志和专程赴京的福建省委宣传部朱清副部长陪同下离京赴榕，当天下午在福州大学登台履任。这一天，正好是我37年前离开福州上清华的同一天。出发地点在当时的洪山公社党委所在地（当年，我的叔叔为公社书记，我曾在他家小住数日，住地就在紧邻福州大学的西禅寺内），时过境迁，不意故地重归，似乃命运轮回。

2. 福大的情况事先一无所知，久别的福建也非我的想象，面对繁重的任务和复杂的关系，时常有“盲人瞎马，夜半临池”之感。

3. 福州大学创校于1958年，老校长卢嘉锡先生以“筚路蓝缕”形容建校时艰，勉励后人。我到任之后，位于旗山下3000多亩新校区还是待建荒地，又要拟定未来20年学校发展战略，此后，与同仁们共事八载。

4. 卸任之后，一身轻松。老家的平潭岛跨海大桥很快就要通车，观景听涛犹如趋近郊游。读些爱读的书，远离了世事纷扰，顿感清净。传说当年老子骑牛到函谷关，写下传世《道德经》而西去。如今，读点经书，犹如沐其遗风，归途唱晚。自来福州，每年8月21日都有挚友故旧小聚，今亦然，作此感怀。

（七）

水调歌头·中秋

2010年9月22日（庚寅中秋节）

又见月中桂，易老是人间。今月何时初照，星汉浩如烟[1]。欲穷茫茫寰宇，又闻渺渺超弦[2]，两处皆不见。文章催华发。长卷无尽限。

寸草心，知春秋，忆流年。感悟时空，三态叠加一线牵[3]。入化方知天地，出神只在心间，妙理自先贤。桂花送暗香，古月有遗篇[4]。

【注】

1. 关于月亮来自何方，何时成为地球卫星，地球上的人为何看不到她的背面，等等，至今还疑雾重重。哪怕有一天找到答案了，又如何面对浩如烟海的星云？

2. 超弦理论是20世纪下半叶理论物理学对所谓基本粒子提出的结构假设。在“靴袢哲学”（见美国物理学家卡普拉所著《物理学之“道”》）中，已经有相当部分理论物理学家倾向认为不存在物质态基本粒子。

3. 关于时间和空间，也是智者见智，仁者见仁。依笔者愚见，时间基本态是过去、现在和未来；空间基本态是物质、能量和信息。三态纠缠，是指时空之间的三种基本态处于叠加和纠缠态，其中起联系作用的一线，可能是信息关联，可能是充斥于整个宇宙空间的、至今还不为人知道的“原浆”，古人称之为“道”或“无”，今人称之为“暗物质”“暗能量”，加上上百亿年的“自组织”行为，成为千姿百态的宇宙万物。

4. 一轮明月，阴晴圆缺，目睹了多少人间沧桑。望月遐思，再看星汉，顿觉人之渺小，人生短暂。既然来到这个世间，必有“三态纠缠”之缘，做好该做的事，过好每一天，足矣。

（八）

贺新郎·清华百年感怀

2011年4月24日（清华百年校庆日）

梦萦故园路，穿越了痛史烟尘，寻踪水木。蒙难方知报国心，几度书剑同仇，数不尽风流人物。自强厚德乘长风，兴华夏后学多砥柱。众星灿，烁今古。

新元开启云飞渡，看四海百舸争流，群雄逐鹿。筚路冲顶山外山，峰回摩崖云雾，知多少艰难险阻。应学前贤流誉后，愿新秀励志展宏图。荷塘月，听新赋。

【随笔】

清华园比邻圆明遗址，立校因缘和晚清国耻密切相关。世纪回眸，追根溯源。烟尘过眼，痛史难忘。“水木湛清华”，此时，学子无论身处何地，都会对她梦萦魂牵。清华立校之年，辛亥革命爆发，帝制崩溃，皇朝终结。在随后十余年间，大师荟萃，声名鹊起。但国运多舛，内战外侮，山河破碎，时势练就了清华学人雪耻报国之心。或求学救国，或投笔从戎，同仇敌忾，激流砥砺，造就了相当数量的名人精英而载入史册。“自强不息，厚德载物”的校训，蔚然成风，弥久不衰。在各个不同时期，清华都为国家和民族培育了一批又一批治学、兴业和治国之才，杰出校友，犹如群星璀璨。一所百年大学，饱经沧桑，培养的政界领袖、学界精英和业界栋梁如此之多，尚属罕见。据传有位名人点评，清华人才培养兼有哈佛、耶鲁和麻省理工之特色，粗略比较，溢美也不为过。

今日校庆盛典也是开启清华第二个百年的标志。当今世界，诸强纷争格局犹如风云变幻。在推动中华文明伟大复兴的历史大潮中，群雄并起，你追我赶，是清华面对的新态势。继续发挥筚路蓝缕的精神开拓进取，建设世界一流大学，任重道远。站在新的起点，山外有山，天外有天；攀登途中，时而异峰突起，时而云遮雾绕，各种艰险都会遇到。清华的新一代，应该学习老一辈的励精图治精神，所作所为，不求急功近利，而应经得起后人评说。但愿新秀辈出，宏图再展。时过境迁难免，荷塘月色依旧，故园新赋，当是新一代的最强音。

今年，距笔者入学清华46年，毕业留校工作已41年（含在福州大学履任8年）。职业生涯中该做的基本已经做了，心安即归处。母校百年华诞，谨此敬贺并表心迹。

（九）

卜算子·壬辰有感

西天烟花尽，东方闻龙吟。世事沉浮春秋笔，谁解其中情？

悟道非常道，问名非常名。避凶趋吉寻常愿，只需平常心。

（十）

鹊踏枝·天鹅怨

癸巳夏日有感而发

流霞远去遗孤鹭，吹皱秋水，晚风叹秋肃。孤旅天涯寸肠断，哪堪回首当年路。

挟风而起扫云雾，何不带我，寻她千百度。欲寄篱下人笑痴，断我羽翼向谁诉？

【杂感】

据说BBC发布一条惊人消息，一只天鹅“恋”上一架直升机，在机场垒窝断守，机场人员为飞行安全计，只好给天鹅修剪羽翼，云云。

乍一看，似乎是“异类之爱”，太有新闻价值了。但细想，应是BBC为了制造新闻价值，差强鹅意。在下推测，这只天鹅失去伴侣，意欲免费搭载直升机寻回丢失的伙伴。BBC应在网上为这只天鹅“征婚择偶”，寻到一只同类，安置于一个环境适宜的湿地，然后，让这只天鹅乘机从天而降，来个大团圆结局，既有新闻价值，又不至于太荒唐。

于是，建议友人依据在下推测给BBC写篇英文稿，另辟蹊径。因为友人专攻心理学，研究人的心理固然重要，揣摩生物心理也很重要。当今之世强调人与自然和谐，由于人类自私贪婪，不断破坏生态环境挤压生灵空间，导致各类生灵仇视人类的行为日盛，连一向对人类友好的大象也开始产生攻击人类的敌对行为。就以这只天鹅为例，不去揣摩天鹅的本意，反而强加以“鹅机之恋”，还要强制修剪它的羽翼，毁其回归自然的能力，未免过分。这位友人如能在BBC网站上微博一下，相信点击率不会低，没准也可以成为“生物心理行为学”之一宗，或者谓之“白雪天鹅派”。呜呼，人之初，性本私，要是我也曲解天鹅本意，这只生灵难免要责怪我“还是爱你的同类白雪公主，不是爱我天鹅”。然而，如能免除它的羽翼被修理的厄运，也算功德一桩了。

念及天鹅未必能逃“刀光之劫”，一丝凄然，借“鹊踏枝”代这只天鹅发出几声怨叹，希望人解鹅意，鹅解人意。

（十一）

贺新郎·涛声新雨

——平潭一中六五届高中毕业五十年感怀

乙未初春

东隅相揖别，再回眸旧踪难寻，桑榆时节。风雨漂泊天涯路，无意青枝染雪，梦留住当年春色。真情贵在寒窗苦，历沧桑自强写岁月，看多了，圆和缺。

聚首故园情意切，漫蹉跎涛声依旧，心雨难歇。寸草感恩三春晖，追思还酹江月。凭栏问大桥飞度，期期可待麒麟跃。愿诸君双修青山在，共婵娟，听新乐。

附录二

吴敏生手迹

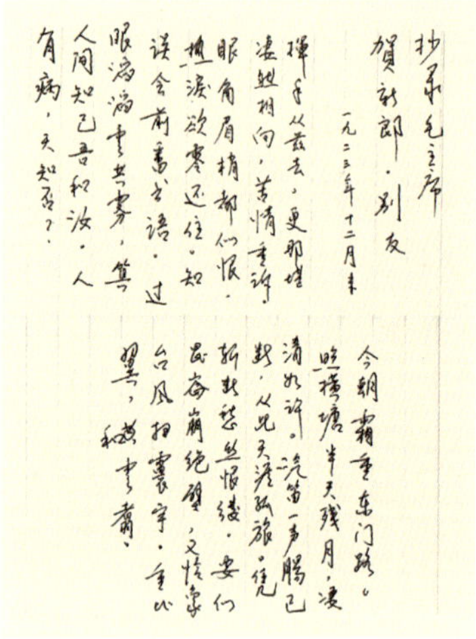

毛泽东《贺新郎·别友》

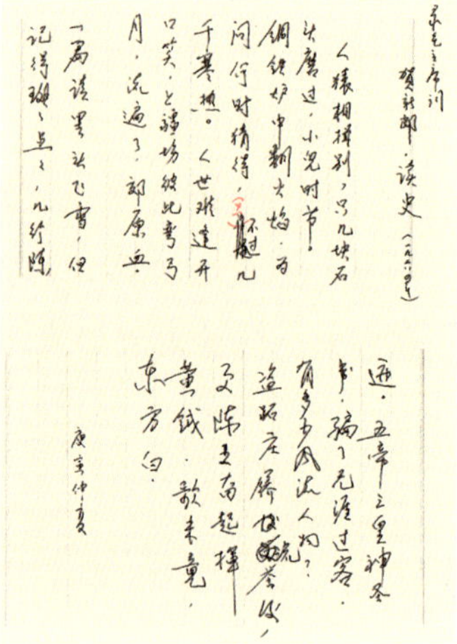

毛泽东《贺新郎·读史》

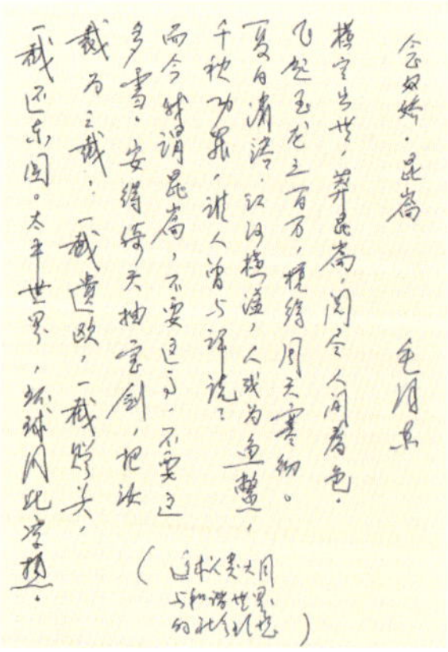

毛泽东《念奴娇·昆仑》

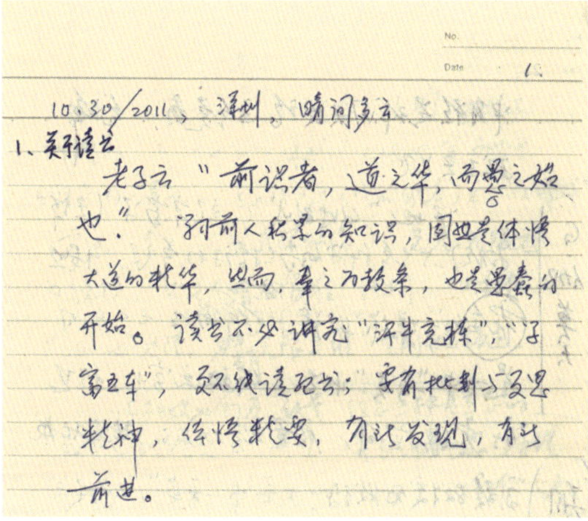
1.
10.30/2011，深圳，晴间多云
1、关于读书
老子云“前识者，道之华，而愚之始也。”即前人积累的知识，固然是体悟大道的精华，然而，奉之为教条，也是愚蠢的开始。读书不必讲究“汗牛充栋”、“学富五车”，更不能读死书；要有批判与反思精神，领悟精要，有所发现，有所前进。

读书笔记

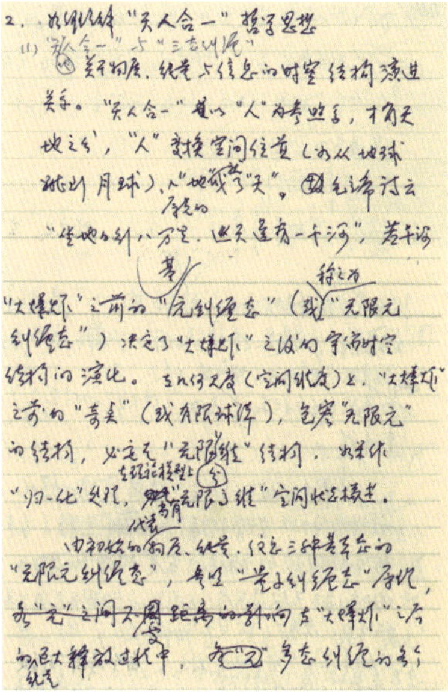
2. 如何理解“天人合一”哲学思想

如何理解“天人合一”

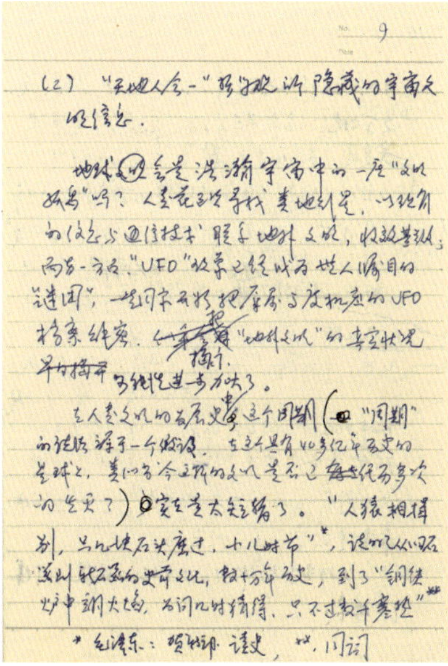
9
（2）“天地人合一”哲学观所隐藏的宇宙文明信息

“天地人合一”所隐藏的宇宙文明信息

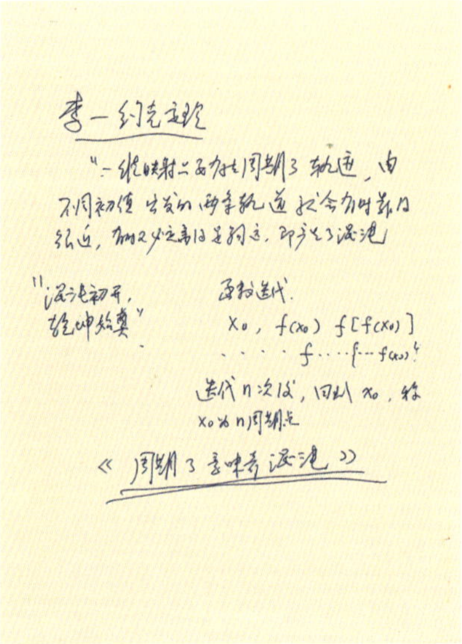

李–约克定理

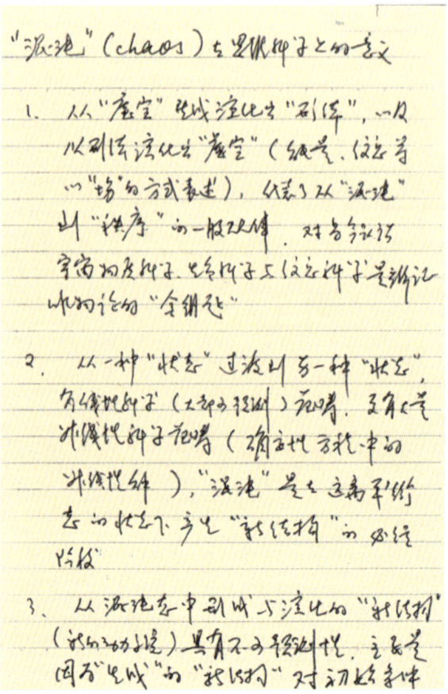

“混沌”在思维科学上的意义

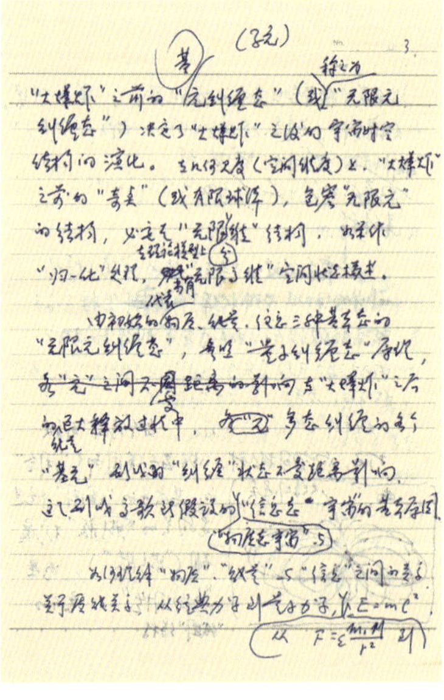

“大爆炸”之前的“基元纠缠态”

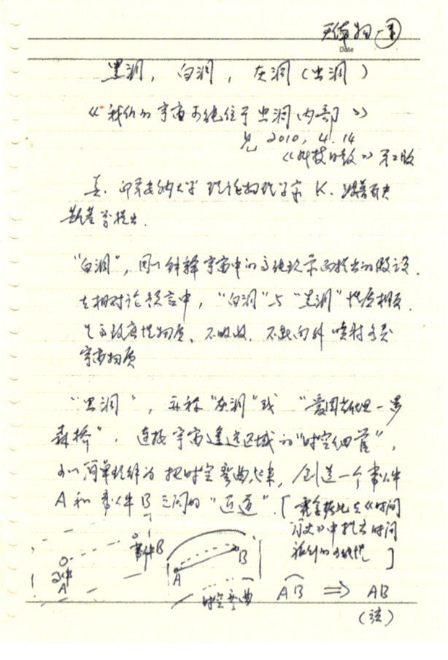

黑洞，白洞，灰洞

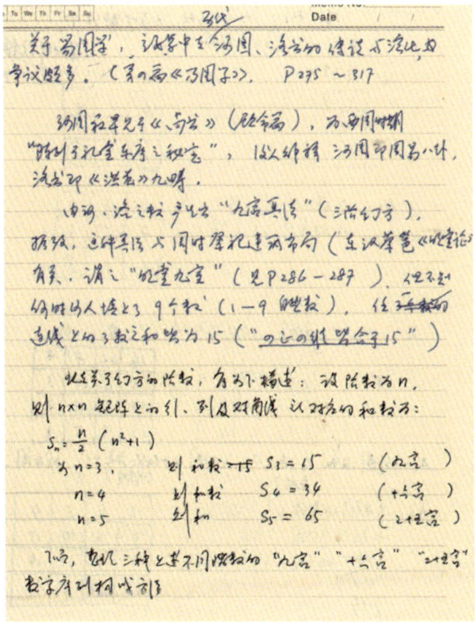
关于易图学，讨论中主要河图、洛书的传说与演化，并争议颇多。（[illegible]《[illegible]图子》，P275～317）

河图和洛书见于《尚书》（顾命篇），为西周时期"陈列于礼堂东序之秘宝"，汉人解释河图即周易八卦，洛书即《洪范》九畴。

由河、洛之数产生出"九宫算法"（三阶幻方）。据考，这种算法与周时祭祀建筑布局（东汉蔡邕《明堂论》）有关，谓之"明堂九室"（见P286－287）。但不到何时的人填上了9个数（1－9自然数），任一连线上的3数之和皆为15（"四边对角皆合于15"）

以上关于幻方的概括，有以下描述：设阶数为n，则n×n矩阵上的行、列及对角线诸数的和数为：

$S_n=\frac{n}{2}(n^2+1)$

当n=3，则和数=15　$S_3=15$　（九宫）

n=4　则和数　$S_4=34$　（十六宫）

n=5　则和　$S_5=65$　（二十五宫）

下面，[illegible]三种之类不同阶数的"九宫""十六宫""二十五宫"数字序列构成方法

关于易图学

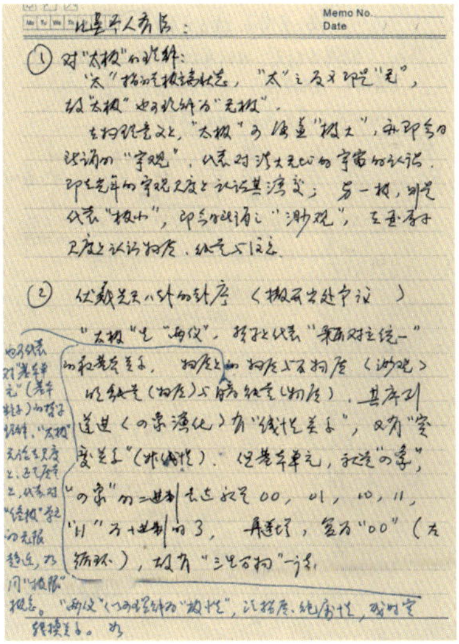
几点个人看法：

① 对"太极"的理解：

"太"指的是极端状态，"太"之反义即是"无"，故"太极"也可理解为"无极"。

在哲理意义上，"太极"可涵盖"极大"，亦即今日所谓的"宇观"，代表对广大无比的宇宙的认识，即在宏观尺度上认识其演变；另一极，则是代表"极小"，即今日所谓之"微观"，在亚原子尺度上认识[illegible]。

② 伏羲先天八卦的卦序（极有出处争议）

"太极"生"两仪"，指的是代表"事物对立统一"的[illegible]。[illegible]其序列遵从《四象演化》有"线性关系"，又有"突变关系"（非线性）。但若本单元，就是"四象"，"四象"的二进制表达就是00，01，10，11，"11"为十进制的3，再进位，复为"00"（[illegible]循环），故有"三生万物"一说。

几点个人看法

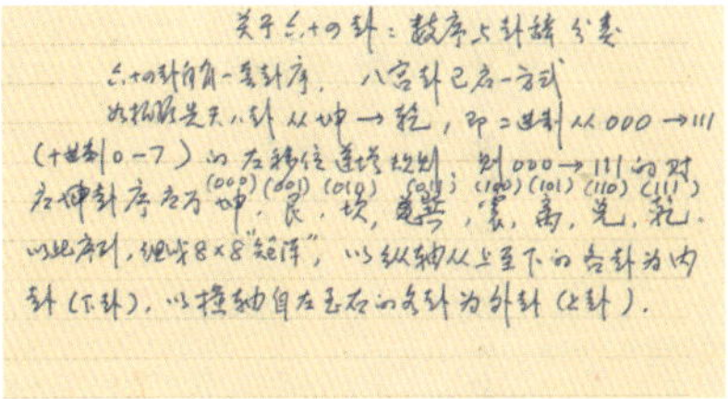
关于六十四卦：数序与卦辞分类

六十四卦自有一套卦序，八宫卦已有一方式

如按照先天八卦从坤→乾，即二进制从000→111（十进制0－7）的方式依次递增排列，则000→111的对应卦序为坤(000)、艮(001)、坎(010)、巽(011)、震(100)、离(101)、兑(110)、乾(111)。以此序列，组成8×8"矩阵"，以纵轴从上至下的各卦为内卦（下卦），以横轴自左至右的各卦为外卦（上卦）。

关于六十四卦

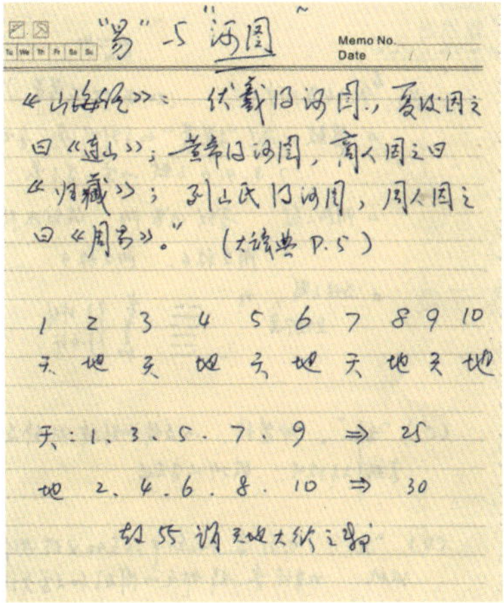
"易"与"河图"

《山海经》："伏羲得河图，夏后因之曰《连山》；黄帝得河图，商人因之曰《归藏》；列山氏得河图，周人因之曰《周易》。"（大辞典 P.5）

1	2	3	4	5	6	7	8	9	10
天	地	天	地	天	地	天	地	天	地

天：1、3、5、7、9 ⇒ 25

地 2、4、6、8、10 ⇒ 30

共55 谓天地大衍之数

易与河图

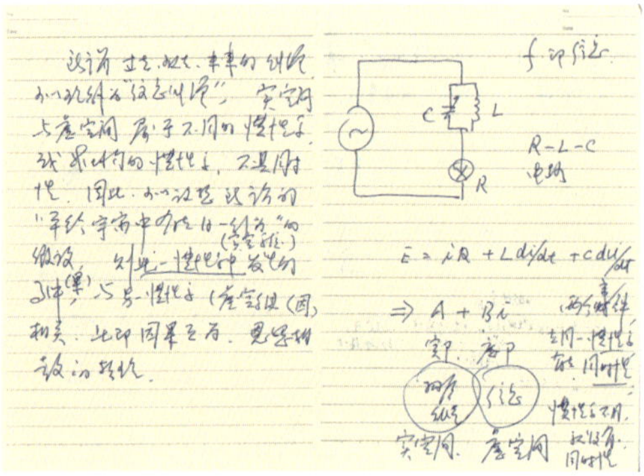

过去、现在、未来的纠缠

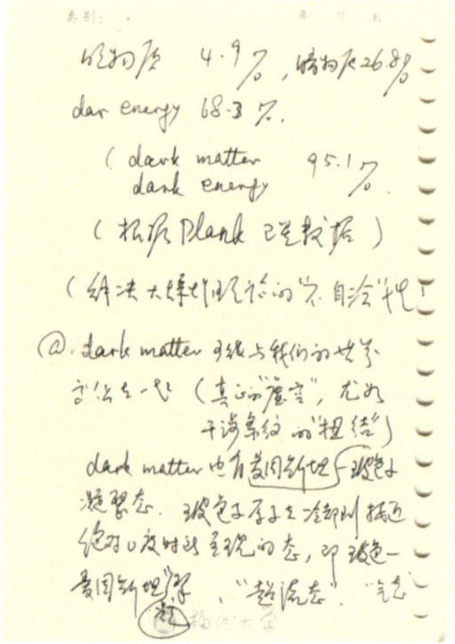

明物质与暗物质

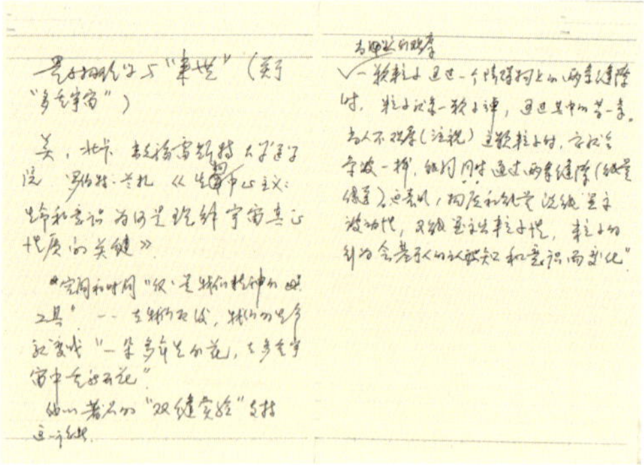

量子物理学与“来世”

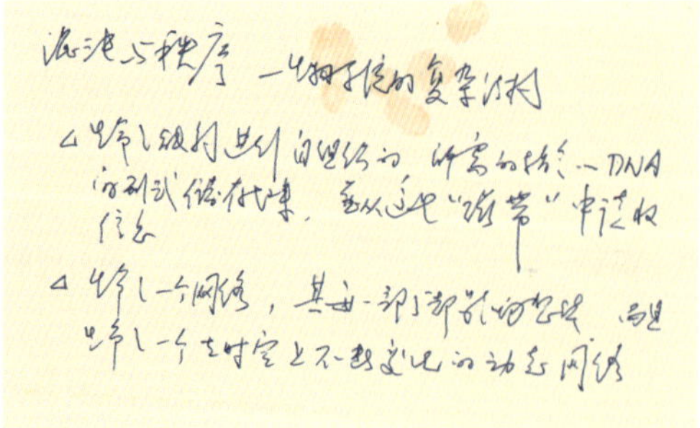

混沌与秩序

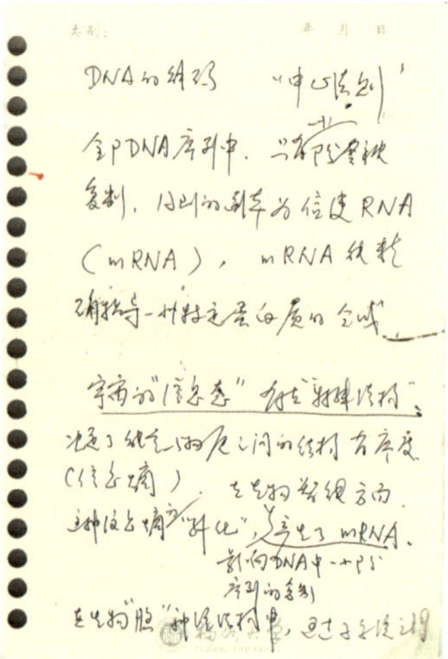

DNA的解码

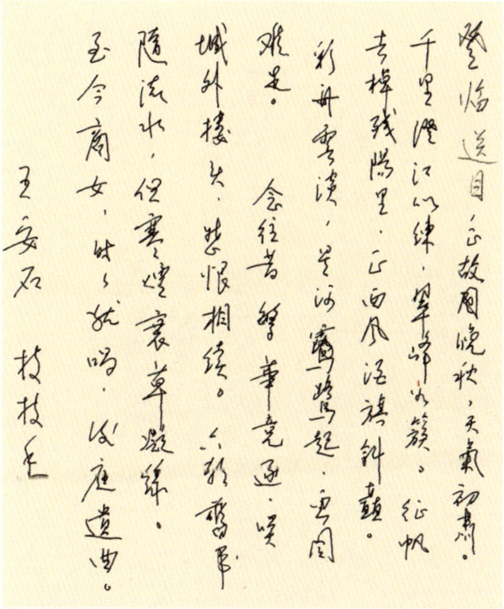
登临送目，正故国晚秋，天气初肃。
千里澄江似练，翠峰如簇。征帆
去棹残阳里，正西风酒旗斜矗。
彩舟云淡，星河鹭起，画图
难足。　念往昔，繁华竞逐，叹门
城外楼头，悲恨相续。六朝旧事
随流水，但寒烟衰草凝绿。
至今商女，时时犹唱，后庭遗曲。
王安石　桂枝香

王安石《桂枝香·金陵怀古》

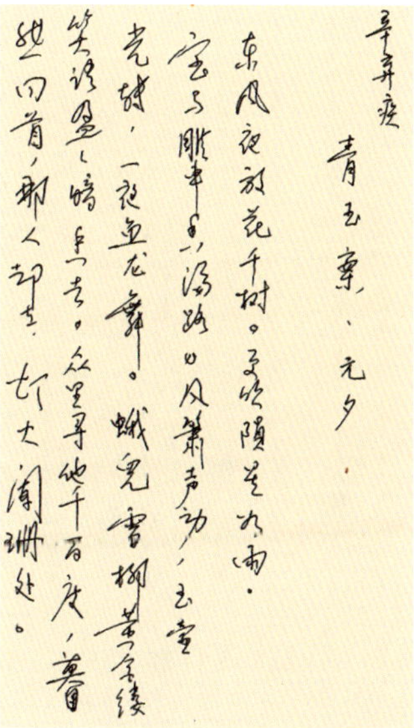
辛弃疾
青玉案、元夕
东风夜放花千树。更吹落、星如雨。
宝马雕车香满路，凤箫声动，玉壶
光转，一夜鱼龙舞。　蛾儿雪柳黄金缕
笑语盈盈暗香去。众里寻他千百度，蓦
然回首，那人却在，灯火阑珊处。

辛弃疾《青玉案·元夕》

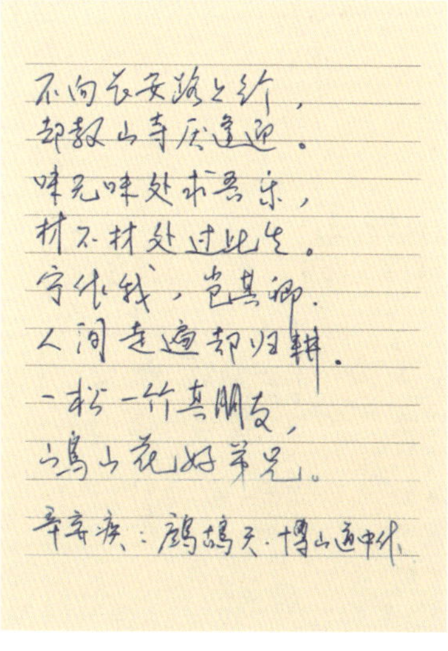
不向长安路上行，
却教山寺厌逢迎。
味无味处求吾乐，
材不材处过此生。
宁作我，岂其卿。
人间走遍却归耕。
一松一竹真朋友，
山鸟山花好弟兄。
辛弃疾：鹧鸪天·博山道中作

辛弃疾《鹧鸪天·博山寺作》

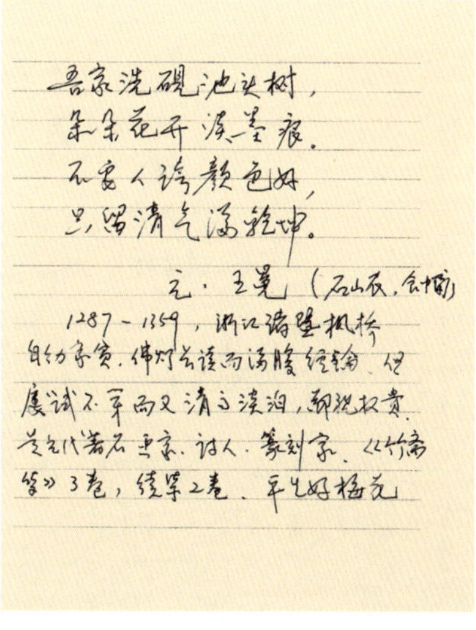
吾家洗砚池头树，
朵朵花开淡墨痕。
不要人夸颜色好，
只留清气满乾坤。
元·王冕（石山农、会稽）
1287－1359，浙江诸暨枫桥
自幼家贫，佛灯下读而满腹经纶，但
屡试不第而又清于淡泊，鄙视权贵，
是元代著名画家、诗人、篆刻家。《竹斋
集》3卷，续集2卷。平生好梅花

王冕《墨梅》

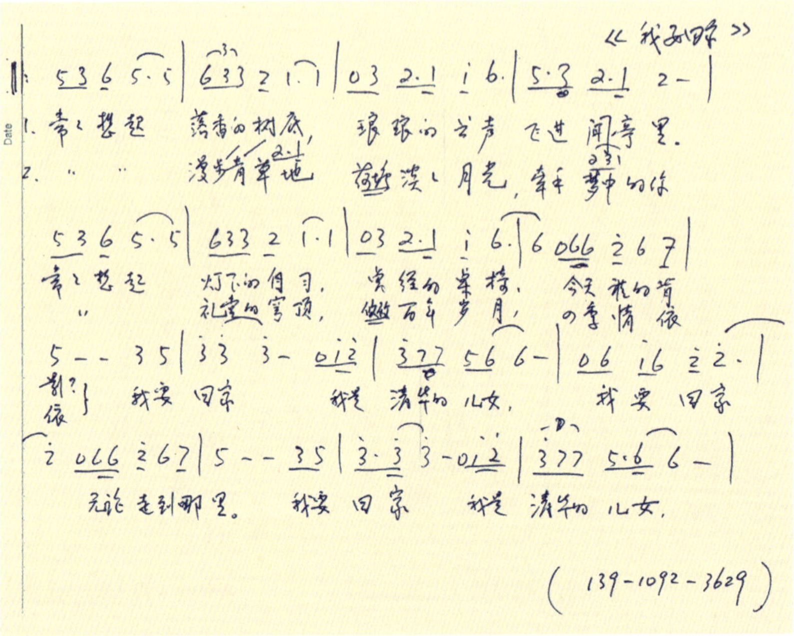

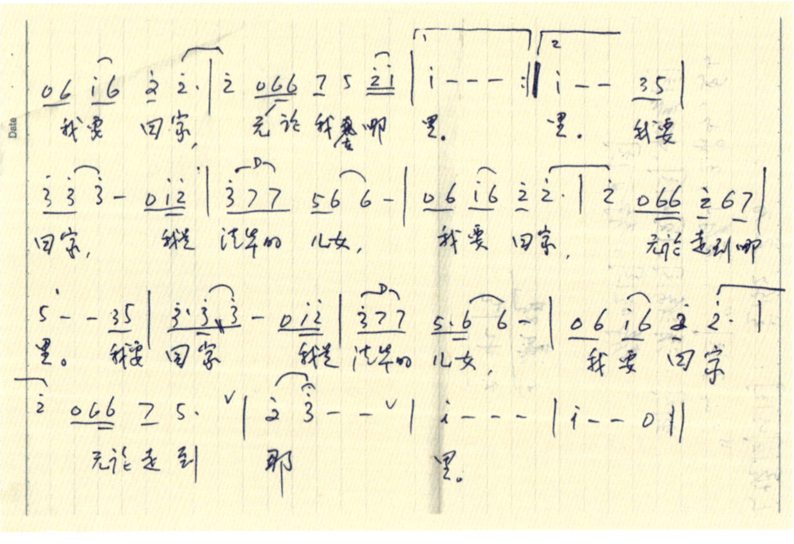

歌曲《我要回家》

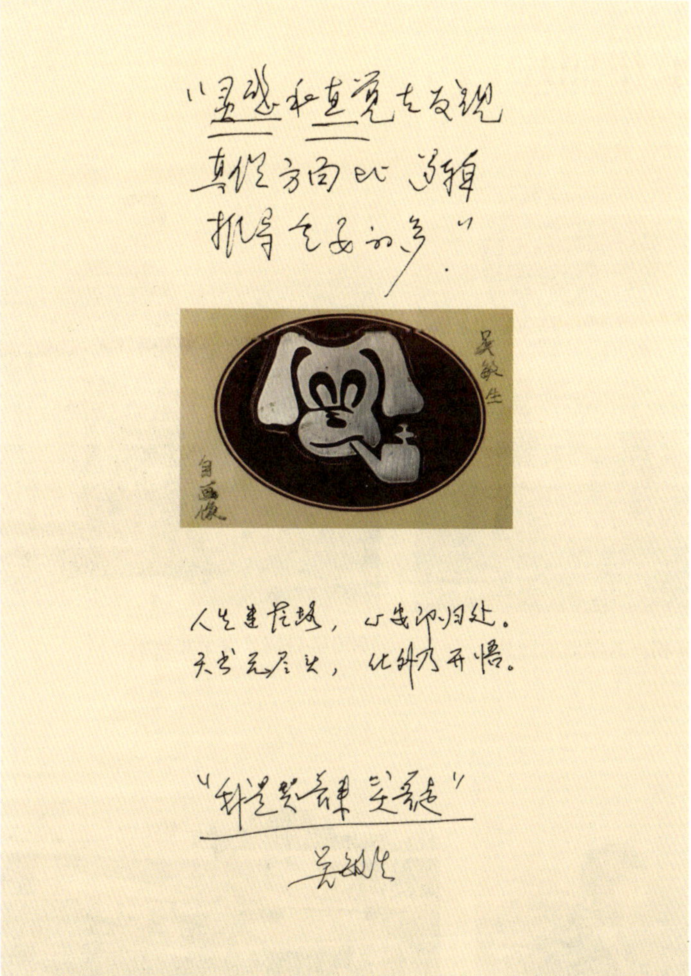
“灵感和直觉去发现
真假方向比逻辑
推导更为重要”

人生迷茫路，心安即归处。
天书无尽头，此外乃开悟。

“科学艺术 美善德”

吴敏生

吴敏生自画像

附录三

吴敏生照片

1959年初一入学时的照片

1980年4月7日摄于北京颐和园

1989年初夏留学德国亚琛工业大学时留影

1990年3月在德国（照片由柯德士提供）

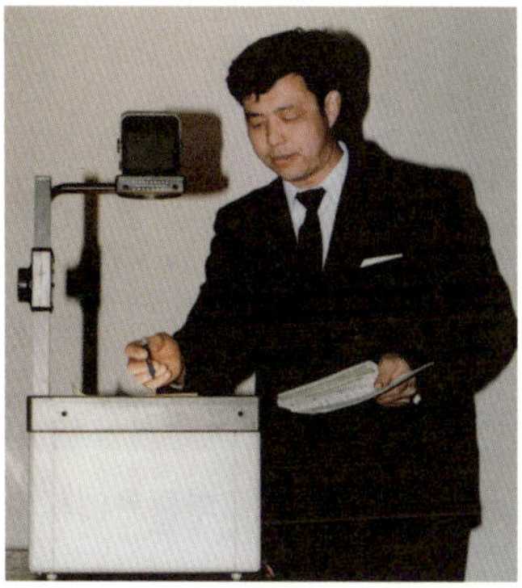

1996年在国际焊接年会上做学术报告

1998年在锦州市做学术报告

2002年3月19日于平潭

2003年12月21日出席清华大学深圳研究生院人文研究所成立仪式暨学科建设研讨会

2004年夏季于武夷山

2004年11月27日在两岸科教创新论坛上

2005年参加两岸名牌大学校长论坛

2005年在莆田湄洲岛留影

2005年出访德国时在马克思故居留影

2008年10月在福州大学新校区办公室

2009年10月7日在莆田市湄洲岛参加第一届《清华心中华情》主题活动

2012年5月31日出席“科技·人才·创新论坛”暨新纳米材料及制备研讨会

2015年6月15日在山西五台山留影

2016年5月17日在湖北恩施

2017年8月29日在北京参加神经调控技术研讨会

2018年3月10日为清华大学深圳研究生院首期研究生党员骨干读书班作题为“文明比较与文化自信”的报告

2018年4月20日在武夷山

2018年夏在泉州崇武古城

2018年9月14日在深圳研究生院给新生开“漫谈科学和艺术教育”讲座

2018年11月17日参加新时代研究生教育合作与创新研讨会

2018年12月16日在清华大学航院开“文化经纬与心路寻踪”讲座

2019年5月12日在清华大学港澳研究中心管理委员会会议上

2019年7月16日参加清华大学、福州大学、内蒙古工业大学研究生教育与学科建设工作研讨会

2019年8月14日摄于厦门金砖会议会址

2019年8月26日在寿宁下党村参加扶贫活动时留影

孩提时与母亲合影

1967年返回平潭看望父母

1976年在北京合影，妻子李克绵（左）、女儿吴东华（中）和吴敏生（右）

1998年回平潭伯塘村看望父母，前排左起为舅舅、母亲，后排左起为三弟吴炎生、三弟媳、妻子李克绵、吴敏生

1999年7月摄于清华大学，左起吴敏生、吴东华、李克绵、吴雨生、吴震

2002年3月12日摄于福州左海公园，左起：吴宁生、吴云凤、吴母、吴敏生、吴雨生

2002年3月12日在福州北峰玉佛园的全家合影

2002年3月13日全家福。前排左起：吴母、吴父、妹吴云凤，后排左起：四弟吴凤生、三弟吴炎生、吴敏生、二弟吴宁生、六弟吴雨生、二弟媳

2002年4月带女儿吴东华回平潭伯塘村，摄于四弟吴凤生家

兄妹情深。2009年10月2日摄于平潭豪香大酒店

2017年春节前三兄弟摄于福州。左起：吴敏生、吴雨生、吴炎生

2018年2月15日，吴敏生（左）与四弟凤生（右），摄于福州吴雨生家

2018年12月4日，在平潭豪香国际酒店为侄儿吴昊结婚致贺

2018年8月陪同德国友人柯德士夫妇赴平潭老家，摄于吴炎生家

1995年吴敏生（站立者）主持美国通用电气公司在清华颁发奖学金仪式

1998年于福州，吴敏生（中）在清华大学与福州大学合作协议签字仪式上合影

1999年吴敏生（正面右二）出席“台湾海峡隧道论证工作会议”

2001年吴敏生（第二排左四）等为外国留学生授予学位

2002年3月19日，清华大学深圳研究生院合影，第一排中间者为吴敏生

2002年12月31日，吴敏生（左）鞠维强（中）林翔（左）在大学城一期工程开工仪式上

2004年4月27日，吴敏生（中）向刘文煌（右）介绍2001年李岚清副总理访问研究院时情况

2007年2月16日，吴敏生（左）与沈仲平（香港律政司检察官）于莆田湄洲岛合影

2008年1月30日，吴敏生（前排左）参加福州大学与德国路德维希港经济大学合作协议签订仪式

2008年9月27日，吴敏生（左五）与福州大学校领导班子合影

2008年10月3日，吴敏生(中)与潘婉华（左）、黄家林（右）在福州大学新办公室合影

2008年10月25日，福州大学建校50周年合影，其中：陈希（右四）叶双瑜（左四）吴敏生（居中）

2009年10月7日，吴敏生（右）与清华大学原校长王大中院士在福建省莆田市湄洲岛合影

2009年10月7日，吴敏生（左）与新竹清华大学原校长刘炯朗院士（中）、清华大学原校长王大中（右）院士在福建省莆田市湄洲岛合影

2010年7月14日，吴敏生（右二）陪同饶子和（左二）、周梦海（右一）、林圣彩（左一）三位老师考察平潭

2010年8月7日，吴敏生（右）赴宁德考察期间与朱之文合影

2010年10月9日，吴敏生（左四）与徐少军（右三）等人参观南靖土楼合影

2011年7月9日，吴敏生（后排左五）参加清华大学深圳研究生院赴古田的党建活动

2011年11月18日，清华心俱乐部福建访问团与清华大学福建校友会校友合影，后排右七为吴敏生

2012年4月26日，吴敏生（前排左四）陪同时任中国科协常务副主席陈希（前排中）一行到清华大学深圳研究生院调研指导工作

2012年5月26日，吴敏生（右）陪同马士平老师（左）和谢树南老师（中）赴平潭考察

2012年12月3日，吴敏生（左五）陪同福州大学校党委书记陈永正（左四）一行访问清华大学深圳研究生院

2012年12月19日，吴敏生（前排右三）陪同老校长王大中院士（前排中）考察清华大学深圳研究生院

2013年3月15日，吴敏生（右四）陪同老校长顾秉林（中）、饶子和院士（左三）考察清华大学深圳研究生院

2014年摄于深圳，自左向右分别为康飞宇、潘贵民、吴敏生、曹保榆、赵庆刚、蒋宇扬

2014年12月25日，厦航迎来今年的第2000万名旅客,福州大学原校长吴敏生成为这一幸运旅客

2014年12月25日，清华大学研究生院建院30周年合影，前排左二为吴敏生

2015年5月17日，吴敏生（左七）陪同清华大学邱勇校长（右九）一行到清华在深两院听取汇报

2015年5月30日于福州淮安半岛合影，自左向右：卢象乾、吴敏生、乔晓阳、卢大姐、倪英达、言海扬

2015年7月8日，吴敏生（发言者）参加清华大学深圳研究生院与福建晋江签署合作框架协议仪式并举办产学研合作交流会

2015年9月9日，吴敏生（右）于青海西宁市塔尔寺拜见宗康活佛

2018年1月12日，吴敏生（后排中）见证邢光兵与林扬合作签约仪式

2018年2月9日，校长付贤智院士代表福州大学春节慰问吴敏生（左）

2018年5月9日，吴敏生（右五）与宋小海（左五）、丛远东（左四）、黄海平（左一）和吉小明（右四）等人于平潭合影

2018年9月26日，吴敏生（前左五）、乔晓阳（前左四）、王振民（前左三）出席“宪法在特别行政区的适用”学术研讨会

2018年10月3日，吴敏生（右二）与郑松岩（右一）、马士平（中）、谢树南（左二）等人在福州鼓山涌泉寺合影

2018年11月17日，吴敏生（左六）在清华大学深圳研究生院参加新时代研究生教育合作与创新研讨会

2018年夏，吴敏生（右四）、倪英达（左三）、李红（右三）等人陪同乔晓阳夫妇（左四和左五）于泉州清源山老君岩合影

2019年2月16日，吴敏生（左三）与校友合影于清华大学福建校友会贺新春庆元宵联欢会上

2019年5月12日，吴敏生（左二）参加清华大学港澳研究中心管理委员会会议

2019年8月，吴敏生（右三）与乔晓阳夫妇等人在厦门大学合影

2019年8月26日，吴敏生（右）与原福建省委书记陈明义于寿宁三祥合影

附录四

吴敏生证书

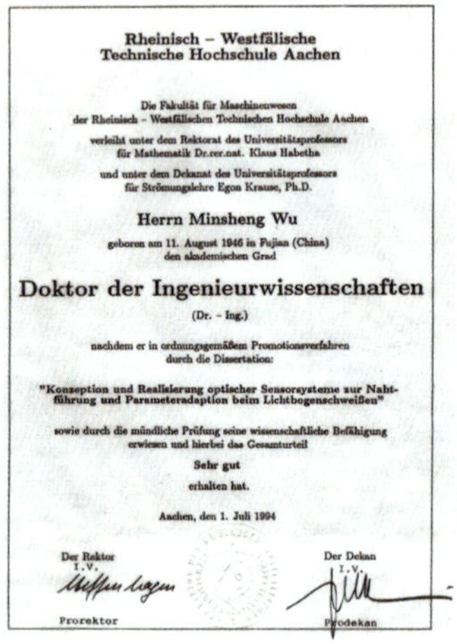

Rheinisch – Westfälische
Technische Hochschule Aachen

Die Fakultät für Maschinenwesen
der Rheinisch - Westfälischen Technischen Hochschule Aachen
verleiht unter dem Rektorat des Universitätsprofessors
für Mathematik Dr.rer.nat. Klaus Habetha
und unter dem Dekanat des Universitätsprofessors
für Strömungslehre Egon Krause, Ph.D.

Herrn Minsheng Wu

geboren am 11. August 1946 in Fujian (China)
den akademischen Grad

Doktor der Ingenieurwissenschaften

(Dr. - Ing.)

nachdem er in ordnungsgemäßem Promotionsverfahren
durch die Dissertation:

"Konzeption und Realisierung optischer Sensorsysteme zur Nahtführung und Parameteradaption beim Lichtbogenschweißen"

sowie durch die mündliche Prüfung seine wissenschaftliche Befähigung
erwiesen und hierbei das Gesamturteil

Sehr gut

erhalten hat.

Aachen, den 1. Juli 1994

Der Rektor I.V. Prorektor

Der Dekan I.V. Prodekan

1994年7月1日获得德国亚琛工业大学工学博士学位证书

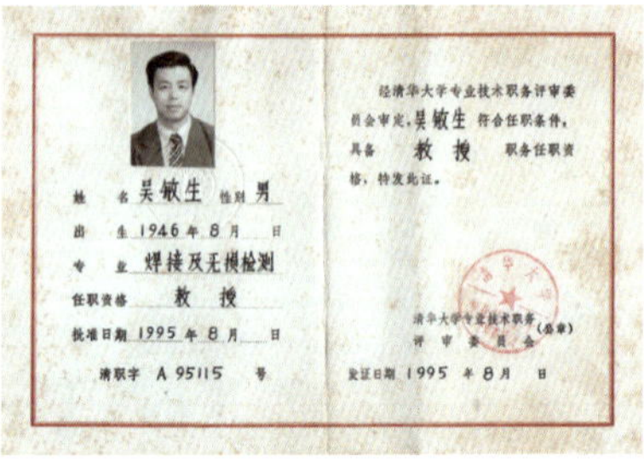

姓名 吴敏生 性别 男
出生 1946 年 8 月 日
专业 焊接及无损检测
任职资格 教授
批准日期 1995 年 8 月 日
清职字 A 95115 号

经清华大学专业技术职务评审委员会审定，吴敏生符合任职条件，具备 教授 职务任职资格，特发此证。

清华大学专业技术职务评审委员会（盖章）

发证日期 1995 年 8 月 日

1995年8月获清华大学教授职务任职资格

荣誉证书

吴敏生 吴文虎 陈伯蠡 阎桂芝 关兆东：

《开展课外科技活动，促进学生创新意识和创新能力的培养》荣获1997年北京市普通高等学校教学成果一等奖。

一九九七年九月

1997年9月获北京市教学成果一等奖

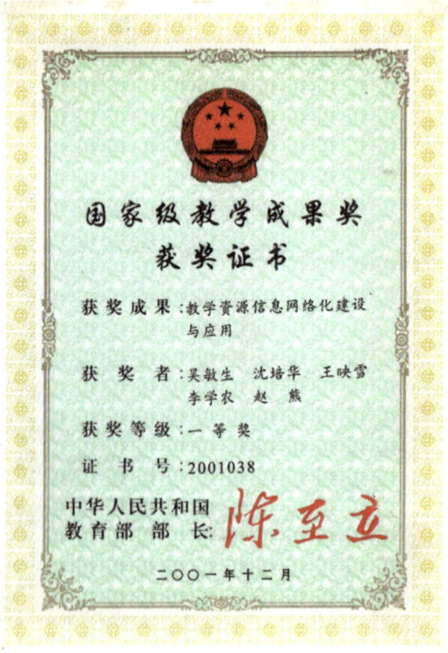

国家级教学成果奖
获奖证书

获奖成果：教学资源信息网络化建设与应用

获奖者：吴敏生 沈培华 王映雪 李学农 赵熊

获奖等级：一等奖

证书号：2001038

中华人民共和国教育部部长：陈至立

二〇〇一年十二月

2001年12月获教育部“国家级教学成果一等奖”

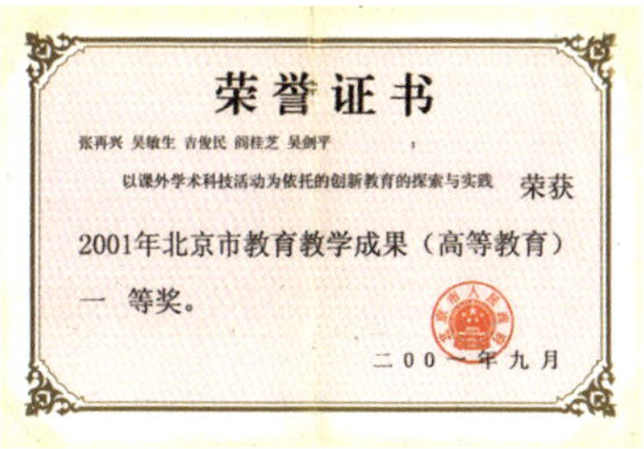

2001年9月获北京市教育教学成果（高等教育）一等奖

2001年9月获北京市教育教学成果（高等教育）一等奖

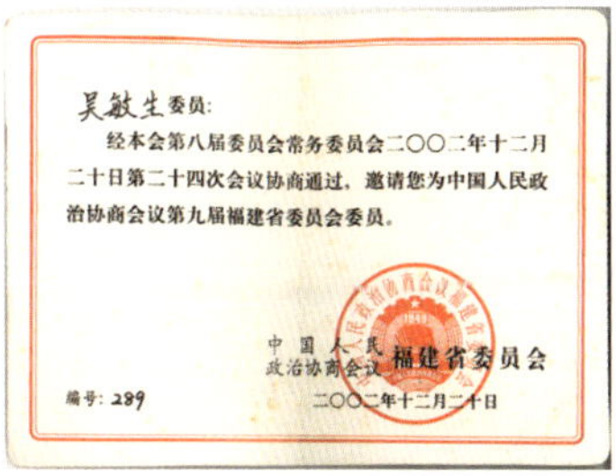

2002年12月20日邀请为政协第九届福建省委员

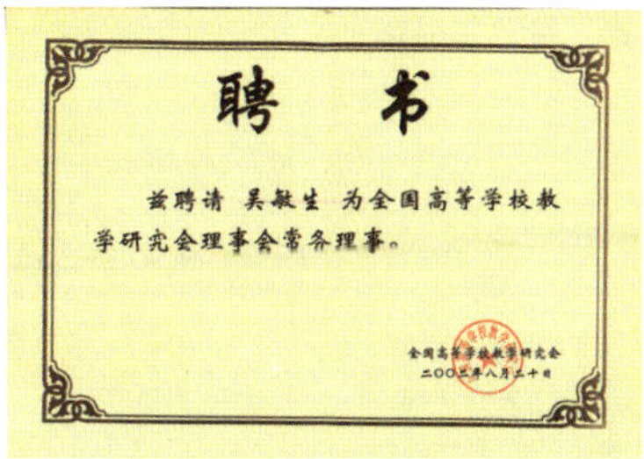

2002年8月20日聘为全国高校教学研究会常务理事

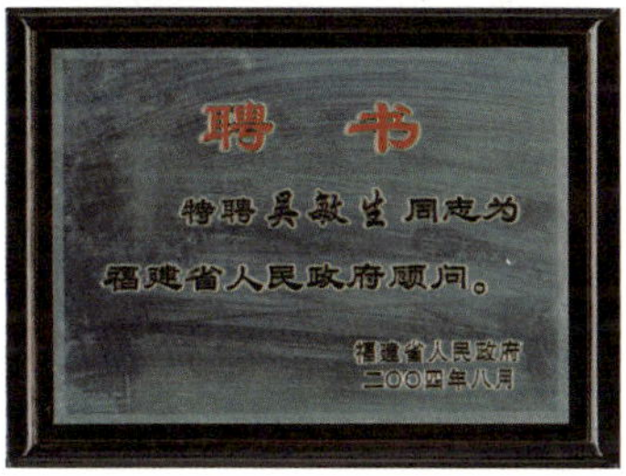

2004年聘为省政府顾问的聘书

2007年8月聘为“国家科学技术奖评审专家”

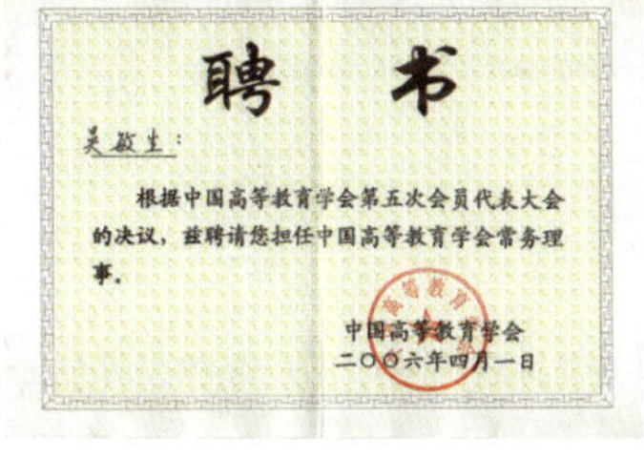

2006年4月1日聘为中国高等教育学会常务理事

聘书

兹聘请 吴敏生 为全国高等学校教学研究会第二届理事会常务理事。

全国高等学校教学研究会

2007年6月3日聘为全国高校教学研究会第二届常务理事

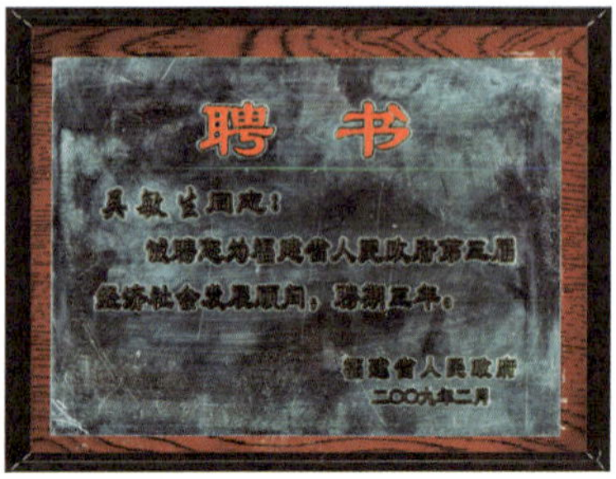

聘书

吴敏生同志：

诚聘您为福建省人民政府第三届经济社会发展顾问，聘期三年。

福建省人民政府
二〇〇九年二月

2009年2月聘为福建省政府第三届经济社会发展顾问

清華大學
深圳研究生院
Graduate School at Shenzhen,
Tsinghua University

聘书
Certificate of Appointment

兹聘请 吴敏生教授 为清华大学深圳研究生院高级顾问，聘期二年，自二〇一〇年七月始至二〇一二年六月止。

Professor WU Minsheng is hereby conferred the Senior Advisor of Graduate School at Shenzhen, Tsinghua University for a period of two years, from July 2010 to June 2012.

清华大学深圳研究生院
Graduate School at Shenzhen
Tsinghua University

2010年7月6日聘为清华大学深圳研究生院高级顾问

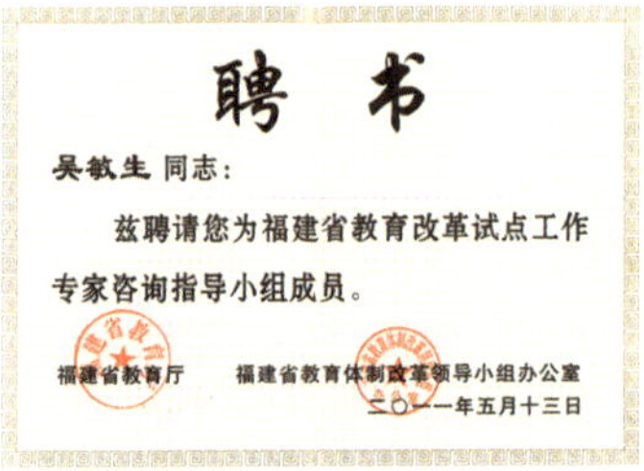

聘书

吴敏生 同志：

兹聘请您为福建省教育改革试点工作专家咨询指导小组成员。

福建省教育厅　福建省教育体制改革领导小组办公室
二〇一一年五月十三日

2011年5月13日聘为福建省教育改革试点工作专家咨询指导小组成员

吴敏生同志：

第三届理事会
理事长

福建省高科技产业发展促进会
二〇一四年八月

2014年8月被聘为福建省高科技产业发展促进会第三届理事会理事长

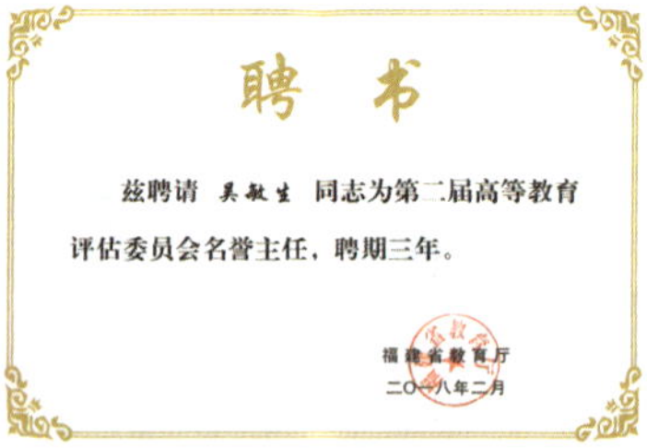

聘书

兹聘请 吴敏生 同志为第二届高等教育评估委员会名誉主任，聘期三年。

福建省教育厅
二〇一八年二月

2018年2月聘为第二届高等教育评估委员会名誉主任

后记

总想为他做点什么

林贡钦

吴敏生逝世后，北京清华大学和深圳清华大学国际研究生院分别举办了追思会

《一个大写的人——吴敏生》一书终于可以付梓了。对我来说，不仅从自己挖的“坑”里爬上来——当然这可能是一种自虐——最重要的是完成了我心中的一个愿望：能够为吴老师做点力所能及的事情。

1. 本书的作者

这本28万字的纪念文集经过三年征集、采访、挖掘和整理，有60多人写下了60多篇文章，讲述他或她与吴敏生交集的故事，有前辈、师长、下属、同事、校友、亲朋、好友、同窗、兄弟、学生、发小……这里没有宏大叙事，没有顶礼膜拜，没有歌功颂德或评功摆好，只是有感而发，只是对所爱之人从心底发出的情感流露。所有这些情真意切发自肺腑的声音组成了对吴敏生全面深刻的认识。用文字和照片构成这本书无数个故事，成为这本书的血与肉。

2. 本书是偶发奇想的产物

记得吴敏生从福大校长任上退下来后的一天，我们一群人与他共进晚餐，酒过几巡，我突然对吴老师说，你是一个有故事的人，我要写一本关于你的书。吴老师笑而不语。过了一段时间，我们又在一起吃饭，在微醺中，我挑战了他的一条价值观底线，与他发生了针锋相对的激烈争论，他师威勃发，愤愤而说，我不要你写我了。我顿悟到，活人难写，只有盖棺才能定论。可能有的人盖棺都不一定能够定论。从此，为吴老师写书的事就闭口不提了。

吴老师突然离世，他的音容笑貌，言谈举止，戛然而止，凝固在每一个熟悉、热爱和感恩吴敏生的人的脑海中。许多人通过各种渠道特别是在微信群表达对吴敏生的热爱和感激，这又感染了更多的人。我看到这些发自肺腑的心声，心里一直有一种要大声疾呼的冲动：你说的吴老师的故事也是我要说的！我的潜意识里有一个强烈的愿望，如果把这些绝唱的文字记录下来，让更多的人知道吴敏生的为人处世，将引发更大更多的共情和共鸣，给后人留下一点精神财富，这应该是一件功德无量的事情。

3. 掉进了自己挖的“坑”

吴敏生老师去世百日追思会后，在清华大学深圳研究生院，由吴老师的亲学生、第四任深研院院长康飞宇主持商量如何进行悼念吴老师的活动。我鬼使神差般地竟然提议写一本吴老师的传记，即请一些熟悉吴老师的人口述，请几位研究生整理成文字。可惜没有达成共识和做出结论。这时我心里响起了一个声音：你平时与吴老师惺惺相惜，现在他走了，你总得为他做点什么吧，把你自己提出的活接下来吧！在众目睽睽之下我弱弱地说，如果没有更理想的人选，就由我用三五年时间来写吴老师的传记吧！与会者竟然都同意了。我自找苦吃掉进了自己挖的“坑”里——文人都知道写文章是一件苦差事。

我不能食言，承诺之后，就开始做写作前的准备，希望早日完成任务，从“坑”里爬出来。

4. 总想为他做点什么

我与吴敏生交往20年左右，他是良师益友。每次相聚，似乎有喝不完的酒，有说不尽的话。双方互为影响，当然他影响我远远大过我影响他。我是一介书生，除了会写几个字，百无一用。为了缅怀吴敏生，我不至于像俞伯牙那样为钟子期“破琴绝弦，终身不复鼓”，我会尽量用我能写几个字的长处，为其著书立说。一杯酒一个字，一席话一首诗。当然，最重要的是，吴敏生是一个有故事的人，是一个乐于助人极少私心的人，是一个有人格魅力的人。

每一个与吴敏生交往过的人，都被其人格魅力所感染，所信服，都愿意与他深交，成为好朋友。这在于他有较高的智慧和丰富的知识，常常是与君一席话，胜读十年书，经常让人在洗耳恭听中产生灵感和顿悟。

常言道，人走茶凉。吴老师走了两三年了，人虽走茶不凉。他无时无刻与我们同在，我们常相聚，常相惜，常敬酒，常思念。

5.“众筹”写故事

在2020年上半年新冠肺炎疫情严重时期，我躲在家里阅读了各种各样的中外名人传记，可是深受启发引人入胜的传记不多，大多数枯燥平淡只能翻翻而已。我想，吴敏生老师在业内虽然小有名气，可毕竟不是影视明星或网红，他介于名人与凡人之间。他是我们尊敬爱戴的人，是有血有肉的普通人。他身上没有惊天地泣鬼神的英雄事迹，有的只是平凡细小、不被常人挂齿的小事，甚至家长里短。他帮助过的人和事，难见经传，当事人不披露，鲜为人知。

我想起了盲人摸象的故事。古人用这一成语告诫我们，对事物不能只凭片面的了解或局部的经验就乱加猜测，就做出全面的判断。盲人摸象是以偏概全，不能了解事物的真相。可是当代社会仍存在着明眼人的管中窥豹。我要写吴老师的传记，但我并不了解吴老师一生中从小到大每一个阶段的情况。仅靠采访当时当地与吴老师有交集的人，因每一个人的主观意向和好恶不同，可能失焦，评价不一，因为“一千个人眼中就有一千个哈姆雷特”。

经过再三思考，我放弃了用一己之笔以传记的形式来描写吴敏生，而采用集体讲故事，以“众筹”的形式即大家来写的方式还原和追忆吴敏生。

我能做些什么呢？我可以小编的身份，联系和向作者约稿，告知吴老师的亲朋好友用文字来与吴老师对话；我将这些对话整理成章，做一些文字上的修改和调整，并取得作者的同意，尽量保持原创原貌，原汁原味。我也可以作者的身份，写下题为“一个大写的人”的纪念文章，诉说我对吴老师的思念之情。我还可以主编的身份，撰写“总想为他做点什么”的后记以及编写修改吴老师的生平和本书四个部分的导言，整理编辑吴老师的一些照片、诗词和学习手稿，以附录的形式披露，使吴老师人生的四个时期形成前后呼应逻辑紧密的一个整体。这是一种创作尝试，但愿读者和作者会喜欢和接受。更重要的是，希望吴老师在天之灵能看到听见，能高兴与这么多的亲朋好友聊天。但愿吴老师不会“骂”我，能够肯定我所做的工作。

2020年，新冠病毒肆虐期间，我躲在家里完成了第七本专著《香港竞争力的兴衰与改造》的最后修改和出版前的校对。我在这本书的扉页上加上一行：谨以此书献给亦师亦友的吴敏生博士。

2021年，新冠病毒继续肆虐期间，我仍躲在家里，进行《一个大写的人——吴敏生》一书的约稿和编辑。不幸的是，从4月初开始，我被莫名其妙的疾病缠身，从双肩双臂开始无名肿痛，发展到浑身疼痛无力，食不甘味，夜不能寐，去医院看过西医和中医，做了所有能做的检查，指标都正常，但病情就是没有好转，只能靠止痛片和安眠药度日。本书的文章征集和编辑工作被迫停止。此时我想起并请到了吴老师生前介绍认识的一位民间名医——国家级非物质文化遗产项目中医正骨疗法（林氏骨伤疗法）传人林如阔大夫的次子林幼阔医生。他们父子曾经为罗瑞卿、张爱萍等开国元勋治疗过骨伤，疗效甚佳。在林幼阔医生和他的女儿林妙阔医生5个月的精心治疗下，我的病情大为好转，丢掉了止痛片和安眠药，身体逐渐康复，可以继续进行这本书的编辑和写作。冥冥之中，我突然顿悟到这是吴老师在另一空间和维度里给我传递的信息，他仿佛笑着对我说，酒喝少了，毛病多了！请林大夫给你治治，手到病除。我感谢吴老师的点醒和林医生父女的妙手回春。

6. 一辈子做好事的人

毛泽东说过：一个人做点好事并不难，难的是一辈子做好事，不做坏事。吴敏生就是这样的人，一辈子与人为善，帮助人无数。吴敏生大爱无疆，有求必应，助人为乐，不求报答。

罗马不是一天建成，大师也不是一天养成。为了留下永久的纪念，我们回顾并沿着吴敏生一生的足迹，描述和探究他成长的重要经历和过程，为这位值得纪念的人留下一些难以磨灭的文字，汇编成这本纪念文集。每当我们想念他的时候，可以拿出来翻翻，以解思念之情。或者将此书留给后人，进一步认识这位曾经帮人无数并改变许多人命运的人。当然，更重要的是要告诉世人和后人：为人当如吴敏生，为师当如吴敏生，学子当如吴敏生。出版《一个大写的人——吴敏生》这本书，是我们能够为敬爱的吴敏生老师做的一件事，也是我们学习吴敏生优秀品质近朱者赤的升华。

7. 因这本书的征集写作和编辑出版要感谢的人

首先，要感谢的是我们共同尊敬的吴敏生老师。他是这本书的主角，群星拱月，众人爱戴。没有他优秀品德组成的故事，就没有这本书的产生。我深信这本书可以感动许多人，因为它首先感动了我。熟悉的主角，鲜为人知的故事，可能会发生在任何人身上。扪心自问：我能做到吗？回答是：难以做到。可是吴敏生做到了，他靠大爱无疆做到了，他靠崇高品德做到了。

其次，要感谢60多位参与写作的吴敏生的亲朋好友、学生故旧。没有你们的肺腑之言，激扬文字，就没有栩栩如生的吴敏生，当然也就没有这本书的问世。本书征集约稿，文章修改，编辑出版等都十分顺畅。每一个人都知道主编要求做什么，自己能做到和做好什么。

其三，感谢出版发行这本书的海峡出版发行集团的领导和福建人民出版社的编辑，全力以赴、保质保量地出版发行了这本书，使吴敏生这位福建省从清华大学引进的人才，在其生命之花在八闽大地灿烂怒放之后画上完美的句号，留下令人称赞的感叹号。使吴敏生完成了从平潭岛出闽成龙，为祖国，为清华，为福建贡献一生后，又蛰伏平潭老家伯塘村的圆满回归。

其四，感谢清华大学港澳研究中心的资助，为本书顺利出版发行作出积极的贡献。这是对港澳研究中心创始人吴敏生教授的崇高致敬，也是对他为清华大学作出的重要贡献的极大肯定。

其五，感谢康飞宇、李路明师兄，在百忙中为这本书的策划、写作、约稿、催稿等花费大量时间和精力，我理解你们对自己亲老师无比深厚的情同父子的感情，对这本书的出版寄予厚望。感谢黄家林老友，帮助整理吴敏生校长的照片、诗词、手迹等做了大量的工作，因为你对吴校长非常熟悉和敬重。

最后，感谢为这本书问世作出贡献的但没能在此提及的人们。你们心甘情愿默默无闻隐姓埋名为本书的问世出谋献策，为这位值得大书特书的人——吴敏生——展现出拳拳之心殷殷之情，贡献出自己的力量。

通过这本书的写作编辑和出版发行，使人们对杰出的教育家和思想家吴敏生有一个全面的、深刻的认识，对恪守“与人为善，助人成功”信念的吴敏生有一个大写的人的画面感。在做人难、做好人难的现实的功利社会里，吴敏生一辈子做好事的事迹，让人们从心里肃然起敬，是一个弥足珍贵的榜样。

谨以为记。

2022年元旦于福州